20のテーマでよみとく日本建築史

海野 聡 編

古代寺院から現代のトイレまで

吉川弘文館

はしがき

建築史という言葉は、一見、小難しそうに聞こえるかもしれない。しかし建築は都市や庭園、ランドスケープに含まれた我々の生活空間の一部であり、身近な存在である。建物そのものにとどまらず、建設や建物の利用などの人々の営みなど、建築の関わる範疇は広い。さらに旅行での見聞などを通して、その地の文化を知る材料でもあり、文学作品で取りあげられたり、小塔や家形埴輪《いえがたはにわ》のような造形物として生み出されたりすることもある。本書は建築史の面白さ、幅広さ、懐の深さを知ってもらおうという短いコラムを集めた一冊である。

本書の特徴はもう一つある。執筆者が東京大学建築史研究室の修士・博士課程の大学院生やＯＢ・ＯＧであるということである。

私の建築史研究室は東京大学工学部建築学科にあり、理系にあって歴史研究を行っている。その歴史は古く、明治時代までさかのぼる。初代は築地本願寺の設計で知られる伊東忠太《ちゅうた》。「architecture」に「建築」という訳語をあてた人物で、学会も「造家学会」から「建築学会」へと改称された。私の研究室はその系譜にあるが、建築史以外にも、考古学や都市史など、さまざまな背景を持った学生が集まっている。その幅広さを活かして、新視点から建築史の面白さを読者に伝える本作りを試みた。

こうした多様性ある研究が可能となる一因は、トップダウン型ではない研究室の研究環境にある。卒業論文・修士論文・博士論文のテーマを自身で見つけ出し、研究を深めていく伝統があるのだ。むろん研究姿勢・手法や基礎的な史料などは共通するものも多いが、テーマを発見し、「自身の研究」という意識を強く持つことで、一人の研究者としての独立性が養成されることを期待しているのである。それゆえ、個々人の生み出す研究は幅広く、オリジナリティに富んだ興味深いものも多い。

反面、博士課程に進学しない場合、その研究が世間の目に付くことはほとんどない。とりわけ卒業論文や修士論文については、学会での発表などがなされなければ、日の目を見ることが少ない。研究室でテーマを定め、継続的に研究を行う場合には、後輩が受け継いだり、指導教員を著者に含めた論文発表などにより、成果が広く知られることもあろう。いっぽうで、個人研究の場合には成果発表のモチベーションや機会は限られてしまうのだ。

博士課程に進学した学生も、自身の個人研究だけではなく、広い視野を持って、別の課題や興味を開拓することが重要である。個人の裁量が大きいがゆえに、狭い穴に閉じこもらないことも欠かせないのだ。文化財調査などの社会活動と同じように、コラムの執筆は視野を広げ、次なる研究の種探しともなる。

こうした状況を吉川弘文館の石津輝真氏に相談したところ、建築史の幅広さの啓蒙、そして研究室としての成果発出の一つのケースとして、出版企画していただけることとなった。こうした機会に感謝したい。

本書では私を含め、一一人が計二〇本のコラムを執筆している。そのテーマの幅広さは、日本の「古代・中世」「近世」「近現代」、そして「東アジアのなかの日本」という四つの時代・地域に分かれた章立てにも見て取れよう。研究活動としてはもちろん、学生が成果を発表する機会として、教育的な効果も期待している。

興味深く、幅広い建築史研究の世界の面白さに触れる機会となり、後進が一人でも増えれば幸いである。

海野　聡

目　次

近現代

古代・中世

1 法隆寺五重塔の建立年代と心柱

海野 聡

1 建物の誕生日は？

世界最古の木造建築である法隆寺《ほうりゅうじ》金堂《こんどう》はだれによって建てられたのか。多くの方の答えは、聖徳太子《しょうとくたいし》（厩戸《うまやど》王《おう》）であろうか。いやトンチのきいた小中学生なら、大工さんと答えるかもしれない。実はいずれも正しくない。

この法隆寺金堂の建立年代については、明治以来、長きにわたる論争があり、その詳細は拙稿（海野 二〇一七）に譲るが、天智《てんじ》天皇九年（六七〇）の斑鳩寺《いかるがでら》の焼失に関する記事が『日本書紀《にほんしょき》』にあることの真偽を問うものであった。すなわち法隆寺西院伽藍《さいいんがらん》は斑鳩寺が現在まで残ったものなのか、それとも火災後に建立されたものなのか、という論争である。

事の顛末を述べると、現在の法隆寺伽藍とは別の位置で、方位の異なる伽藍が発掘調査によって見つかったことで、天智天皇九年の焼失後、現在の西院伽藍が再建された（「法隆寺再建説」）とみられている（図1）。それゆえ、現在の法隆寺金堂は聖徳太子の建立ではないのだ。ちなみに、大工は奈良時代の律令制下では、木工寮《もくりょう》の技

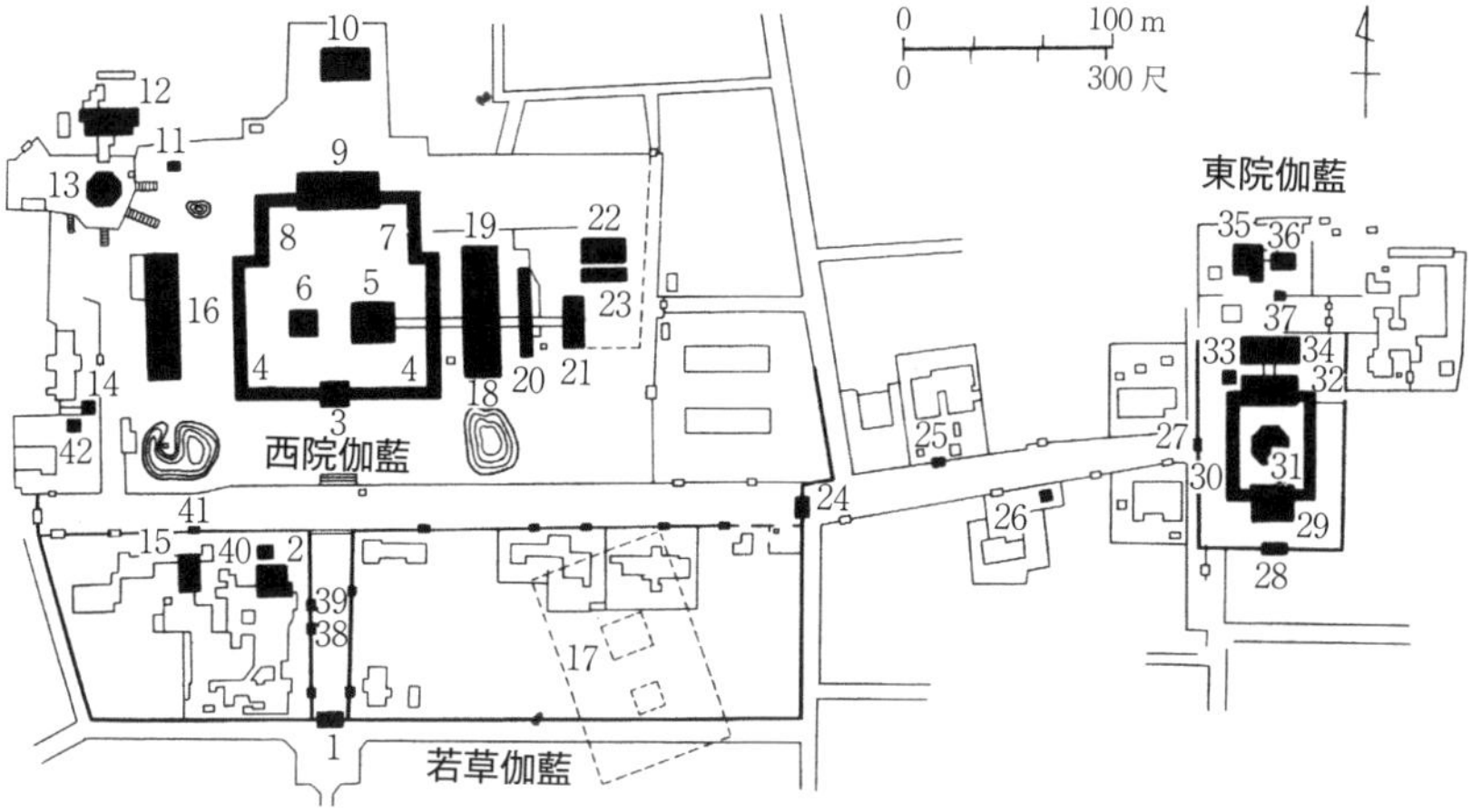

1	南大門	12	薬師坊庫裡	23	細殿	34	伝法堂
2	西園院客殿	13	西円堂	24	東大門	35	北室院太子殿
3	中門	14	宝珠院本堂	25	宗源寺四脚門	36	北室院本堂
4	回廊	15	大湯屋	26	福園院本堂	37	北室院表門
5	金堂	16	三経院・西室	27	東院四脚門	38	西園院上土門
6	五重塔	17	若草伽藍跡	28	東院南門	39	西園院唐門
7	鐘楼	18	聖霊院	29	東院礼堂	40	新堂
8	経蔵	19	東室	30	東院回廊	41	大湯屋表門
9	大講堂	20	妻室	31	夢殿	42	中院本堂
10	上御堂	21	綱封蔵	32	舎利殿・絵殿		
11	地蔵堂	22	食堂	33	東院鐘楼		

図1　法隆寺の現状の伽藍と若草伽藍

術職の頂点を示す役職名に見え、さかのぼって七世紀後半の段階には、有力な技術者は「大匠《おおたくみ》」という職にあった。つまり現在のような「大工」も法隆寺金堂の建立時には存在せず、「大工さん」という答えも正しいとは言えまい。

　さて、建立年代の論争は法隆寺に限ったものではないが、そもそも建物がいつ完成するのか。この問いはとても難しい。大工さんが最後の釘を打った時点であろうか。ただ、そこからさらに、塗装や設備の作業ももちろんある。現代であれば、竣工式、建物の引き渡し、不動産登記など、ある程度、日時が明らかであるが、これらも厳密に言えば、完成であるかは判断できず、それぞれの節目が建物の造営過程のどの瞬間にあたるのか難しい。

とまぁ、突き詰めていくと、建物の建立年代は明らかにしがたいことも多いのであるが、前近代の建物では、棟札《むなふだ》と呼ばれる建立年代などを記した木札が残されていることや、建立年代が部材に墨書きされたり、瓦銘・擬《ぎ》宝珠《ぼし》銘などのように、建築の部材に刻まれたりすることもある。

工事に関わる材料・人工《にんく》・寄附などの造営に関連する史料が残っていることもある。また建立に関する日記の記述のほか、由緒が伝えられることや、寺院などでは安置される仏像の供養をもって、完成の時期をうかがうことができる。いっぽうで民家などでは史料や墨書などがなく、建築の構造や意匠などをもとに年代を推定することも多い。

このように、建物の誕生日を決めるのは難しく、年単位であっても、正確に把握するのは困難なのである。

2　建物の年代測定

建立年が文字情報で確認できる場合には、建物の年代観などに齟齬《そご》がなければ建立年が確定できるが、文字情報以外にも、瓦の文様、部材の形状などから、編年指標を作成し、それと比較することで、建立年代を比定していくという方法もある。ただし、これらでは、平安時代前期、鎌倉時代後期など、おおよその範囲での建立年代となる。こうした方法とは別に、年輪年代測定法や放射性炭素年代測定法（C14）などの手法を用いて、部材から年代を明らかにする試みもなされている。

年輪年代測定法は毎年形成される樹木の年輪に着目した手法で、年輪の幅が生育した環境の差異を反映するという特徴にもとづくものである。多数の年輪幅のデータを蓄積し、標準とする暦年の確定した年輪変動パターン（暦年標準パターン）を作成して、これと試料の年輪パターンとが合致する部分を探し、試料の年代を推定する方法である。ただし年輪年代測定法では、対応可能な樹種が限定されるという課題もある。また樹皮や白太《しらた》など、外皮に近い部分が残っていれば、木の死の時点に近い年代が判明するが、これらがない場合、樹皮までどのくらいの年輪があったかがわからないため、建立年代の下限をうかがうにとどまる。

また放射性炭素年代測定法は炭素の同位体である^{14}Cに着目した方法で、^{14}Cは大気中の窒素（^{14}N）に宇宙線が作用することで恒常的に作られており、半減期の約五七三〇年を経て、半分は放射線崩壊により安定的な^{14}Nへと変化するという性質を持つ。大気中の^{14}Cは酸素と結合して放射性二酸化炭素となり、光合成によって植物に取り込まれ、その植物を食べた動物の体内にも蓄積される。植物や動物が死ぬと外部からの摂取がなくなるため、内部の^{14}Cは、安定的な元素へと変化していく。それゆえ、試料に残る^{14}Cの量を測定することで、もとの生物の死の時期を知ることができるのである。

とりわけ、年輪年代測定法や放射性炭素年代測定法などは数値として年代が出てくるため、センセーショナルに取りあげられることも多い。一見、万能にも見えるこれらの手法にも弱点や検討すべき課題があり、さらにはこれらのデータをもとにさらに考察を深めるべき点もある。

3　法隆寺の年輪

釈迦の骨（仏舎利《ぶっしゃり》）を祀る仏塔において、心柱《しんばしら》（中心の柱）は最重要の部材である。塔婆《とうば》頂部の相輪《そうりん》は心柱が

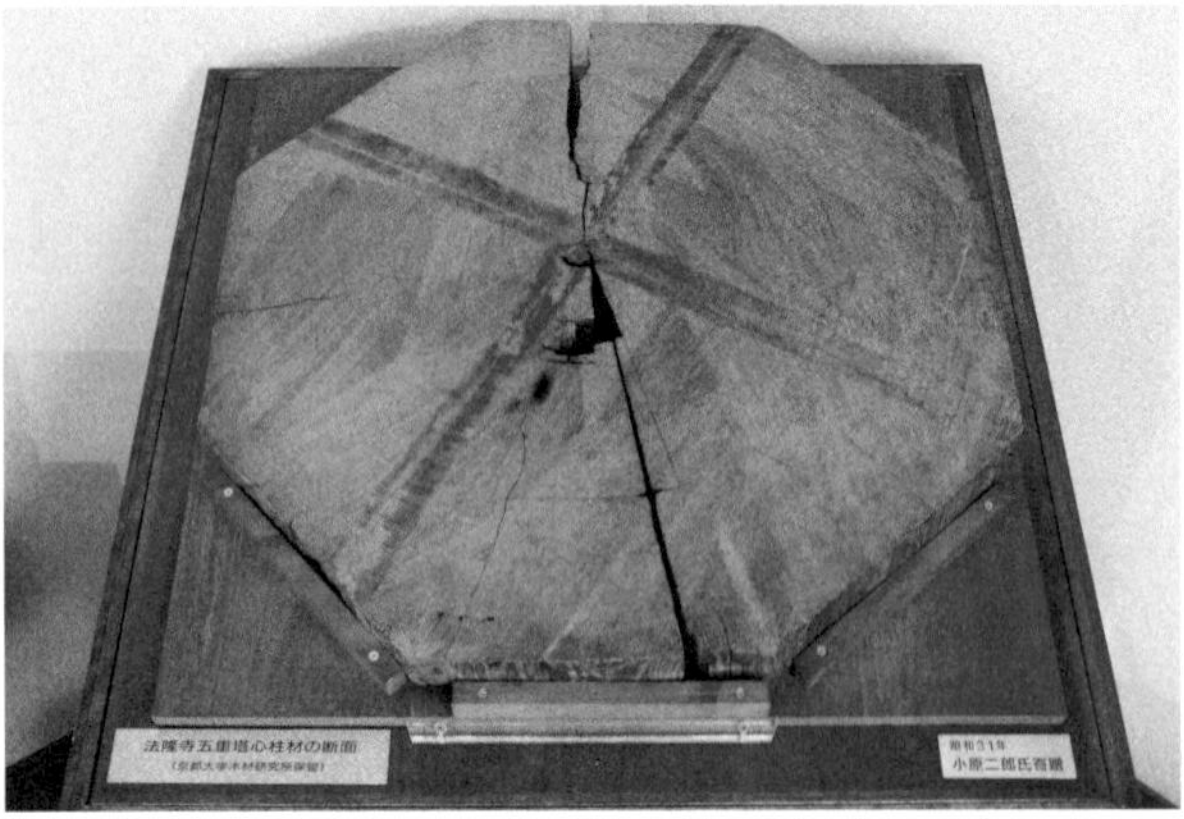

図2　法隆寺五重塔心柱の円盤標本（京都大学生存圏研究所蔵）

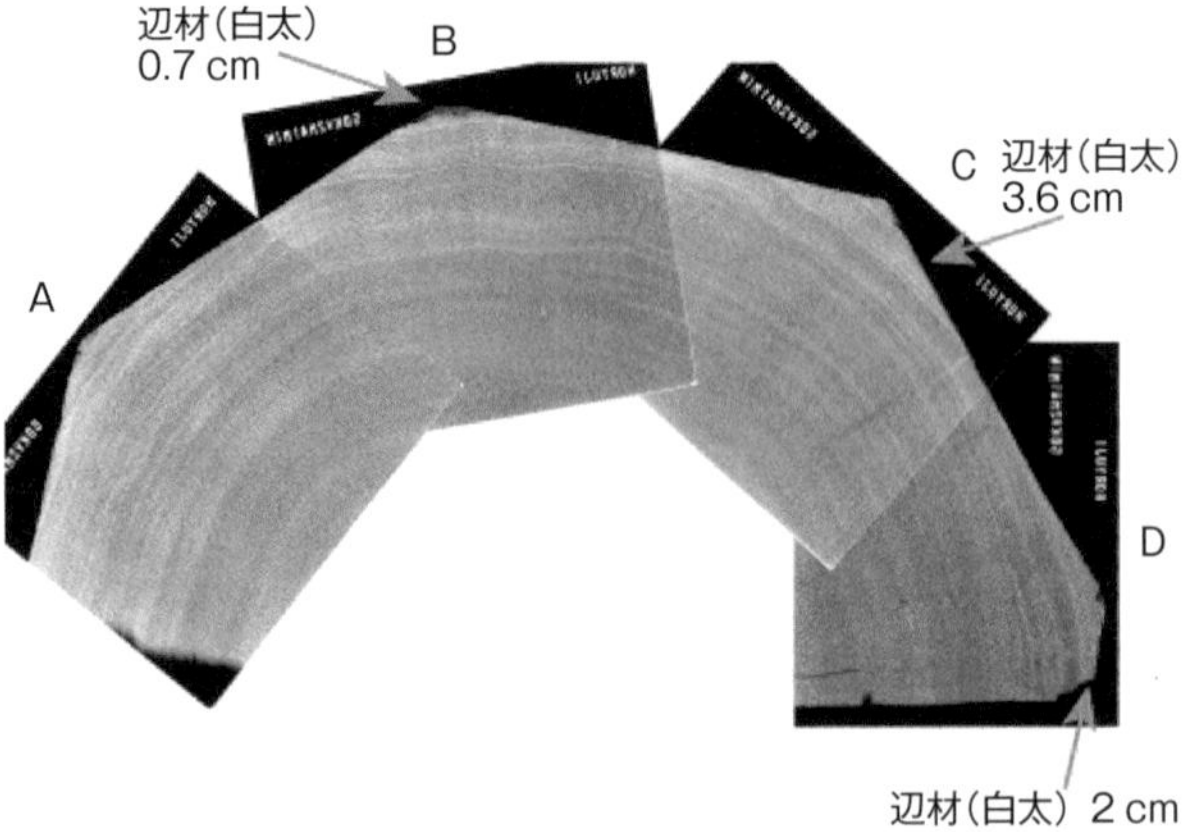

図3　法隆寺五重塔心柱円盤標本のX線写真（光谷 2001）

支えており、ひときわ太い柱が用いられている。仏舎利は心柱、あるいは心柱の下にある心礎《しんそ》という礎石《そせき》に納められることが多い。法隆寺五重塔では、心柱が地中に埋まっており、下部が腐朽していたため、昭和大修理の際に下部を切断し、根継《ねつぎ》している。その切断された上端約一〇センチの円盤標本をもとに、年輪年代測定の調査がなされたのである（図2・3）。心柱は径約七八センチの八角形のヒノキで、調査にはソフトX線透過撮影装置が用いられた。心柱の外周部には白太とみられる部分が残っており、また昭和二十七年（一九五二）の研究成果では樹皮が確認されたという報告もあることから、最終的に五九四年という伐採年が導かれたのである。

この伐採年代が斑鳩寺の創建である推古《すいこ》天皇十五年（六〇七）以前であり、塔の創建もそのころとすれば、先ほどの「法隆寺再建論」の見直しにつながる成果であるとも報道された。ただし、年輪年代測定の樹種以外の課題がここに表れている。すなわち、年輪年代測定法で判明するのは、木の死の時点であって、建物の建立時ではないという問題である。つまり建立時よりも相当に古い時期に伐採された材を用いた場合、建立年代と伐採年代には乖離が生じるのである。

もちろん、年輪年代測定法で明らかになるのは伐採年であり、建立年と異なるのだが、先ほど述べたように、正確な建立年代が不詳であることが多いこともあり、数字が独り歩きしがちなのである。

ちなみに法隆寺金堂では天井板が六六七・六六八年、五重塔二層の組物《くみもの》（軒を支える装飾）の雲肘木《くもひじき》（雲形の横木）が六七三年、中門初層の組物の大斗《だいと》は六九九年という数値が年輪年代測定法によって出されている。とりわけ金堂の天井板は六七〇年の焼失を否定する材料のようにも見えるが、天井板のサイズはそれほど大きくないから、焼失以前に伐採されていた流通材などを用いたと捉えてよかろう。

またこの年輪年代測定法の結果は、心柱とは異なり、「法隆寺再建説」に有利な情報でもある。総合的に見れば、心柱の年代に謎はあるにせよ、「法隆寺再建説」に軍配が上がるというのが現状であろう。

年輪年代測定法や放射性炭素年代測定法の成果を踏まえることで、古建築に関する新たな歴史観の形成・再構築が求められる。かつての「法隆寺再建・非再建論争」や「薬師寺移建・非移建論争」がそうであったように……。

4 法隆寺の新たな謎

法隆寺五重塔の心柱も新たな謎を生み出している。すなわち、五九四年という心柱の年代をどう考えるか、という問いである。現状、法隆寺金堂・五重塔のある西院伽藍が六七〇年の火災後に再建されたものであることの確度は高いとみられるが、それを踏まえて、なぜ推定される法隆寺五重塔の建立年代と約百年も伐採年が離れているのであろうか。

七世紀初頭に建てられた別寺の塔を法隆寺に移築したのだ、という主張をする方もいる。これも一つの考えであろうが、その場合には、やはり心柱に前身塔の痕跡が残るであろうし、そもそも心柱以外の部材を新調する点も十分に説明できず、理解しがたい。また元の場所では塔が失われてしまう。

別の場所からの移築や再利用を認めるならば、塔や心柱の精神的な意義から焼失前の五重塔の心柱を用いた可能性も十分に想定されよう。ただし、焼失した前身伽藍で心柱が焼け残ったとも考えにくい。現に五重塔の円盤標本に樹皮が残っているとすると、表面の焦げた部分を削っての再利用も考えにくい。

むしろ心柱の物質的な特殊性から見ると、どうであろうか。径が大きく、長い材料は大径長大材といって、飛鳥・奈良時代の建築には頻繁に用いられているが、心柱ほどの材となると、なかなか材料の確保が難しい。六・

七世紀の材木流通の状況については、史料が限られるが、飛鳥寺では寺院建立の開始後に杣入《そまい》りして材料確保を行っており、材の流通も十分に確立しておらず、流通材から寺院建築の材を確保するのは難しかったとみられる。いっぽうで七世紀後半の藤原宮の造営では近江国の田上山《たなかみやま》の杣（滋賀県大津市）から材を切り出して運搬しているように、広い範囲で杣の開発が進んだ。いずれにせよ、寺院建築の造営、そして都城の形成のなかで、木材の供給源たる杣も開発されていったのである。

寺院建築の造営が活発化するなかで、心柱などのきわめて特異な巨材については、将来的な利用を見越して、杣などでストックしていたのではなかろうか。甲賀《こうが》杣（滋賀県甲賀市）をはじめ、この周辺の杣は奈良時代にも木材を供給していたことが「正倉院《しょうそういん》文書」に記されている。また、甲賀市甲南町《こうなんちょう》新治《しんじ》ではスギの巨木が発見されている。その伐採年代は飛鳥時代にさかのぼるとされ、伐採されてから長い時間、造営に用いられなかった木が存在したことも知られる。この例はごく珍しく、部分的に杣の状況も明らかになっている例であるが、もし将来的に古代の杣が大規模に発掘されれば、その運営状況も明らかになってこよう。

法隆寺の昭和大修理で解体された部材が倉庫に眠っているが、これらの研究も進められている。筆者も、保管されている金堂の柱や組物などの調査を通して、大工道具による加工の痕跡や、部材同士が組み合っていた際に圧力がかかった痕跡など、部材にはさまざまな情報が秘められていることを改めて体感した。このように、究明しつくされたと思われている法隆寺の建築も、今なお研究の進展で明らかになるものが増えているのと同時に、新たな謎が生まれ、人々を惹きつけてやまないのである。

〈参考文献〉

海野聡『古建築を復元する―過去と現在の架け橋―』(吉川弘文館、二〇一七年)
海野聡「寺院建築と古代社会」(吉村武彦ほか編『シリーズ古代史をひらく　古代寺院―新たに見えてきた生活と文化―』岩波書店、二〇一九年)
奈良六大寺大観刊行会編『奈良六大寺大観　第一巻　法隆寺一』(岩波書店、一九七二年)
光谷拓実「法隆寺五重塔心柱の年輪年代」(『奈良文化財研究所紀要二〇〇一』二〇〇一年)

2　草が生えた薬師寺東塔

海野　聡

1　薬師寺の造営と東塔の建立

今も昔も建築を造るには時間がかかる。スペインのサグラダファミリアのように、一四〇年以上、建設を続けるものもある。建物単体ではなく、宮殿や寺院の伽藍《がらん》、さらには都市となればなおさらであり、平城京の造営も例に漏れない。大量の技術者や労働力の確保とその効率的な運用、材料の確保など、想像を絶する規模であった。むろん、重機などない時代であったから、人力・畜力、そして水運などに頼りながら……。

現存する薬師寺東塔《やくしじとうとう》も、こうした平城京大造営のもとで建立されたのだ。薬師寺の歴史はやや込み入っており、開創は天武《てんむ》天皇九年（六八〇）に、天武天皇が皇后（のちの持統《じとう》天皇）の病気平癒を願って発願したものである。当初、藤原京（橿原市）に造られ、これを本薬師寺《もとやくしじ》と呼んでいる。二つの塔が並ぶ双塔伽藍で、唐《とう》や新羅《しらぎ》の最新の手法を用いた荘厳に富んだものであった。その後、伽藍は持統天皇によって完成に至ったが、和銅三年（七一〇）の遷都にともなって、養老二年（七一八）に平城京にも薬師寺が造られた。東塔については、『扶桑略記《ふそうりやつき》』

『七大寺年表』の記述から天平二年（七三〇）の建立とみられている。

詳しくは拙稿を参照していただきたい（海野 二〇一八）が、明治時代以来、藤原京から平城京に塔を移築したのではないか、という論争があった。ところが近年の全解体修理の際に、年輪年代測定法の調査が行われ、心柱をはじめとする部材が平城京遷都以降の伐採であることが判明した。具体的には、二本の木材を継いだ心柱の下部が七一九年以降の伐採であったほか、初層の天井板二点には樹皮も残っており、それぞれ七二九年と七三〇年の伐採と判明した。つまり現在の東塔は移築ではなかったのである。こうして東塔の建立年代が明らかになったことで、薬師寺の謎はすべて解けたか、というと、そうでもない。調査によって、新たな謎が出てきたのだ。

2 発掘調査における新発見

そのきっかけは発掘調査にあった。東塔の解体修理の一因として、礎石の沈下があり、礎石を据える基壇をはじめとする基礎に問題が生じていた。そのため、全解体修理後、基壇外装や敷石を取り外して発掘調査が行われた。修理前の東塔基壇の内部には創建時の基壇外装が残されていた。基壇側面の羽目石《はめいし》と上面の敷石《しきいし》には、高級な仕様である凝灰岩《ぎょうかいがん》製の切石《きりいし》が用いられていた。また東塔本体の荷重を受ける礎石の据付部分の版築《はんちく》層が圧縮されており、これが礎石沈下の一因であることが明らかになった。

さらに掘り進めていくと、東塔では、いったん地下を掘りこんで地盤改良する、掘込《ほりこみ》地業《じぎょう》がなされていることが明らかになった。この掘込地業では、粘土質の土を数チセン単位で突き固める版築という方法が用いられている。そして地表面まで埋め戻したのち、地上にやはり版築で基壇を構築していた（図1）。非常に手の込んだ手法であるが、高層の塔の造営では、こうした手法をとることも珍しくはない。これらの発掘調査を通して、東塔の基壇の構築過程が明らかになったのである。古代の基壇の構築過程がここまで明確に判明したのは、上部に塔が建ち続け、基壇も良好に守られてきたからにほかならない。

図1　東塔基壇の断割と掘込地業（『薬師寺東塔発掘調査報告』）

この基壇構築過程の解明だけでも、とても大きな発見なのであるが、この発掘調査では、一つの興味深い状況が確認された。掘込地業と基壇の境の部分付近、すなわち地表面とほぼ同じ高さの位置で、植物の遺存体が発見されたのである。植物の根が地中をはうように伸びているため、自生したものとみられている（図2）。つまり、掘込地業・基壇の版築築成の最中に、草が生えるほどの時間的な断絶があったのだ。これは伽藍造営の初期に東塔の位置を定め、掘込地業によりいったんその範囲を地表面近くまで整地したという、造営の過程を映し出している。

3　草が生えるまで

では、なぜ、東塔では掘込地業を先行して行い、その

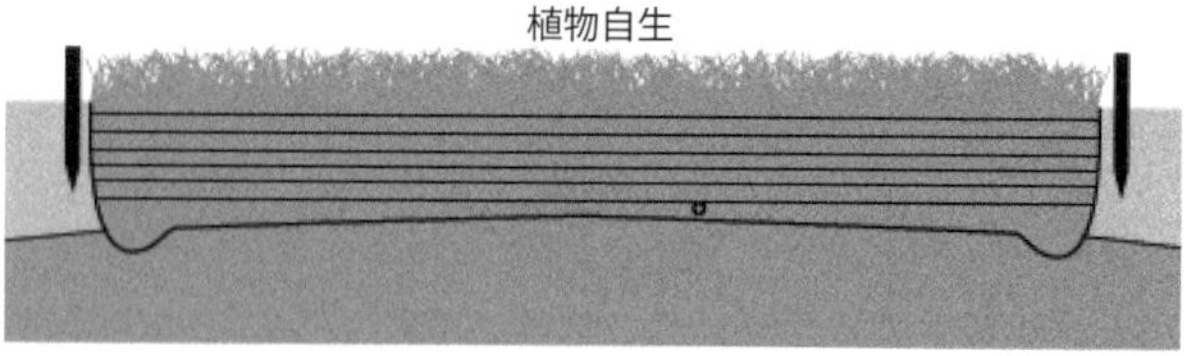

図2　掘込地業の完了後，植物が自生した様子の模式図
（『薬師寺東塔発掘調査報告』）

後、しばらく基壇が造られなかったのであろうか。これは造営の過程を考えると理解できる。現代であれ、古代であれ、造営にあたっては、地盤・基礎の工事が最初に行われる。複数の建物を造営する場合には、個々の建物ごとに地盤工事を行うことも考えられるが、区画の全体におけるそれぞれの建物の位置を最初に定め、伽藍全体の基礎工事、すなわち掘込地業を造営の初期段階で行うこともありうる。薬師寺東塔の掘込地業の先行も、伽藍全体の計画がしっかりあってのことである。

そもそも大寺院の伽藍では、造営に長い時間がかかり、それぞれの建物の建立に時期差があることは珍しくない。さらに全体計画が最初から確固たるものではないことも珍しくない。例えば興福寺では、伽藍のすべてが造営開始時に決まっていたわけではない。和銅七年（七一四）の中金堂供養を皮切りに伽藍の諸建築は造営されていくが、東金堂は聖武《しょうむ》天皇による神亀三年（七二六）の発願である。そして光明《こうみょう》皇后の発願によって天平二年（七三〇）に五重塔、同六年に西金堂が建立された。それぞれ、伽藍の造営開始後、時間が経過してから発願があり、整備計画は拡大していった。むろん養老四年（七二〇）没の藤原不比等《ふひと》を供養するための北円堂《ほくえんどう》は、その翌年に建立されている。このように、古代寺院は開創の時点で、伽藍の全体が計画されていたとは限らないのだ。

薬師寺では、東塔以外の造営を先行して行ったのちに、ある程度の時間的な断絶を経て、東塔の基壇、上部構造の造営に着手したという工程がうかがえる。さらに言えば、本薬師寺と伽藍が酷似する平城京の薬師寺は、全体計画が明確であり、地盤工事も造営初期にまとめて行うことができたのであろう。ただ、金堂を囲む回廊は、当初、単廊で計画したが、その後、複廊に改めて造営されていて、中途の造営計画の変更はあるのではあるが……。ちなみに西塔の心礎《しんそ》（柱の中心である心柱《しんばしら》の礎石）は上面に舎利孔《しゃりこう》（仏舎利を納めるための小さい孔）を設けており、東塔には心礎上面に掘りくぼみが確認できない。仏塔は舎利を祀るためのものであることを踏まえれば、双塔の場合、舎利を納める塔のほうが重要である。このことから、西塔の造営が先行すると考えられている。東塔の植物遺存体からうかがえる造営過程の推測は、この西塔心礎からの考察とも合致する。

この西塔が東塔に先行するという点は次なる疑問も生み出す。古代寺院における両塔の造営の先後関係を見ると、本薬師寺・大官大寺《だいかんだいじ》・大安寺《だいあんじ》・東大寺《とうだいじ》などでは、東塔から造営を開始したとされる。薬師寺ではこれとは逆の順番になるのである。一つの理由としては、平城京の造営用の木材は、その北東にある泉木《いずみき》津《づ》が集積地であること、さらに物資運搬のための西堀河が現在の秋篠川《あきしのがわ》の位置であることなど、流通路がいずれも薬師寺の東側にあることがあげられる。つまり物資が薬師寺伽藍の東から搬入されるから、先に東側の建物を造営しては、運搬に支障が出るのであろう。

さて時間的断絶があり、基壇などの上部の造営をしていない状況において、本格的に塔の建立を始める際に、正確に掘込地業の位置を捉えている点は驚きである。掘込地業や基壇築成の四隅の位置に杭を打つなど、何らかの目印を残しておき、ほかの建物の造営をするなどの対応をとったのであろうか。あるいは全体の正確な配置計画図があり、東塔の基壇築成時に、新たにその場所を測量したのであろうか。その真相は不明であるが、同じく奈良時代の平城宮東区朝堂院《ちょうどういん》では、天皇の代替わりの際に造られた歴代の大嘗宮《だいじょうきゅう》（大嘗祭で使用する仮設の建物）が、四〇尺ずつずらして、それぞれが重ならないように配慮しながら造営されていることが知られる。大嘗宮も時期差をもって造営されたものであり、朝堂院では通常の政務・儀式も行われるから、大嘗祭が終わると建物は取り壊していったん地表面を整地・舗装し、その痕跡は覆い隠されたと考えられるが、次に大嘗宮を建てる際、やはり前回までの大嘗宮の位置が正確に把握されている。ちなみに東区朝堂院北端の下層の門には、その中心で測量のための基準点とみられる遺構も見つかっているから、測量の精度の高さは、さもありなん、といったところであろうか。いずれにせよ、測量技術・造営技術といった古代の知恵がここにうかがえるのだ。

4　東塔の時の流れ

薬師寺東塔は現在まで受け継がれているが、中世・近世に大きな修理が加えられている。その詳細は拙著（海野 二〇二四）を読んでいただきたいが、薬師寺全体で見た場合、東塔以外の伽藍は衰微していった。多くの官大寺は、いわゆる檀家《だんか》のいる寺院とは異なり、中世、とりわけ室町時代以降、経済的な困窮は避けられず、薬師寺も同様であった。東西両塔と講堂《こうどう》・東院堂《とういんどう》など、ごくわずかの建築が残されているに過ぎず、それゆえに享禄四年（一五三一）に立柱した仮金堂などを除くと、大規模な造営はなされなかった。

昭和以降、高田好胤《たかだこういん》の青空説法や写経勧進などによる伽藍の大復興により、現在、壮麗な寺観を整えているが、復興前には西塔の心礎のくぼみにたまった水に東塔が映り込んでいたという情景からは、かつての伽藍の様子がうかがい知れる。こうした一三〇〇年にわたる薬師寺の時の流れを東塔はともに歩んできたのであり、これからも末長く見守ってくれることであろう。

〈参考文献〉

2　草が生えた薬師寺東塔

海野聡「薬師寺東塔移建・非移建の一〇〇年論争の開幕」（『建物が語る日本の歴史』吉川弘文館、二〇一八年）
海野聡「薬師寺東塔移建・非移建の一〇〇年論争の決着」（『建物が語る日本の歴史』吉川弘文館、二〇一八年）
海野聡「寺院建築と古代社会」（吉村武彦ほか編『シリーズ古代史をひらく　古代寺院―新たに見えてきた生活と文化―』岩波書店、二〇一九年）
海野聡『奈良で学ぶ　寺院建築入門』（集英社、二〇二二年）
海野聡『古建築を受け継ぐ―メンテナンスからみる日本建築史―』（岩波書店、二〇二四年）
奈良六大寺大観刊行会編『奈良六大寺大観　第六巻　薬師寺』（岩波書店、一九七〇年）
奈良文化財研究所・奈良県立橿原考古学研究所『薬師寺東塔発掘調査報告』（薬師寺、二〇二二年）

3 和様は唐の様式?
——建築の国風化から和様へ——

海野　聡

1　平安時代の国風化

平安時代の中期から後期にかけて、貴族を中心に、日記、随筆、和歌などの仮名文学を用いた文学ややまと絵、絵巻物などの文化が盛隆した。唐を中心とする大陸文化の摂取に努めた七世紀から九世紀にかけての唐風文化に対して、国風文化と称され、建築に関して言えば、寝殿造《しんでんづくり》が国風化の象徴として取りあげられる。

七世紀における激動する東アジア情勢のなかで、厳しい国際情勢を乗り越えるべく、唐と同じような都市や建築を構築し、体面を整える必要があったのである。その目指す先は唐であり、律令制度にもとづいた国づくりがなされていた。同時に伝統的な規範も重視しており、宮殿では大極殿を大陸風の礎石《そせき》・瓦葺《かわらぶき》・朱塗《しゆぬり》といった形式、内裏を植物性の葺材《ふきざい》、素木《そぼく》といった伝統的な形式とすることで、両者を尊重する建築を作り上げた。

こうした状況にあって、寺院建築も大陸風の華やかな意匠で整えられ、都城を彩る一役を担った。これに対し、神社建築は、高床《たかゆか》・千木《ちぎ》（屋根の両端で斜め上に延びる装飾）・鰹木《かつおぎ》（大棟《おおむね》上に置かれる木材）などの伝統的な要素を用いることで、対比的な姿を示した。「ヤマト」的な伝統を重んじる方向性は内裏とも共通する。

平安時代の建築の変化について見ると、寝殿造については、近年、平安京の貴族邸宅の発掘調査が増加したことで、奈良時代の貴族邸宅の特徴を受け継ぎつつ発展していったことがわかっている。奈良時代の貴族邸宅も内裏の特徴に通じるものもあり、大陸からの影響ではなく、むしろ床張りに代表されるような、「ヤマト」的な要素が強かった。

寺院建築に関しては、浄土教の流行にともなって、阿弥陀堂《あみだどう》が多く建立された。床張り、四面に長押《なげし》（柱に横から打ちつける水平材）を廻らせる構成、植物性の葺材などが確認でき、これらの特徴は、唐の建築を目指した奈良時代の寺院建築にはみられない。この「ヤマト」的な特徴の導入は、建築の国風化の様相を示している。

そもそも寺院建築が国風化と言われるのに対して、神社建築では、国風化、あるいは国風文化という概念で捉えられることはない。これは神社建築自体が「ヤマト」的な要素を多分に含んでいたからであり、当然とも言えよう。つまり建築における国風化とは、唐風の建築が「ヤマト」的なものを摂取する現象である。これを踏まえれば、そもそも「ヤマト」的な要素を持っていた寝殿造が、建築の国風文化の代表として取りあげられることの奇異さは際立ってこよう。

2　平安時代の造営体制と寺院建築の特徴

平安時代は奈良時代の四倍近い期間があるにもかかわらず、その現存建築は、奈良時代以前のものに比べて、

図1　地方の平安時代建築の高蔵寺阿弥陀堂（宮城県角田市，筆者撮影）

きわめて数が限られる。いっぽうで、奈良時代以前の建築の所在地が奈良に限定されるのに対して、平安時代については、岩手県の中尊寺《ちゅうそんじ》金色堂《こんじきどう》や大分県の富貴寺大堂《ふきじおおどう》など、東北から九州まで、多くの地域に現存している（図1）。

こうした平安時代の仏堂も、奈良時代の唐招提寺金堂《とうしょうだいじこんどう》・講堂《こうどう》や新薬師寺《しんやくしじ》本堂などの仏堂のように、身舎《もや》・庇《ひさし》による構成を基本としており、組物《くみもの》（軒を支える装飾）・天井・屋根架構の構造と意匠が一連で設計されている。いっぽう変化としては、礼拝のための礼堂《らいどう》を取り付け、仏堂平面が拡大されたことや、野屋根（下から見えない野垂木《のだるき》で作られた屋根）の採用があげられる。とりわけ仏堂の正面に礼拝の空間を設け、両者が一体化した空間を構築した点は独自性が強い。大陸でも仏堂正面に礼拝スペースを設けることはあったが、同じ屋根の下に取り込むという形式は日本独自であり、国風化の一つの要素と言えよう。

また床張り、植物性の葺材、四面に廻らせる長押などは、奈良時代の仏堂とは異なる特徴で、本来、土間であった仏堂の床張りの浸透は日本化の特徴を強く示している。また平安時代の現存建築は広い地域に展開しているが、共通する要素も多く、とくに組物の形状などの細部にも共通性が高く、一定の規範がうかがえる。その一因には、古代の律令制における建築生産組織の存在がある。

奈良時代には都城や宮殿・官寺などの大量の造営をささえるべく、木工寮《もくりょう》に技術者が集められ、造東大寺司《ぞうとうだいじし》・造宮省《ぞうぐうしょう》などの造営官司が実務を担っていた。効率的な造営のためには、規格化や強い規範による意匠の統一が有効である。実際に、東大寺の開創前に建てられていた法華堂《ほっけどう》を除き、奈良時代の建築には画一的な面が強いのに対し、法隆寺西院伽藍《ほうりゅうじさいいんがらん》や山田寺《やまだでら》回廊などの飛鳥時代の建築には多様性がうかがえる。ここにも律令官司の造営による建築の画一化が見える。

平安時代にも同様に官の造営組織が主導して、宮殿や官寺などを手掛けた。平安京の東寺《とうじ》・西寺《さいじ》はその代表である。また平安宮の造営でも木工寮や修理職《しゅりしき》が参画しており、造営官司が高次の技術を有していたことが知られる。時代が下ると、朝廷の財政悪化にともなって、寺社に身を寄せる技術者も現れたが、いずれにせよ、彼らも官の技術者の系譜にあった。それゆえ律令造営官司の建築技術をもとにしつつ展開し、規範が形成され、画一性を持つ建築が造られていったのであろう。こうした技術は木工寮や修理職などの技術者によって官のなかで保持されたとみられ、中世以降の和様の規範の基礎が築かれたとみられる。

例えば、平等院鳳凰堂《びょうどういんほうおうどう》の造営では、中堂の身舎の太い丸柱を隠す細い裳階《もこし》の角柱《かくばしら》、翼廊《よくろう》の二重頭貫《かしらぬき》、翼廊の隅にのる隅楼《すみろう》の隅扠首《すみさす》（縁を支える腰組の部材で、斜め四五度方向に出る水平材）など、薬師寺東塔で用いられた手法がふんだんに用いられている。苑池《えんち》を備えた阿弥陀浄土《あみだじょうど》を現出したかのような建築は、技法を見ると既存の手法を組み合わせたものであり、律令官司の系譜がうかがえるのである。

また地方への技術伝播の詳細については、現存建築が限られるため、推測を含まざるを得ないが、国分寺《こくぶんじ》、国《こく》府《ふ》の造営などをはじめ、その機会はいくつかあった。律令国家の管理的な造営体制が建築物そのものの形へも影響を及ぼし、規範となって地方へ浸透したのであろう。

3　中世の和様

治承四年（一一八〇）の平重衡《たいらのしげひら》による南都《なんと》焼き討ちによって、東大寺・興福寺の伽藍が灰燼に帰し、東大寺の再興では大仏様《だいぶつよう》という新しい技術が持ち込まれた。これに対して、興福寺では、それ以前からの形式を堅持した。これを和様という。また禅宗寺院の造営では、禅宗様という技術が用いられた。この大仏様・和様・禅宗様の三つは日本の寺院建築の代表的な様式とされる。とりわけ和様は中世の様式ではあるものの、古代との関係を考えねばならない。

そもそも和様は、大仏様・禅宗様など、別の様式が存在しなければ成立し得ない。和様は中世以降の新しい様式に対する伝統的な様式という意味を持つので、そのもとをたどれば、平安時代以前の律令官司の形式にたどりつく。興福寺や東大寺などの大寺院は、律令官司によって建てられているから、その淵源は共通する。

とくに興福寺では、鎌倉時代に再建された北円堂《ほくえんどう》では、新しい技術である貫《ぬき》（水平材）を内法長押《うちのり》の内側の見えない部分で用いて、外観上は隠している。この時期には大仏様を用いた東大寺の諸建築の再興がなされていたから、あえて、北円堂は古式な手法を取り込んだと言える。むろん、ほかの選択肢がない状況では、前例の踏襲を基本とし、様式上の大きな変化が生じることはまれであろうが、ほかの様式があるにもかかわらず、あえて古式を選択した点に、「和様」の特異性がある。つまり中世の和様の一面として、ほかの様式の存在によって規定され、古代の規範を堅守するという面が存在したのである。

こうした強い規範を受け継いだ和様とは別に、密教寺院の仏堂などを中心に展開した形式も和様と言われる。前述の、仏堂の正面に礼堂が取り付いた一体的な建築は、中世にはさらに本堂として発展した。このように国風化により変化したものを和様と捉えているのである。

図２　和様の仏堂（西明寺本堂，滋賀県甲良町）に用いられる出三斗（筆者撮影）

4　和様は唐風？

冒頭で神社には「国風化」という考え方がないことを述べたが、和様についても、神社建築や住宅建築には使われず、あくまで寺院建築が対象である。寺院建築の大元をたどれば、唐の技術や意匠を参考に造営された古代の建築に至る。この形式が平安時代以降も継承され、床張りや植物性材料などの「ヤマト」的な要素を取り込んで、国風化したのであるが、それでは中世以降の「和様」とはどういった存在なのであろうか。

「和様」は国風化した「ヤマト」的な部分のみを示すのではない。飛鳥・奈良時代には外来の要素であった組物を例にとれば、構造的役割の大きい三手先《みてさき》などは奈良時代から平安時代のあいだに細部が大きく変化するものの、平三斗《ひらみつと》や大斗《だいと》肘木《ひじき》などはほとんど変化していない。また出三斗《でみつと》のように中世の仏堂に特徴的な組物もあるが、組物全体の傾向としては、奈良時代以来の形式を受け継いでいる（図2）。つまり、「和様」は奈良時代以来の律令造営官司の系譜にあると言える。むろん、奈良時代の寺院建築は唐風を目指したものであったから、唐と「ヤマト」の対比で言えば、唐である。

つまり、「和様」と名乗りつつも、淵源は唐にあり、奈良・平安時代の律令造営官司で成熟した様式を、中世に大仏様や禅宗様といった大陸風の新しい様式に対して、「和」と捉えたのではなかろうか。そして仏堂と礼堂が一体化した建築であっても、それ自体を日本の独自性としたのではなく、新しい様式に対して、伝統的なものを「和様」として区別したとみられる。

中国では、宋・元・明と時代が下るにしたがって、唐の要素は薄れていくので、日本の建築の方がその痕跡を強く残していると言っていいかもしれない。ユーラシア大陸東部で強大な国家を形成した大唐帝国。その優雅さは海を隔てた日本列島で息づいていたのだ。

中国大陸では、時代とともに建築の姿が変容した結果、唐の要素が見えにくくなっているのに対して、「和様」の語から想像される日本的なものが、大元をたどると唐にたどり着くという状況は、一見、奇妙に感じられる。しかし外来の文化を取り込み、自国の文化として昇華し、新たな規範とするという日本文化の特質の一側面が、この「和様」に顕著に表れているのだ。

〈参考文献〉

海野聡「寺院建築と古代社会」（吉村武彦ほか編『シリーズ古代史をひらく　古代寺院―新たに見えてきた生活と文化―』岩波書店、二〇一九年）

太田博太郎「建築様式の日本化」（『日本建築史序説』増補第三版、彰国社、二〇〇九年）
工藤圭章「国風化への歩み」（『文化財講座　日本の建築2』第一法規出版、一九七六年）
福山敏男「建築の国風化」（『文化財講座　日本の建築2』第一法規出版、一九七六年）
吉村武彦ほか編『シリーズ古代史をひらく　国風文化—貴族社会のなかの「唐」と「和」—』岩波書店、二〇二一年

4 中世の名所鎌倉

岩田会津

1 名所鎌倉への視線

鎌倉とはいかなる都市であったか。おそらくは真っ先に鎌倉幕府・鎌倉府治下の繁栄ぶりが想起されるであろうが、その後の展開に目を向ければ、近世における参詣地としての興隆が注目される。鶴岡八幡宮《つるがおかはちまんぐう》、大仏、禅宗の鎌倉五山《ござん》……。いまなお多くの名所が私たちの目を楽しませてくれるように、政権所在地としての座を失った鎌倉は、その遺産を活用して一大参詣地へと生まれ変わる。

以上の変化は、これまで中世都市としての終焉をむかえた鎌倉が武家の故地として憧憬を集め、近世参詣地として復興をとげるストーリーとして描かれてきた。すなわち、鎌倉では中世と近世のあいだに断絶があると理解され、二つの時代はそれぞれまったく異なる文脈から論じられてきたのである。

また、参詣地化の大きな転機として指摘されるのが、中川喜雲《きうん》の『鎌倉物語』（万治二年〈一六五九〉）や、水戸黄門こと徳川光圀《みつくに》（一六二八～一七〇〇）主導で編纂された『新編鎌倉志』（貞享二年〈一六八五〉）といった、地誌・案内書の出版である。十七世紀後半以降、鎌倉外の人間の手によりこれらの書物が出版されることによって、鎌倉の名所は大衆の広く知るところとなる。名所鎌倉の魅力は江戸時代になって外部から再発掘された、というのが現在の一般的な認識であるように思われる。

しかし、名所としての鎌倉は江戸時代に始まるわけではない。『東関《とうかん》紀行《きこう》』や『海道記』といった鎌倉時代の紀行文に記されるように、鎌倉への旅行は中世から行われており、鎌倉大仏などいまにつながる名所の一部は当時からすでに見所として知られていた。ならば、鎌倉には中世から近世へと連続的につながる面もあったと考えるべきであろう。では、中世の鎌倉はどのような名所であったのか。それがいかに移り変わり江戸時代の参詣地につながるのだろうか。

2　鎌倉時代の旅と名所

名所鎌倉の起点になるのは、やはり鎌倉時代である。この時代、幕府がおかれることで鎌倉は京と比肩する政治拠点へと成長する。それにともない両地点間の往来が活発化し、結果、京から鎌倉へ旅をする人物が現れるようになる。

それらのなかには、自身の旅路を紀行文に書きつけるものも存在した。例えば『海道記』の筆者（不詳）は、貞応二年（一二二三）、京から鎌倉へ旅したときの模様を同書に書き記している。それによれば、筆者は江ノ島参拝のち腰越《こしごえ》、稲村《いなむら》ケ崎《がさき》を通って西から鎌倉に入り、二日かけて由比《ゆい》ガ浜《がはま》、御霊社《ごりょうしゃ》、将軍御所、大御堂《おおみどう》、二階堂、鶴岡八幡宮などを歴覧していた。あるいは『東関紀行』の作者（不詳）は、仁治三年（一二四二）、同じく

図１　現在の鎌倉周辺（「基盤地図情報」〈国土地理院〉をもとに筆者作成）

西から鎌倉に入り、和賀江島《わかえじま》、鶴岡若宮、二階堂、大御堂、および当時木造で建設中の鎌倉大仏（現存の大仏はその後に金銅で再建されたもの）などを見物している（地名などは図1・2を参照）。

　両者が訪ねた場所のうち、鶴岡八幡宮や鎌倉大仏などはいまなお定番の観光スポットである。しかし、それ以外は現存しないものも多い。「大御堂」とは源《みなもとの》頼朝《よりとも》の父義朝《よしとも》の供養のためつくられた勝長寿院《しょうちょうじゅいん》、「二階堂」は奥州合戦の菩提《ぼだい》を弔うため、頼朝が平泉《ひらいずみ》の大長寿院《だいちょうじゅいん》を模してつくらせた永福寺《ようふくじ》のことをさす。ともに室町時代に廃絶するが、寺が存したこの時代には定番の見所となっていたことが、少ない事例からではあるが推察される。

　当然だが、当時の旅行者は幕府のもと栄華を極めた鎌倉の姿を同時代的に体験したわけであるから、彼らが訪れるのは二階堂、永福寺、あるいは『海道記』作者が見物した将軍御所のような、鎌倉の繁栄の象徴というべき場所であった。また、鎌倉が政治拠点として機能していたために旅の目的が名所見物に限られないのも、この時代の特徴であ

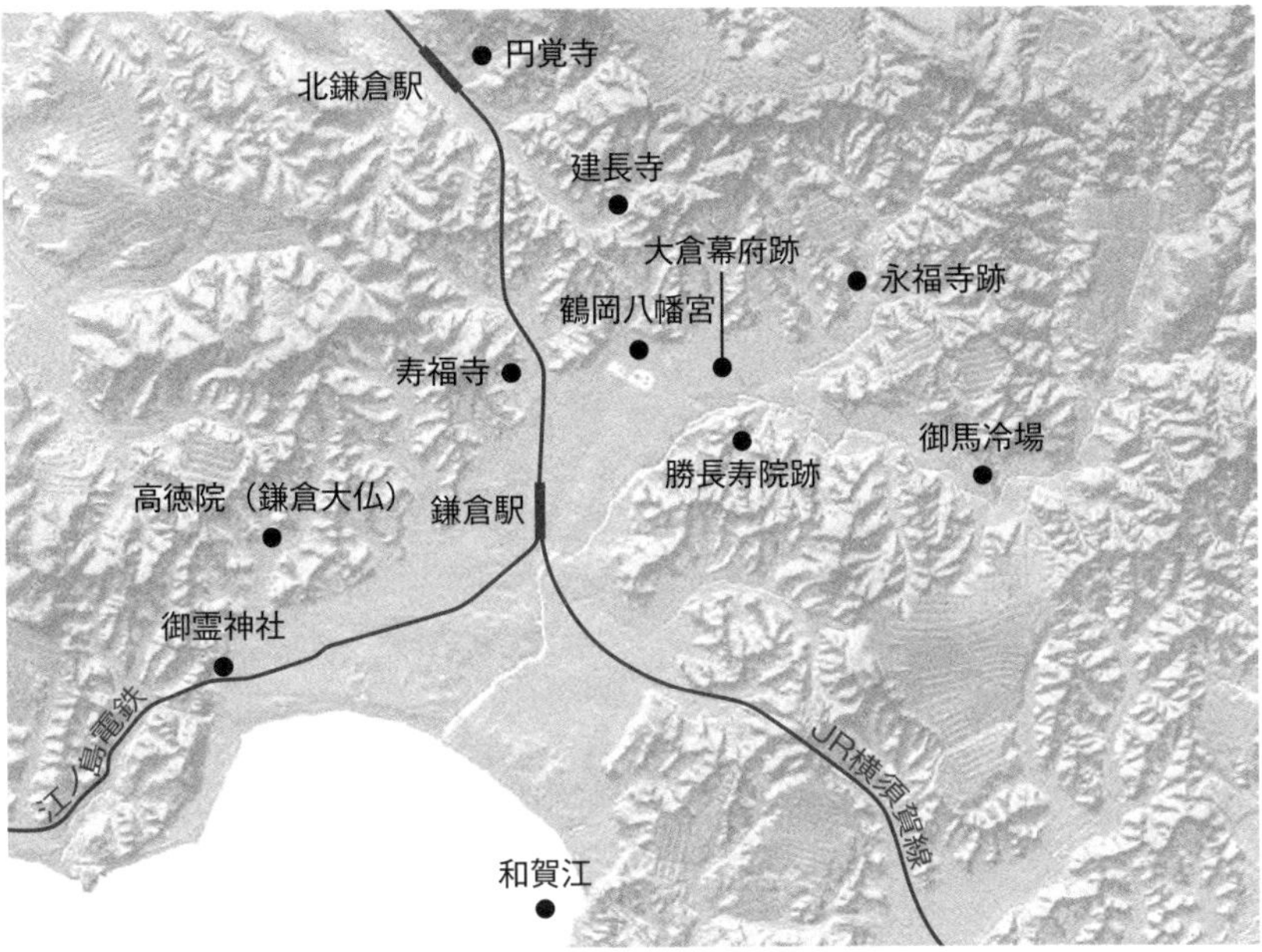

図2　現在の鎌倉（「基盤地図情報」〈国土地理院〉をもとに筆者作成）

る。『十六夜日記《いざよいにっき》』を記した阿仏尼《あぶつに》は、所領をめぐる相論を解決するために幕府の裁許を得ることが、鎌倉下向の本来の目的であった。前出の『海道記』の作者や、『とはずがたり』の作者後深草《ごふかくさ》院《いん》二条《にじょう》は、鎌倉に住する知人との交流も行い、名所見物に終始していたわけではなかった。これは往時の繁栄を偲んで名所旧跡をめぐる江戸時代の鎌倉参詣とは、かけ離れた旅のあり方と言えよう。

3　室町時代の旅と名所

室町時代になると、鎌倉で武士政権の影響力が縮小していくいっぽう、五山を中心とする禅宗寺院が栄えるようになる。この時期の鎌倉への旅を記した紀行文は禅僧や連歌師《れんがし》によるものが多いが、これも禅宗興隆による影響の一つであろう。

この時代には、旅のあり方に江戸時代へとつながる変化が認められる。一つが、鎌倉と江ノ島、金沢《かなざわ》（六浦《むつら》）の三ヵ所をセットで巡礼するようになることである。

このうち江ノ島については、西から鎌倉に入る途上にあるため、前述の『海道記』のように鎌倉時代から参詣の対象となってきた。いっぽう、金沢を訪れた記録が残るようになるのは、室町時代、とくに鎌倉公方《くぼう》が古河《こが》に去る十五世紀後半以降のことである。例えば、文明十八年（一四八六）に鎌倉を訪れた禅僧の万里集九《ばんりしゆうきゆう》（一四二八〜？）は、寿福寺《じゆふくじ》の塔頭《たつちゆう》に逗留しながら鎌倉中の寺社をめぐり、途中それぞれ一日ずつ費やして江ノ島、金沢を訪れている（『梅花無尽蔵《ばいかむじんぞう》』）。翌年には、『北国《ほつこく》紀行』を記した歌僧の尭恵《ぎようえ》（一四三〇〜？）が鎌倉を訪れており、三浦半島の芦名《あしな》にいる東常和《とうつねかず》の案内をうけながら、鎌倉、江ノ島、金沢を立て続けにめぐっている。下って天文十四年（一五四五）には、連歌師の宗牧《そうぼく》（？〜一五四五）が（『東国紀行』）、天文二十年には、禅僧の東嶺智旺《とうれいちおう》がやはり三ヵ所をあわせて見物している（『明叔録』）。

こうした変化の背景には、この時代に禅僧のあいだで金沢の景勝が一つの文学的題材となることがあると考えられる。いわゆる「金沢八景」である。金沢八景を構成する一つ一つの名勝が定められるのは、明《みん》僧の心越禅師《しんえつぜんじ》が八首の漢詩を詠んだとされる十七世紀末以降であるが、それ以前にも金沢周辺の景色は中国の瀟湘《しようしよう》八景になぞらえて讃えられていた。このことは、前記の東嶺智旺が「まず金沢を一見した。瀟湘八景であってもここには及ばない（先金沢一見、雖㆓瀟湘八景㆒不㆑如㆑之）」と記していることからも察せられる。

以上のような禅宗文化における景勝地としての位置づけが、室町時代に金沢を鎌倉、江ノ島とならぶ巡礼地へと押しあげることにつながったと考えられる。鎌倉、江ノ島に金沢を加えた三ヵ所の巡礼は江戸時代まで多くみられるが、その発端はこの時期にあると考えられる。

また、江戸時代の書物で取りあげられる名所の一部が見えるようになるのも、のちにつながる変化と言える。

例えば、先述の万里集九は金沢で称名寺《しょうみょうじ》と能見堂《のうけんどう》を、東嶺智旺は同じく称名寺と夏島、野島、烏帽子島《えぼしじま》を遊覧している。これらは江戸前期の『鎌倉物語』や『新編鎌倉志』にも記される金沢の名所であった。鎌倉幕府の旧跡が巡礼の対象になるのもこの時期である。東嶺智旺は鎌倉で「頼朝御屋敷」「磨墨《するすみ》・生食《いけづき》冷石窟」を訪れている。前者は頼朝期の将軍御所である大倉幕府跡、後者は頼朝の馬、生食と磨墨が足を洗ったと伝わる岩窟である。これより前には宗牧も『東国紀行』にて両所に言及しており、これらは東嶺の時代にはすでによく知られた見所であったと思われる。

この二つの史跡は江戸時代の書物や絵図にも記されているが、頼朝屋敷はともかく、愛馬の水場のようななかば伝承に近いようなものがこの時期すでに見えるのは興味深い。室町時代には、伝承に近い事柄も織り交ぜつつ、禅僧をはじめとする知識人たちのあいだで鎌倉の名所に関する情報が蓄積されていったと考えられる。江戸時代の出版物においても現地の伝承にもとづく名所・旧跡が多くみられるが、その下地はあるいはこの時期に整備されたのではないだろうか。

4　戦国大名と鎌倉への旅

鎌倉公方が古河に去った十五世紀後半以降、鎌倉に支配権力は存在しなくなり、かわって今川《いまがわ》氏、太田《おおた》氏、後《ご》北条氏《ほうじょう》といった外部の大名が鎌倉を支配するようになる。彼ら大名勢力による支配も、鎌倉への旅のあり方が変化する要因になった。

とくに大きな影響を与えたのが、大名による領国内交通の掌握である。すぐに想像されるのは領国間に関所が設けられることによるデメリットだろうが、反対に、大名が伝馬網を整備することによって旅行者がメリットを享受することもあった。先ほどの東嶺智旺がまさにその例であり、伝馬の利用を許可する文言（「除一里一銭、伝馬三疋」）を記す北条氏康《うじやす》の印判を携帯していた彼は、これを見せながら後北条氏の伝馬網を利用して鎌倉へ赴いたと考えられる。

大名の印判は単に伝馬が利用できるだけでなく、巡礼にも役立つアイテムであったらしい。東嶺が「鎌倉の霊場や名所では、大名の印判がなければ容易に見学することができない（右霊区名所、無二太守印判一、則容易不レ得レ見焉）」と述べるように、後北条氏の印判は名所見物をスムーズにする効果も持っていた。天文九年には円覚寺の洪鐘《こうしょう》に多くの貴賤が参詣した記録が残っているように（『快元僧都記《かいげんそうずき》』）、戦国時代には庶民による鎌倉寺社の参詣も行われていたが、おそらく寺社によっては身分や縁のない人間の境内立ち入りを制限したところも多かったであろうから、その際に大名の公認をあらわす印判は絶大な効力を発揮したと推定される。

連歌師の宗牧が鎌倉を訪れたときには、より積極的な大名の関与が読みとれる。まず鎌倉入りの際には、北条氏康が「後藤がた」に命じて宿の手配を行わせている。この「後藤」とは、後北条氏のもとで鎌倉小代官をつとめた後藤氏のことと考えられる。その後、後藤氏は、宗牧が金沢へ赴く際の先導役もつとめた。また、建長寺の見物にあたっては、開祖蘭渓道隆《らんけいどうりゅう》の御影《みえい》を拝するため、氏康の命により御影堂の鍵が開けられている。

宗牧の場合は、以上のように大名が配下や領内の寺社に命じて旅の差配を行っていた。もっとも、ここまでの厚遇をうけたのは当時大名にもてはやされた宗牧のような連歌師、あるいは貴人の類のみであろうが、江戸時代に盛んとなる鎌倉での名所案内が、この時代すでに戦国大名である後北条氏の手によって行われていたことは、近世参詣地化の端緒となる動きにも見え、きわめて興味深い。

5　鎌倉の旅宿と鶴岡八幡宮

宗牧の宿所を後藤氏が手配したように、大名による接待は滞在場所の斡旋もともなうものであった。このとき大名から提供される宿所は、滞在設備の整う寺社施設が多かったと思われる。後北条氏の支配下では、天文六年に一族の内紛にやぶれた真里谷《まりやつ》政隆を鎌倉に保護した際、鶴岡八幡宮の神主邸を政隆の宿所とした例が知られる（『快元僧都記』）。

ここで神主邸が選ばれたのは偶然ではなかろう。当時、鶴岡八幡宮は天文元年からの造替工事の最中であり、造替を主導した後北条氏の奉行人《ぶぎょうにん》や職人がひんぱんに鎌倉に出入りしていた。その際、彼らの滞在場所とされたのが、この神主邸であった。このときの鶴岡八幡宮造営について記した『快元僧都記』によれば、鎌倉代官大道寺《だいどうじ》氏の宿泊（天文二年閏五月二十六日）、後北条氏が奈良から招いた塗師の作業場（天文四年三月十五日）、同大工の饗応（天文四年八月十日）に神主邸が用いられている。政隆の宿泊に神主邸が選ばれた背景には、以上のような利用実態があったとみられる。

神主邸は、江戸時代以降も要人の宿泊・滞在に用いられる。慶長五年（一六〇〇）には徳川家康《とくがわいえやす》が休息所としたほか、鶴岡八幡宮修繕に際して将軍名代が同社を訪問したときには、神主邸を旅館とすることが慣例となっていた（『鶴岡八幡宮神主大伴系譜』）。また、慶長十八年に鎌倉を訪れた西洞院時慶《にしのとういんときよし》は、自身の日記で神主宅に宿泊したこと（「鎌倉着、一宿神主所」）を記している（『時慶記』）。以上のように、後北条氏による鶴岡八幡宮造替のころから、神主邸が鎌倉巡礼者の宿泊施設として現れる。

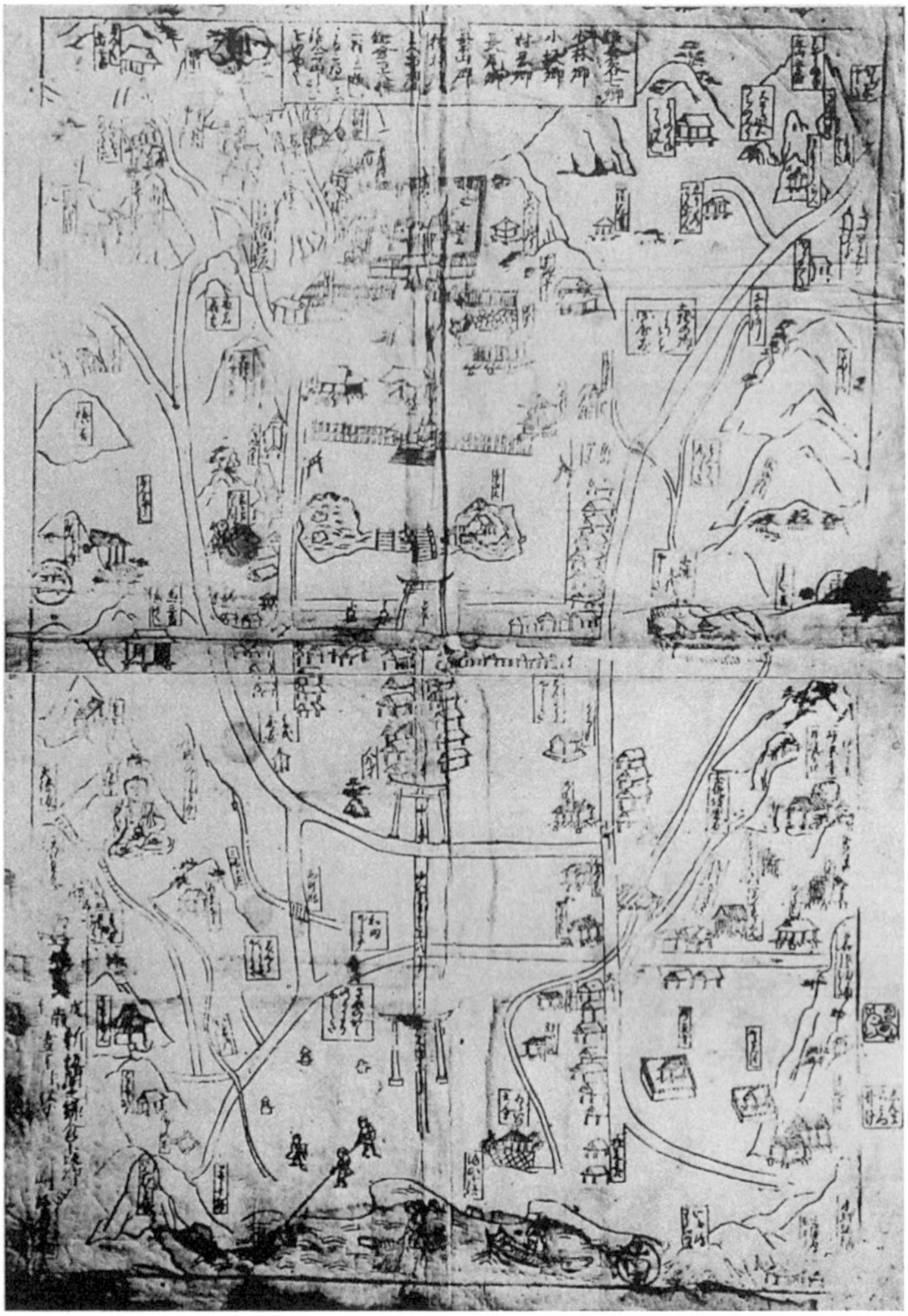

図３　延宝６年（1678）「鎌倉絵図」（澤 1976，三井文庫蔵）

さらに十七世紀後半以降になると、神主以外の鶴岡八幡宮社人《しゃにん》が旅籠《はたご》を営むようになる。これらの旅籠は門前の若宮大路沿いに町並みを形成しており、この光景は江戸時代の名所絵図からも確認することができる（図３）。これらの社人旅籠が宿泊拠点となって、江戸時代の鎌倉参詣は展開された。神主と社人で主体は異なるが、ともに鶴岡八幡宮関係者による宿泊場所の提供であったという点では、これも後北条氏時代からつづく一連の流れとみることができるだろう。

また、社人旅籠は単に滞在先であっただけでなく、名所絵図を出版することで積極的な情報発信も行っていた(図3)。絵図が発行されるようになったのは、おそらく『新編鎌倉志』からややさかのぼる寛文・延宝年間(一六六一〜八一)ごろであり、鎌倉だけでなく金沢・江ノ島の絵図も残されている。ここには先ほどの頼朝屋敷や馬冷場を含む名所が記載されており、社人旅籠はこれを宿泊者に頒布することで、参詣の便に供したと考えられている。

重要なのは、そもそもこうした絵図が鎌倉現地で出版されていたという事実である。名所に関する情報は鎌倉内からも発信されていたのであり、『鎌倉物語』や『新編鎌倉志』といった外部の書物だけが鎌倉の名所化を推し進めたわけではなかったのである。

6　名所鎌倉の出発点

以上みたように、名所としての鎌倉は江戸時代になって一から発生したのではなく、室町時代の禅宗文化、後北条氏の巡礼者接待、社人旅籠の成立といった、中世以来の流れを少なからずうけて成立したものだった。もちろん、『新編鎌倉志』をはじめとする書物の影響は非常に大きく、その後の庶民参詣の興隆は鎌倉の姿を大きく変えたであろう。しかし、それは完全に外部からもたらされた変化ではなかった。中世から近世にかけての鎌倉内部の動向も、鎌倉の名所化に無視し得ない影響を及ぼしていたと考えられる。

〈参考文献〉

澤寿郎『鎌倉古絵図・紀行—鎌倉古絵図篇』(東京美術、一九七六年)
鈴木棠三編『鎌倉古絵図・紀行—鎌倉紀行篇』(東京美術、一九七六年)
西岡芳文「瀟湘八景から金沢八景へ—日本における異国憧憬の一展開—」(『金沢文庫研究』三三六、二〇一六年)
原淳一郎『近世寺社参詣の研究』(思文閣出版、二〇〇七年)
原淳一郎『江戸の旅と出版文化—寺社参詣史の新視角—』(三弥井書店、二〇一三年)

5 懸造と中世の仏堂

前田瑠嘉

1 形態と構造

懸造《かけづくり》、舞台造などと呼ばれる手法で建てられた清水寺《きよみずでら》の舞台は、押しも押されぬ名所であり、今日では京都自体を象徴的に表すイメージにさえもなっている。しかしながら、懸造とは実際にはどのようなもので、どのような意義を持っているのかということについて、一意に定まった答えを出すことは難しい。懸造はその発生以来、実に多様な展開をみせてきた。長く柱を立てて、高低差のある地形や、果ては崖壁に取り付くように建物が建つその形態は、それ自体が神聖性を湛えた強烈なイメージである。そこで懸造について、その起源や発展の過程を通じて性質や意義を探りたい。

はじめに、建築形態としての懸造について考えよう。「懸造」というものをここで簡単に定義するならば、傾斜地や高低差のある狭小地において、建物を建てるとき、低地側に柱梁《はしらはり》を立てて床面の段差を解消することで、平面を確保する手法である。基本的に、懸造部分は平坦地を確保する意図を持って組み上げられ、その上に土台

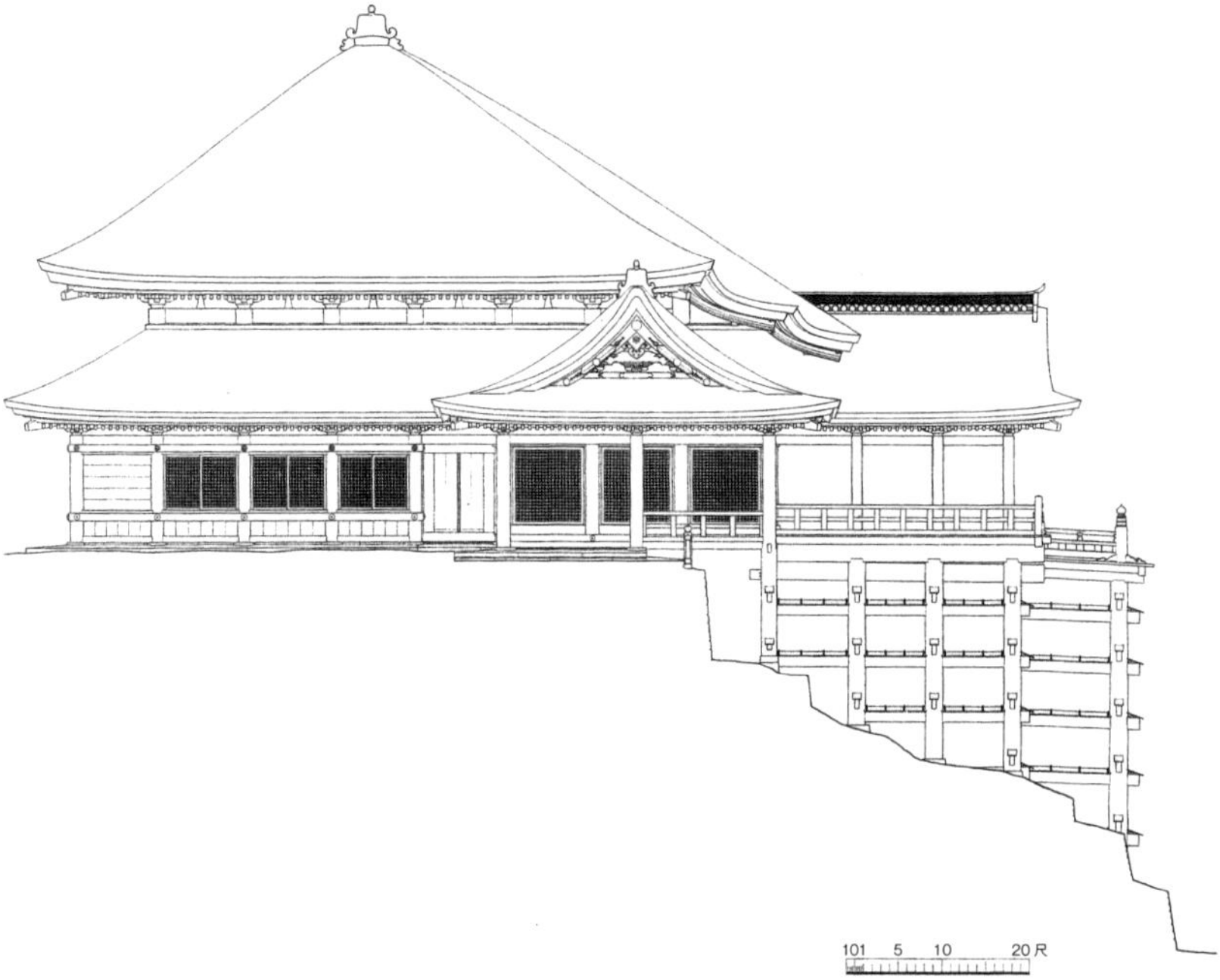

図１　清水寺梁間立面（『国宝清水寺本堂修理工事報告書』）

を廻し、上屋が置かれる。つまり床下で一度柱が途切れることになり、塔や重層門などの重層建築において、階層ごとに柱が途切れる手法が多くみられることを踏まえると、これも同様のメカニズムとも捉えられる。

現に柱が一貫して通柱《とおしばしら》となっているものは、三仏寺投入堂《さんぶつじなげいれどう》（平安時代後期）や鰐淵寺蔵王堂《がくえんじざおうどう》（一九八三年再建）など、ごく一部の小規模なものに限られる。

次に、懸造の架構を見てみよう。清水寺本堂（一六三三年）のように、地形に合わせた諸々の高さの柱を、貫《ぬき》（柱を貫通する横材）を幾重にも重ねて束ね、組み上げる形が一般的だが、歴史的な変遷をたどると必ずしもこの限りではない。

懸造建築における横架材《おうかざい》の使用の歴史的変遷についてみると、平安末期の「信貴山縁起絵《しぎさんえんぎえ》巻《まき》」に描かれる仏堂では長押《なげし》（柱に打ちつける

図2　三仏寺投入堂（『国史大辞典』）

横材）状の部材が描かれていて、十三世紀後期の「笠置曼荼羅図《かさぎまんだらず》」でも長押状の部材が使われている。いっぽうで、十三世紀末～十四世紀初頭以降の「天狗草紙絵巻《てんぐぞうし》」や「一遍聖絵《いっぺんひじりえ》」、「法然上人行状絵図《ほうねんしょうにんぎょうじょうえず》」には貫が使われている。ただし正中年間（一三二四～二六）の成立とみられる「石山寺《いしやまでら》縁起絵巻」巻二、三では長押のように描かれていて、その普及や転換は一様なものではなかったと言える。このように、懸造脚部への貫の採用が普及したのは、一般の建築に比べ少し遅れて鎌倉時代後期のことと考えられる。一つの可能性としては、東大寺再建に携わった重源《ちょうげん》の関わりが深く、実際に大仏様《だいぶつよう》の経蔵があった上醍醐《かみだいご》の清瀧宮《せいりゅうぐう》拝殿（一四三四年）の前身建物などが、その初期の実例である可能性もあるが、想像が過ぎるであろうか。

いっぽう、現存建築として最古例の三仏寺投入堂、それに次ぐ龍《りゅう》岩寺奥院礼堂《がんじおくのいんらいどう》（一二八六年）では、小規模であることにも起因すると思われるが、横架材は入っていない。そのほか、筋交《すじかい》（斜めにわたされた補強材）が入ることもあり、これについては三仏寺投入堂においてすでに釘留めのものがみられる。筋交は基本的に柱の側面への釘留めであり、後から補強のために入れられた可能性もあるが、桃山時代の三仏寺文殊堂《もんじゅどう》（金具に一五八〇年の陰刻あり）の場合、貫が筋交を貫通する形で入り、初めから構造に組み込まれている。

懸造の縁《えん》については、しばしば、縁を支える柱を立てずに、挿肘木《さしひじき》（柱の中途から伸びて梁などをうける材）による腰組《こしぐみ》（縁を支える組物）や延長した台輪《だいわ》（土台）によって支持されるものがみられる。このような片持梁《かたもちばり》（一端のみが固定された梁）によって支持された縁は、視覚的にはあたかも空中にあるような超常的な印象を与え、その極端な例として、「融通念仏縁起絵巻《ゆうずうねんぶつえんぎえまき》」（原本一三一四年）中に描かれる住房や茨城県の西光院《さいこういん》本堂（江戸時代末期）では、迫《せ》り出した台輪の上にさらに束が置かれ、その上に縁が置かれるという手法がみられる。

2　平面となりたち

懸造建築の成立の要因を考えるうえでの鍵は、実は平面にある。多くの懸造建築は本尊を祀る正堂《しょうどう》や内陣に対する礼拝・儀式空間としての機能を有していることが多い。ここでは仏堂・社殿に限って述べるが、平面構成と周辺環境との関係から、懸造の平面について、次の三種に大別して見ていこう。

①岩上仏堂型

傾斜地や岩山の上に立つ仏堂が、その平面を拡大するにあたって懸造の部分が生じたとみなせるものである。石山寺、清水寺、長谷寺《はせでら》（本堂一六五〇年）といった奈良時代末から平安時代にかけて発展した山地の寺院では、種々の記録から平安時代中後期には懸造の仏堂が成立していたことがうかがえるが、いずれも岩場（また、内陣部分には磐座《いわくら》や土壇が残っている）の上に建つ正堂に対して、礼堂や舞台が懸造の形で斜面上に設けられることになる。つまり、多くの場合、懸造部分は礼拝空間として用いられることとなる。

また、前述の三ヵ寺は、正堂前に別棟の礼堂を建てる形、すなわち双堂《ならびどう》の形式から発展したものであり、現

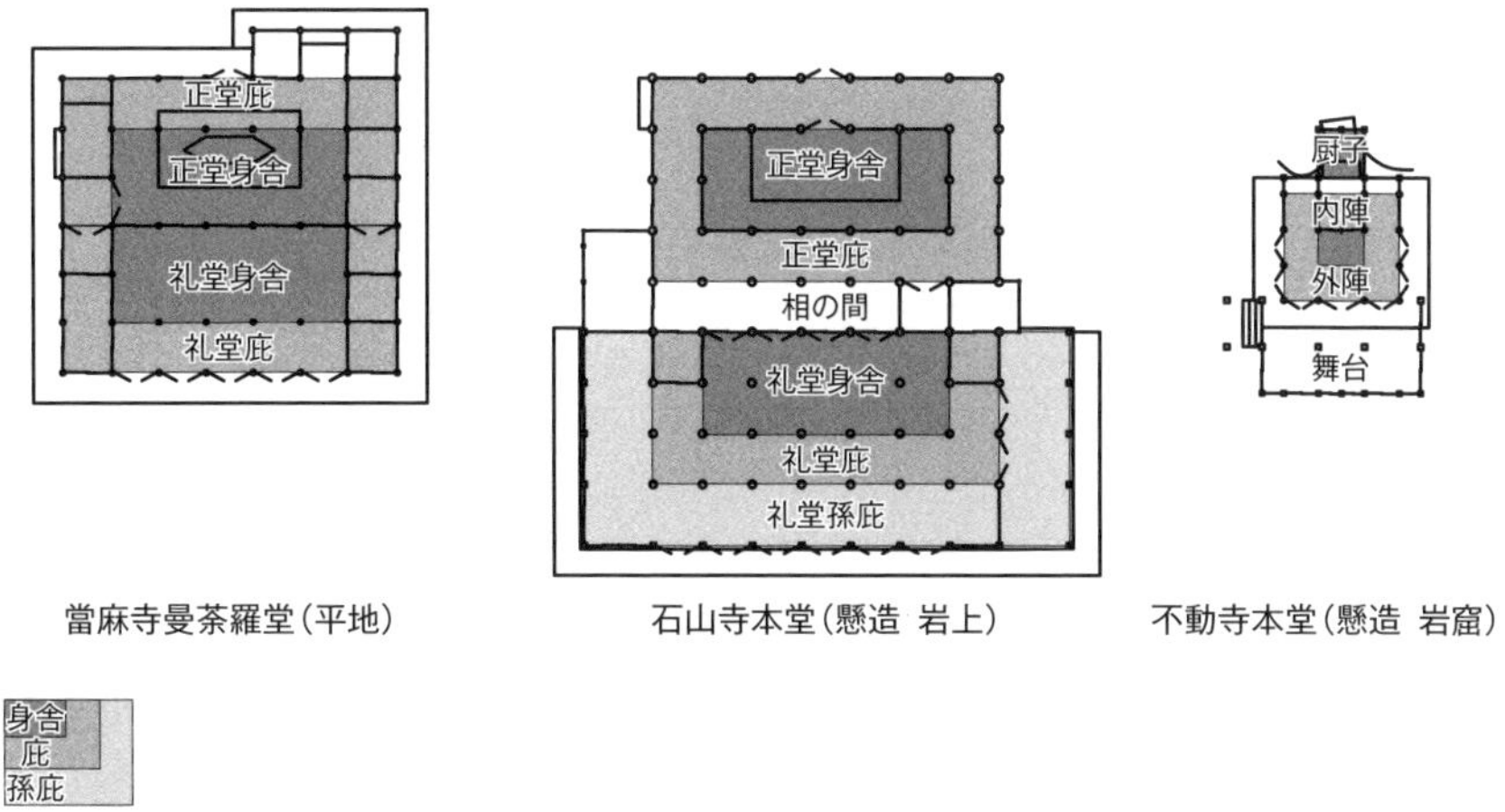

図3　平地および懸造の仏堂の略平面（修理工事報告書などをもとに筆者作成）

在でも正堂と礼堂の境に一間分の相《あい》の間《ま》が残っている。とくに、石山寺本堂は慶長七年（一六〇二）の礼堂再建までは双堂であったことがわかっており、このときにようやく両屋根を接続する改造がなされた。双堂の形式により奥行きを確保する手法は、孫《まご》庇《びさし》によるものと並んで中世の仏堂において広くみられるが、これらの双堂式の懸造建築は、あくまで一棟の建築として収束していった一般的な中世の仏堂に比べると、文字通り二棟の建築が並び立つ形式をより色濃く残している（図3）。そしてこのことには、懸造であることが少なからず寄与しているように思われる。すなわち、平地部分の正堂と、懸造の礼堂では、土台の組み方が異なったものとなることがあり、これをあえて一体とするよりも、双堂としての平面を踏襲し続けることが選ばれたというわけである。近世以降は、壺阪寺《つぼさかでら》本堂（礼堂は室町時代）や頂法寺《ちょうほうじ》本堂（一八七七年）のように正堂の形態上の都合によるものや、粉河寺《こかわでら》本堂（一七二〇年）のような特殊なもので礼堂の独立性が高い例はみられるが、中世に幾度も再建を繰り返していたにもかかわらず平面を保っていた点は注目に値する。

ほかには、小規模なもの、双堂ではないものも含め、宝厳寺《ほうごんじ》観《かん》音堂《のんどう》（一六〇三年）、醍醐寺如意輪堂《にょいりんどう》（一六〇六年）、比叡山《ひえいざん》延暦寺横川中堂《よかわちゅうどう》（一五八四年、焼失）、円教寺《えんぎょうじ》如意輪堂（焼失、現摩尼《まに》殿）、東大寺二月堂《にがつどう》（一六六九年）、日吉大社《ひよしたいしゃ》牛尾《うしお》・三宮《さんのみや》神社（一五九五・九九年）など多くの遺例がこの形式にあたる。

平安時代後期以降、この形式はさらなる発展をみせ、建物のほぼ全体が懸造となっているものも出現する。これらはより急峻かつ狭小な、巨岩上などに建てられ、創建当初から懸造の形式を持ったものと考えられる。峰《ぶ》定寺《じょうじ》本堂（一三五〇年）、笠森寺《かさもりじ》本堂（安土桃山時代）、三仏寺文殊堂、同地蔵堂（室町時代後期）などは、巨岩の上に張り付くような形で建てられた、強烈なイメージを示すものとなっている。

②石窟寺院前堂型・修行窟型

石窟《せっくつ》寺院と言うとインドのアジャンターや中国の敦煌《とんこう》・龍門《りゅうもん》などが想起されるが、実のところ日本にも石窟寺院と呼べるものは存在する。ただしそれらは自然の洞窟や岩陰に多少の加工を施したものや、石切場《いしきりば》の跡を転用した小規模なものなどが主で、中国のような大規模かつ建築的な造作の施されたものは発展しなかった。

このような石窟寺院は、山林修業における籠りのための修業窟に端を発したものが少なくないと思われる。そのため修行者が入ることのできる程度の小規模な窟内に本尊を安置、あるいは岩肌に彫り出すのみで完結していた。

ところがこれを起点にして寺院が拡大すると、それにともなって窟を拡張するわけにはいかないので、自然とこの前面に取り付く建物が拡大していくことになる。中国の石窟寺院でも前面に設けられた木造の建築は存在するが、日本の石窟寺院においてはこの前面建築の方が発達することになる。その結果、石窟部分を内陣として、その前面に外陣・礼堂としての建物が取り付く形の平面が形成されることとなる。

前面建物は、雨風を凌ぐための庇程度の簡素なものから、中世仏堂的な構成を持つ大規模なものまでさまざまであるが、根本となる洞窟の立地によって、その前面建物が懸造となる例が多々みられる。石窟寺院型とみなすことのできる現存建築は比較的多く、龍岩寺奥院礼堂、不動寺《ふどうじ》本堂（室町時代前期）、那谷寺《なたでら》本堂（一五九七年）、小菅《こすげ》神社奥社本殿（天文年間）など、その規模もまちまちである。

また、より籠堂《こもりどう》としての性格を色濃く残していると思われるものに、比較的大きな窟内に堂が収められる形式をとっているものがある。例えば、大峯《おおみね》において平安時代初期以来、冬籠の行の場であった笙《しょう》の窟《いわや》では大量の鉄釘が出土しており、これは建築的な構造物の存在を示している。このような洞窟内に設けられた籠堂建築も、やはりその地形次第で懸造の形態をとることがあり、実例としては三仏寺投入堂、不動院岩屋堂（室町時代前期）、鰐淵寺蔵王堂などがあり、そのほかにも建物自体は現存しないが岩屋寺仙人堂（『一遍聖絵』中、一二九九年）をあげることができる。

図4　拝殿型の懸造（「熊野宮曼荼羅図」クリーブランド美術館ホームページ）

③拝殿型

主に神社の拝殿で時折みられる特有の形式もある。山中において高所の本殿に対して、斜面上に独立して拝殿を建てるために、懸造となる形式である。

上醍醐寺清瀧宮拝殿、吉野水分《よしのみくまり》神社拝殿（一六〇四年）、談山《たんざん》神社拝殿（一六一九年）、石山寺三十八所権現社拝殿（現蓮如《れんによ》堂、一六〇二年）、由岐《ゆき》神社拝殿（擬宝珠《ぎぼし》銘、一六一〇年）などの現存建築を例にあげることができ、絵図で確認できるものとして、那智《なち》大社の拝殿（「一遍聖絵」ほか）や園城寺《おんじょうじ》護法堂拝殿（「園城寺境内古図」鎌倉時代後期）、特殊な例として磨崖仏《まがいぶつ》に対する笠置寺礼堂（「笠置曼荼羅図」）もこの形式に分類することが可能である。

3　信仰とのつながり

すでに見たように、懸造は、基本的には巨岩や磐座、あるいは窟といった要素と結びついている。懸造の仏堂は観音菩薩を本尊として祀っている例が非常に多い。岩上に立つ観音という図式は、『華厳経《けごんきょう》 入《にゅう》法界品《ほっかいぼん》』や『大悲《だいひ》経』などに説かれる補陀落山《ふだらくせん》浄土の金剛石《こんごうせき》に坐す姿としてみなされるようになる。このような巨岩は、おそらく原始的な自然信仰の対象であったものであり、岩上の観音という形には、二者の習合的な要素が現れていると考えられる。

窟についても、さまざまな要素と結びつけることができる。山林での仏教修行は飛鳥時代より行われたとされ、奈良時代前期、吉野の比蘇寺《ひそでら》に入った道璿《どうせん》や神叡《しんえい》などを中心に活発化したが、このような初期の段階で、すでに洞窟に籠る修行が行われていた。

このような修行について、まず「寂寞無人声、読誦此経典、我爾時為現、清浄光明身」、すなわち人気のない静寂の中での法華経読誦《どくじゅ》によって仏がその姿を現すという、法華経法師品《ほっしほん》の一節にもとづく意義がある。このような窟内での法華経読誦の実例は、『法華験記《げんき》』巻中第四十四「叡山西塔宝幢院陽勝《ほうどういんようしょう》仙人」などにみることができる。

次に、窟は墓穴、また胎内とみなされ、窟に入り、出ることによる擬死再生、仏身への生まれ変わりを意図した儀礼が行われる場でもあった。また、東大寺修二会《しゅにえ》の縁起譚のように、他界への入口ともみられていた。さらには、平安時代中期以降、修験者たちによって尊崇された蔵王権現も、岩や窟と結びついて信仰されていた側面があるように思われる。このように、窟には宗教的意義が何層にも重なっていることがわかる。

懸造という構造は、これらに付属する建築としておのずと現れてくるものであると言える。したがって、懸造それ自体に本来的な宗教的意義がなくとも、総じてそこには自然信仰や、習合的・修験的な要素が現れることになり、結果として懸造という形態自体にもある種の聖性が生まれていた可能性がある。

もう一つ、懸造が持つ高所という要素も重要である。修験との関わりが深い各地の寺社で、今日でも柱松柴《はしらまつさい》燈《とう》や神木のぼりといった祭事が残っているが、このような身一つで高所に登るという行為が、行者の験力を示すとともに、天上の霊界へと昇ることの象徴となっていた。例えば三仏寺投入堂では、堂内に入るには、岩壁をよじ登っていく必要がある。高く突き立てられた懸造の堂そのものが、このような超常性や、他界の象徴としての意義を有するようになったとしても不思議ではない。そのほか、例えば和歌山県新宮の神倉《かみくら》神社では、かつて存在していた懸造の拝殿から、身を投げうつ捨身行《しゃしんぎょう》が行われていたように、特定の行為と形態が結びつくこともあった。

4　伝播とうつし

近世になると、清水寺や長谷寺の名を有した懸造が各地に多くみられるようになる。いっぽうで、懸造が普及していったとみられる平安時代中後期において、伽藍《がらん》のうつしとしての意図がよくみられるのが、書写山円教《えんぎょう》寺《じ》である。比叡山の三塔に対応するように大講堂、如意輪堂、白山《はくさん》の三霊地が示されるなど、観念的にもその類似性が見て取れるが、このうち、懸造の如意輪堂は比叡山の横川中堂を意識したものと推定される。書写山を開いた性空《しょうくう》は、横川の出身であり、岩上に結んだ草庵を起点に、如意輪堂が発展したとされている。

同様の関係が、醍醐寺と石山寺についても言える可能性がある。十世紀前期、石山寺を再興したとされる淳《じゅん》祐《ゆう》は醍醐寺を開いた聖宝《しょうぼう》の孫弟子にあたる。醍醐寺には、聖宝が建立した如意輪堂があるが、この本尊は石山寺の本尊と強く関連づけられることとなる。醍醐寺如意輪堂と石山寺本堂はともに懸造だが、あるいは相互に影響があった可能性、例えば、すでに懸造であった如意輪堂にならって、淳祐以降懸造の礼堂が付け加えられたと想像することもできる。

これらはうつしではありながらも、地形的に懸造であることの必然性を有していた。いっぽうで近世のうつしはこれとは様子が異なる。寛永寺清水《きよみず》観音堂（擬宝珠銘、一六三六年）では、舞台のみが小規模な懸造となっている。ここでは、懸造は実用的な意図でなく、京都清水寺を象徴的に表すために用いられている。

5　人々の心を惹きつける懸造

以上、懸造の形態やその意味性について概観してきたが、その基本には傾斜地や岩・窟といった場所性に加え、神仏習合・修験的な信仰との深いつながりがあり、これらにまつわるものとしての意義なしに語ることはできない。また、時代の変遷のなかで、その形態が特定の対象を象徴的に表すものとして働く例もみられるようになる。いずれにせよ、懸造は、単なる特殊な形態にとどまらない重層的な意義を有したものであり、同時にその形態の特異性によって、象徴的なイメージを有するものとして、人々の心を惹きつけているのである。

〈参考文献〉

京都府教育庁指導部文化財保護課『国宝清水寺本堂修理工事報告書』（一九六七年）
斎藤忠『石窟寺院の研究─インド・中国・日本の系譜を求めて─』（第一書房、一九九九年）
櫻井敏雄「山岳宗教建築の礼拝空間─その成立と展開─山岳宗教の建築（上）─」（『仏教芸術』一六八、一九八六年）
時枝務『修験道の考古学的研究』（雄山閣、二〇〇五年）
松崎照明『山に立つ神と仏─柱立てと懸造の心性史─』（講談社、二〇二〇年）
宮家準『修験道儀礼の研究〈増補版〉』（春秋社、一九八五年）

近世

6 近世の遊廓建築

堤　淳也

1　遊廓の光と影

遊廓は芝居小屋や見世物小屋などとともに、近世社会を構成する都市的要素の一つとして成立した遊戯空間である。周囲を堀や塀で囲われ、都市から分離・閉鎖された空間は幕藩体制の産物であり、遊廓内部における複雑な利害関係や身分構造は近世社会そのものの象徴であった。

近年急速に高まる性への問題意識から、遊廓はその出版や展示などをめぐり議論の俎上に載せられる場面が多く見受けられる。というのも、遊廓は売買春の舞台として性的搾取を表象するものでありながら、浮世絵などで伝わるイメージは煌びやかなもので、ポジティブな印象さえうける。実際に、非日常が演出された虚構の空間は、遊女の身の上とは裏腹に、多くの庶民に親しまれた。

それでは、この遊廓の虚構性はどのような装置で支えられていたのか。それは地域や時代によって異なるものであったのか。さらに近世から近代へと移行するなかで、どのような変化がみられたのか。ここでは、遊廓建築のファサード（建物の外観）や内部空間に注目することで、それらの解明を試みたい。

2　遊廓というシステム

日本における売買春の歴史は長い。遊女は元来浮浪する存在であったが、平安時代から定住するようになり、遊女の集合地である「遊里《ゆうり》」が各地で自然発生的に生まれた。しかし、遊女間の争いごとが絶えず、鎌倉時代には武家政権による管理が始まった。室町時代に入ると、遊女に対し重税が課せられるようになった。いっぽうでこれは、税を納めさえすれば営業が認められることを意味した。ここに「公娼」の誕生をみる。戦乱の世が明けると、豊臣政権のもとで、公娼を抱える売買春業者を一つの地域（ここでは京都の二条柳町）に集住させるシステムが構築された。つまり、公権力による売買春営業の管理の対象が属人から属地へと変化した。この公認の集娼地を遊廓と定義し、話を進めたい。

江戸時代には、江戸の吉原《よしわら》（元吉原：元和四年〈一六一八〉成立、新吉原：明暦三年〈一六五七〉成立）、京都の島原《しまばら》（寛永十八年〈一六四一〉成立）、大坂の新町（寛永六年〈一六二九〉成立）が三大遊廓として名を轟かせた。なかでも元吉原で導入された、塀や堀で集娼地を囲う形式（廓）は、全国各地の遊廓に伝達し、導入された。この囲繞装置は、元来犯罪人の捜索・逮捕を目指したものであったが、結果的に遊廓を世俗と切り離したため、虚構性を作り出す一役を買うことになった。吉原では将軍のお膝元という地域性ゆえに治安維持の観点から、この形態が最後まで継続された。いっぽうで、島原と新町では、遊廓の大衆化・低廉化と相まって、十八世紀中頃以降に廓の構造が瓦解していった。

さて、遊廓内部のシステムを支えた構成主体として重要なものに、遊女屋・揚屋《あげや》・引手茶屋《ひきてぢゃや》の三者があげられる。遊女屋は遊女の置屋《おきや》としての役割を担った。張見世《はりみせ》と呼ばれる格子付きの部屋に並べられた遊女は、遊廓全体に妖艶な雰囲気を漂わせた。もちろん、遊女の住まいとしても機能したが、その環境は劣悪を極め、残虐な折《せっ》檻《かん》も行われた。他方で、揚屋は客と遊女の遊興空間を提供し、引手茶屋は遊女屋と揚屋をつなぐ中間業者として案内役を担い、酒宴の場も備えた。ただし、遊女屋が揚屋の機能を兼ねるなど、これらの役割は時代や地域によって異なる。

3　絵画史料にみる遊廓建築

ここからは遊廓建築の構築法、すなわち作られ方に光を当ててみたい。まずはファサードを構成する重要な要素の一つである、格子窓に注目してみよう（図1）。

管見の限り、この格子窓が絵画史料で初めて確認されるのは、慶長七年（一六〇二）に京都の二条柳町より移された六条三筋町《みすじまち》においてである（「洛中洛外図屏風」舟木本、「洛中洛外図屏風」歴博D本）。人々の描き方を見るに、当初の格子窓は、建物内部を覗いたり、遊女と会話したりするための境界面として設けられたと言えよう。さらに、それが一部では出窓化し、格子窓そのものが遊女の存在を知らせる宣伝媒体になったと思われる。当絵画史料では、遊廓以外に張り出しの格子窓がほとんど見当たらないことから、この形式は当時の遊廓建築を特徴づけるものであったと捉えられる。

加えて、格子窓だけでなく、壁全体を通りの方へ張り出した形態が生まれ、さらに一部の遊女屋では、窓部分

6 近世の遊廓建築

中世京都

格子窓なし
「東山名所図屏風」16世紀後期（国立歴史民俗博物館 Web ギャラリー）

六条三筋町遊廓

a; b の格子窓
「洛中洛外図屏風」舟木本，元和初年頃（Colbase，東京国立博物館蔵）

c の格子窓
「洛中洛外図屏風」歴博D本，江戸時代前期（国立歴史民俗博物館 Web ギャラリー）

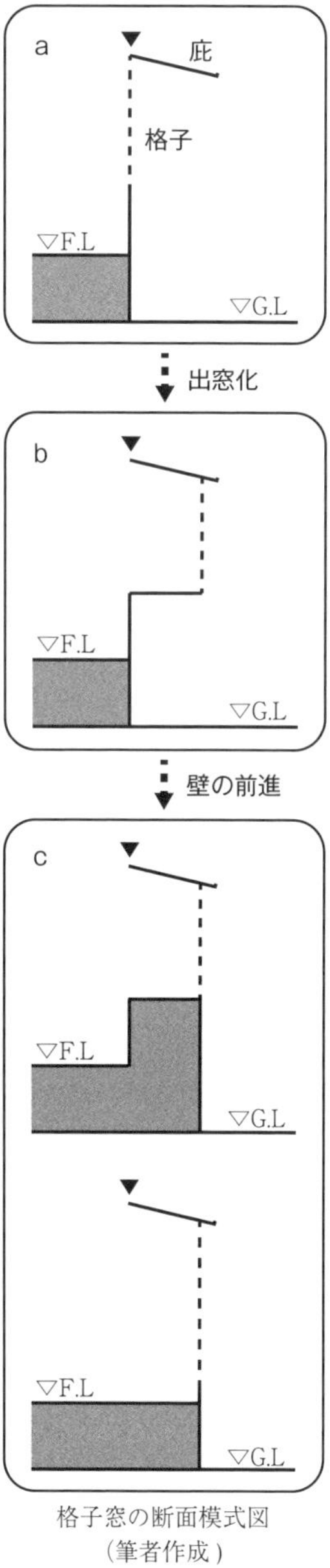

格子窓の断面模式図
（筆者作成）

図1　遊女屋における格子窓の変遷

の面積がより拡張されたことが確認できる。ここでは、遊女が張見世に整然と並べられ、客が表通りから見定める描写が多くみられる。ここから、格子窓のショーウィンドウとしての性格が強まったと捉えられる。

十七世紀中ごろの元吉原や島原では、桟《さん》を縦に並べた連子《れんじ》格子から、縦横の桟を正方形に組んだ狐格子へと、一時的に格子窓の作り方を変えたことが『東海道名所記』（一六五九年）や『江戸名所記』（一六六二年）、『朱雀《しゅじゃか》遠目鏡《とおめがね》』（一六八一年）から確認できる。ただし、格子窓の陳列窓としての役割自体が変化することはなく、むしろその存在感が増したと推測できる。実際に、元吉原を描いた「江戸名所図屛風」（一六四三～五七年）では、基本的に建物の壁が省略される傾向にあるなか、遊女屋の狐格子の窓はそのまま描かれていることが確認できる。また六条三筋町の遊女屋では、格子窓が発生したことで、内部空間が、遊女の居並ぶ張見世部分と、その奥で遊女と客が遊興を楽しむ座敷部分に分かれたことが看取される（図2）。さらに江戸の元吉原成立以降は、座敷に特化した揚屋が台頭し、上級遊女屋（太夫《たゆう》や格子女郎《じょろう》といった上級遊女を抱える遊女屋）では遊客の登楼が禁じられた。その結果、遊女屋は張見世を残しつつも、遊女の待機・居住空間としての機能に特化していったと言えよう。

こうして、遊女屋と揚屋が分立したことで、多くの中間業者が参入するようになり、遊女と客をつなぐ関係が複雑になった。つまり、格子窓を介して選ぶ（遊客）―選ばれる（遊女）という一元的な図式だけでは説明がつかなくなった。

京都の島原では、張見世の必要性が低かったせいか、格子窓が大きく設けられることはなかったことが『一日《ひとめ》千軒』（一七五七年）や中川家蔵「島原図屛風」（十八世紀）から確認できる。これは、遊女屋と揚屋の別に加え、元禄期以降の島原全体の衰微も原因と言えよう。実際に島原は市街地から遠く、さらに得意の顧客が少なかった

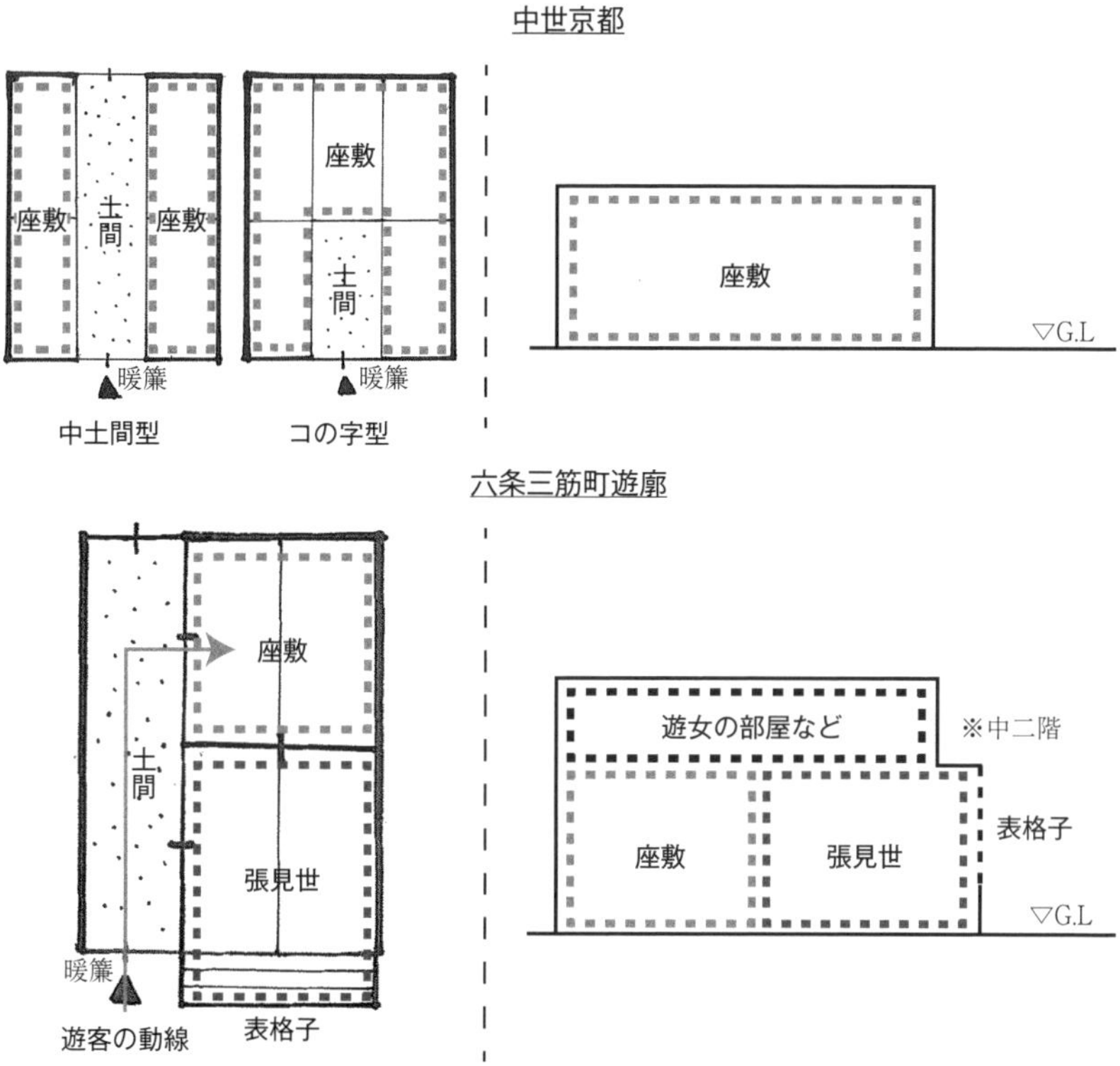

復元平面図（左）・断面模式図（右）（筆者作成）

六条三筋町遊廓

「洛中洛外図屛風」舟木本，元和初年頃（Colbase，東京国立博物館蔵）

図２　遊女屋の内部空間（六条三筋町遊廓）

ため、常に閑散としていたと言われる。こうした背景から、張見世の舞台性にはあまり力が注がれなかったとみられる。

いっぽうで大坂の新町では、張見世の前が多くの人で賑う様子が『澪標《みおづくし》』（一七五七年）などで確認できる。実際に新町は、市街地と隣接するなど立地がよく、町人階級によってその盛況が支えられた。翻って考えてみれば、周辺市街地との同化にともない、非日常性を支えた囲繞の構造が瓦解していったとも捉えられる。

以上を踏まえると、島原と新町はまったく異なる様相を呈したが、両者ともに遊廓全体の虚構性を弱める結果に至ったと言えよう。

他方で、両地域において遊興の中心を担った揚屋では、玄関に低い式台と古風な遣戸《やりど》が設けられ、大座敷は桃源郷をイメージした広庭に面する形で配置された。このように遊廓全体の虚構性が薄まった反面、揚屋内部では空間的な仕掛けが積極的になされ、遊女の妖艶さと相まって、非日常が演出されたと言える。

4　新吉原の遊廓建築

では、ここからは江戸の新吉原に焦点を絞ってみたい。

十七世紀後半の上級遊女屋では、格子窓の横幅が広く設けられたことが確認できる。さらに、楽器を奏でていたり、筆を手にとっていたりと芸事に耽る遊女の姿がみられる（図3―1）。当時はまだ芸娼が未分化であったため、芸達者な遊女が多かったとされる。遊女屋は、大きな格子窓を通じて、こうした張見世の優美さを通りへと表出させることで、新吉原全体の非日常性を支えたと言える。

1　格子見世（上級遊女屋）
菱川師宣「吉原の躰」17 世紀（Colbase, 東京国立博物館蔵，一部加筆）

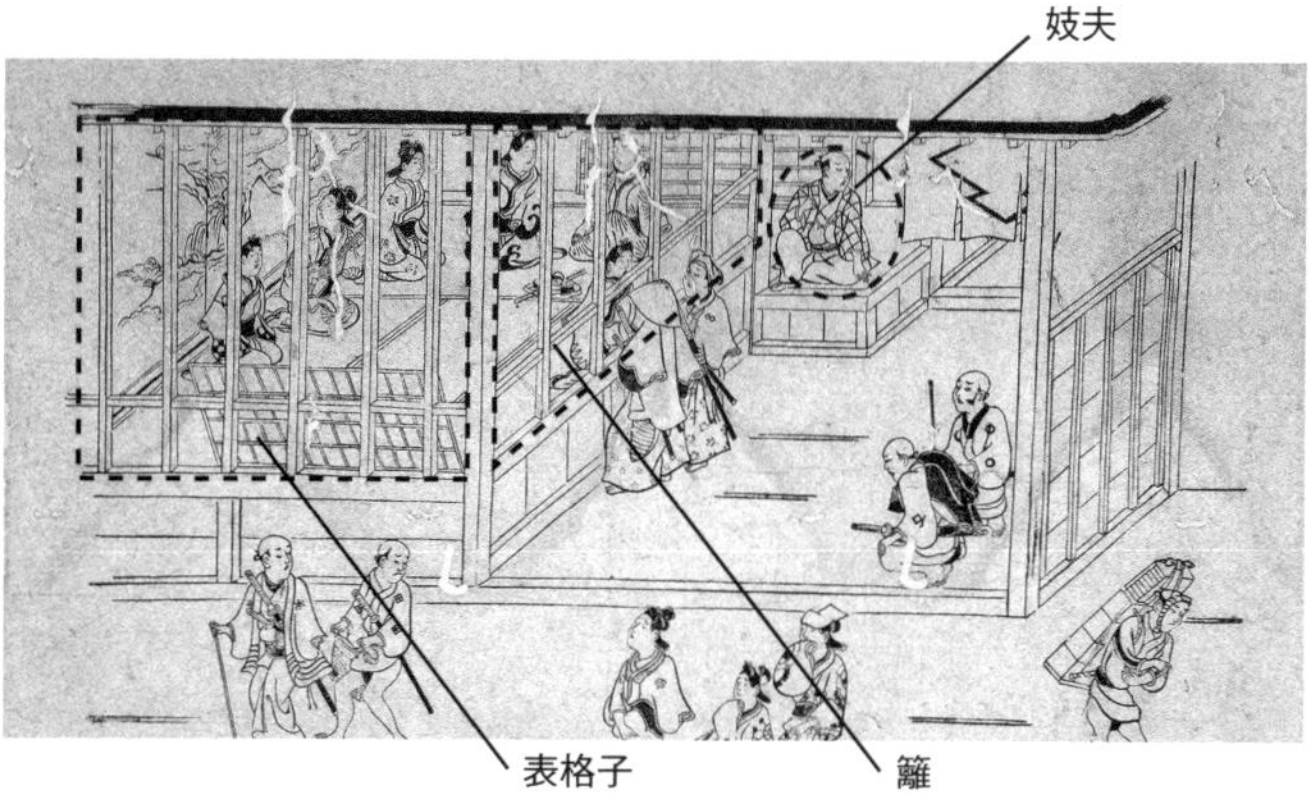

2　散茶見世
菱川師宣「吉原の躰」17 世紀（Colbase, 東京国立博物館蔵，一部加筆）

図 3　新吉原遊廓初期の遊女屋

しかし、大衆化の波に押されことで、新吉原では高価な揚屋が消滅し、代わりに引手茶屋が発達することになった。さらに、これにともない、客の遊女屋登楼が一般化し、とくに風呂屋に由来する散茶《さんちゃ》は、簡便かつ安価なサービスを提供したことで人気を博した。十八世紀中ごろには太夫と格子女郎が姿を消したことで、散茶が遊女・遊女屋のトップに躍り出ることになった。

いっぽうで、土間を広く設けて、そこへ客を引き込むという散茶見世《みせ》の構えも流行した（図3―2）。その結果、これまで表通りにとどまっていた客が、遊女屋の土間部分にまで足を踏み入れるようになった。また、表格子だけでなく、籬《まがき》（遊女屋の入口の土間と見世の上り口の間にある格子戸）が客と遊女との境界面として重要な役割を果たすようになったと言える。

他方で新吉原は、幾度となく火災に見舞われたが、そのたびに計画的な再建がなされたと思われる。実際に、島原や新町に比べ、ファサードの連続性・統一性に対する意識の高さが「東都名所図」収載の「新吉原五丁町弥生花盛全図」（十九世紀中ごろ）などからうかがえる。例えば、通りに面した建物は、切妻造《きりづまづくり》あるいは寄棟造《よせむね》で、どれも平入《ひらいり》となっている。遊女屋の表格子も例外ではなく、遊廓の町並みを形づくるエレメントとしてある程度同質化されたと推測される。それも相まってか、新吉原では十八世紀後半から差別化の難しい表格子ではなく、籬の形態が遊女屋の格式を表象するようになった。具体的には、大見世を示す大籬は床上から天井まですべてが格子とされたが、中見世を示す半籬は全体の四分の三ほど、小見世を示す惣半籬は下半分のみ格子が用いられた。

加えて、遊女と芸者が分離したことで、十九世紀ごろより遊女の商品化が加速した。芸事を極めた遊女はほとんどいなくなり、張見世の演出は遊女の所作ではなく、遊女屋側が仕掛けた舞台装置に依存するようになったことが確認できる。具体的には、表通りの客との目線を揃えるために張見世の床が一段高く設けられ、また光（張見世）と影（表通り）のコントラストで張見世を引き立てるといった工夫がみられる（「吉原格子先之図」〈一八一八～六〇年ごろ〉など）。つまり、遊女がただ居並ぶだけでも、遊廓全体に煌びやかな雰囲気を漂わせることが可能になった。

また、新吉原では揚屋が消滅したことで、遊女屋の二階が遊興の中心を担った。遊客は、表通りから籬を横手に土間を真っ直ぐに進んで中に入り、靴を脱ぐと、そのまま張見世背後の階段を使って上階へと移動する。一階部分は、玄関と台所が一体化しているため、食料運搬・調理の様子が客に丸見えであるなど、張見世の妖艶な雰囲気とはまったく異なる様相であったことがうかがえる。なお、階段および台所の近くには両者を監視できるよう、内証《ないしょう》（楼主の部屋）が配置された（図4）。

また、二階の座敷階でも、廊下は障子と素朴な柱壁で構築されるなど、遊女屋側による空間的な仕掛けは少なかったと思われる。そのため、同階の演出は遊女の存在そのものや各座敷・部屋の設えによるところが大きかったと言える。ただし、座敷・部屋の家具や調度品を準備したのは遊女屋ではなく、遊女自身であった。遊女らは時には遊女屋に対して借金をしつつ、遊客を獲得するための投資として座敷・部屋を飾りたてた。これらを踏まえると、遊女屋の張見世や座敷の演出は、遊女らの置かれた境遇を暗示するものであったと言える。

他方で新吉原では、中央に通る道（仲之町）に沿うかたちで引手茶屋が発達した。一階部分は簾《すだれ》で緩く仕切られ、上げ縁が設けられた。さらに二階部分は、十九世紀ごろに格子窓から障子と廻り廊下・高欄へと作り方が変化するなど、遊女屋とは対照的に開放的な作りが志向された。こうして引手茶屋は、遊廓の外と遊女屋町を結ぶ緩衝帯としての役割を果たし、また遊女屋町の非日常性をより一層際立たせていたと言えよう（「江戸名所　新吉原俄之図」〈天保末期〉など）。

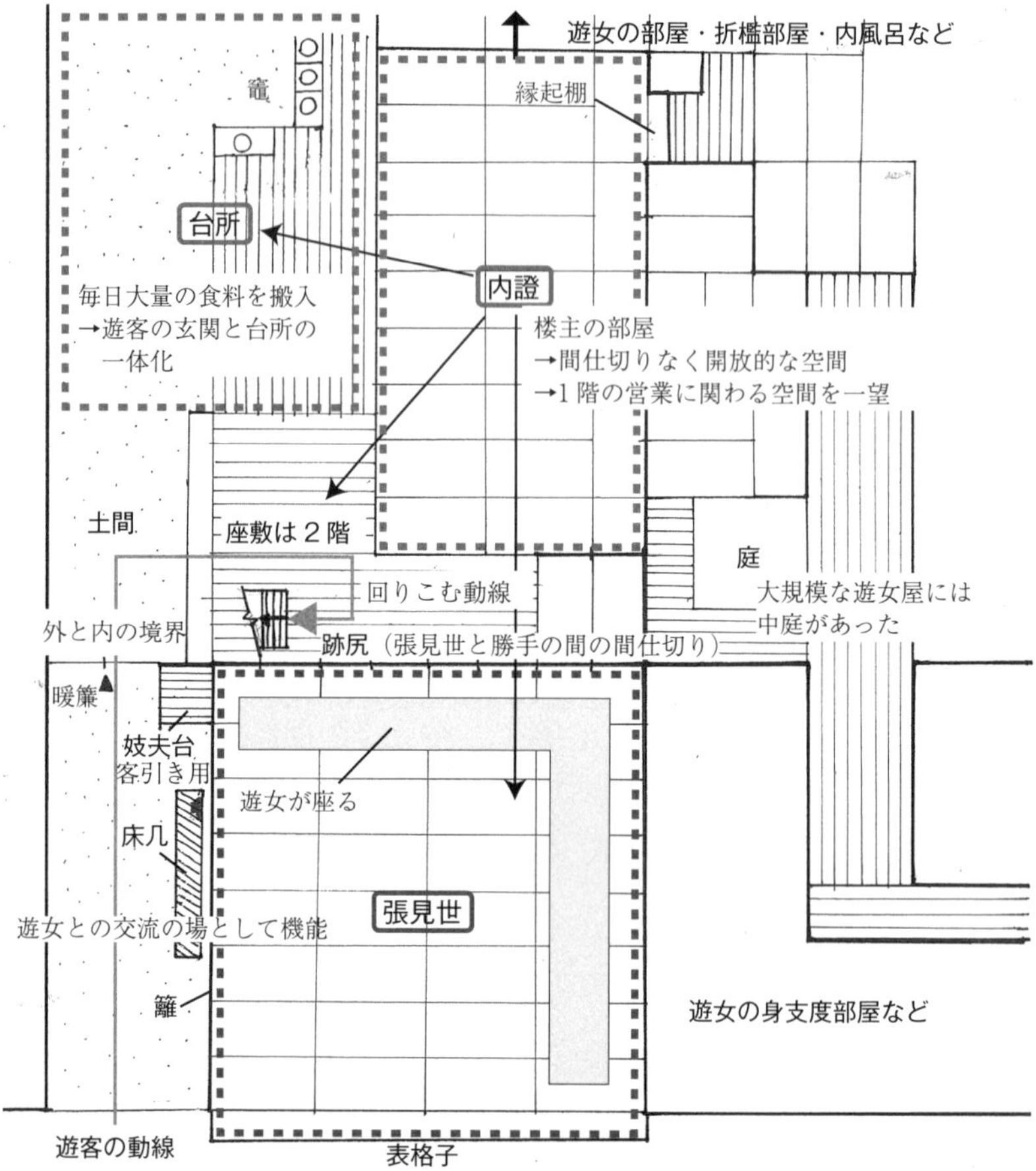

1階復元平面図（筆者作成）

葛飾北斎画（Meseum of Fine Arts Boston）

図4　遊女屋の1階部分（19世紀の新吉原遊廓）

ところで、各遊廓ではどの時代にも最下等の局《つぼね》・切見世《きりみせ》が存在し、即物的な性交渉に特化した空間を提供した。具体的には、長屋を間口六尺（約一・八メートル）ほどの戸に分割したもので、各戸は踏込庭程度の土間と、それに面する座敷、その背後に勝手を設けた簡素な構成であったことが確認できる。遊廓は華やかで高価な側面が強調されがちだが、その実態はさまざまな階層の遊女と客、そして両者の橋渡し役の業者によって構成されていたということが、建築の形態からもうかがえる。

5 近世から近代へ

幕末には、新吉原をモデルに、居留地に外国人向けの遊廓が新設された。東京の新島原（現在の中央区新富）では、居留地側の屋根を瓦葺・入母屋造《いりもや》（内地側は板葺・寄棟造）とするなど、構法や材料を質的に向上させた（「東京新嶋原勝景」〈一八六九年〉）。これは明治政府が自らの威信を海外に発信するためであろう。ただし、短い期間で廃業となるなど、遊廓というシステムの限界が露呈する結果となった。

その後、芸娼妓解放令（明治五年〈一八七二〉）で建前上、自由意思が認められた娼妓（遊女）の一部が、好条件の貸座敷（遊女屋）に集まるようになり、資本主義の移行と相まって、貸座敷は実利を重視するようになった。加えて、芸・娼が空間的に分離され、また道路の主体が歩行者から自動車へ、また娼妓の宣伝媒体も張見世から写真へと移行したことで、街区全体の非日常性は減じた。この結果、貸座敷は最新の流行を取り入れた外部意匠を用いて客を呼び込みつつ、近世遊廓で醸成された虚構性を建物内部で実現するに至った。

〈参考文献〉
明田鉄男『日本花街史』（雄山閣出版、一九九〇年）
石井良助『吉原―江戸の遊廓の実態―』（中央公論社、一九六七年）
小野武雄『吉原と島原』（講談社、二〇〇二年、初版一九七八年）
喜田川守貞著・宇佐美英機校訂『近世風俗志（守貞謾稿）』三（岩波書店、一九九九年）
佐賀朝・吉田伸之編『シリーズ遊廓社会』1・2（吉川弘文館、二〇一三・一四年）
田上仁志・木下光・丸茂弘幸「江戸期における大坂新町の空間構成に関する研究」（『都市計画論文集』三七、二〇〇二年）
内藤昌『角屋の研究』（中央公論社、一九九三年）
日比谷孟俊『江戸吉原の経営学』（笠間書院、二〇一八年）
横山百合子『江戸東京の明治維新』（岩波書店、二〇一八年）

7 近世の見世物小屋の建築空間

妹背伊織

1　近世の盛り場と見世物

江戸時代から明治時代にかけて、見世物はまさに「大衆のための」筆頭娯楽であった。江戸の浅草・両国、京都の四条河原、尾張の大須——人の集まる盛り場に見世物師たちもこぞって集い、巨大な籠細工やアクロバットな曲芸、東西から運ばれた珍獣、珍品といった多種多様な見世物で人々の目を楽しませた。盛り場を描いた当時の名所図会や浮世絵を見ると、巨大な芝居小屋や茶店に並んで、葦簀《よしず》張《ば》りの小さな小屋がいくつも描かれていることに気づくだろう。見世物のほとんどはこうした仮設の小屋の中で行われたと考えられている。

それでは、外から一見すると簡素な小屋に過ぎないこの葦簀や板による囲いの内側は、いったいどうなっていたのか。どのような空間で、どのような体験が人々に提供されたのか。ここでは見世物小屋を覆う葦簀張りの内側を覗き込み、当時の人々がそこでしていた体験と、それを実現していた空間について紹介する。

2　周覧型の見世物体験とその空間——細工物、舶来の工芸品や生き物など——

近世後期における数々の見世物のなかでもひときわ人気を博したものの一種が、特定の材料を使って生き物や仏などの像、人形を再現した細工物であった。竹を編んだ籠細工、色とりどりの貝を用いた貝細工、そのほか糸細工、硝子《ガラス》細工など、さまざまな細工物が腕利きの職人によってこしらえられ、展示された。名古屋大須周辺の日常を記録した文筆家・画家の高力猿猴庵《こうりきえんこうあん》も、当時の細工物の見世物小屋の様子を絵日記に描いており、そこから小屋の内側に広がっていた空間の詳細をうかがうことができる。

一つ、文政二年（一八一九）の夏に行われた籠細工興行について見てみよう。小屋は名古屋の大須付近に当時存在した七ツ寺、その境内にある空き地に建てられていた。寺の正門からは離れているが、人通りの多い大須門前通りに面した脇門からは入ってすぐという好立地である。細工人は不明ながら規模の大きな見世物小屋だったようで、内側には「虫づくし」から「仏体仁王」に至るまでの全十三のブースが用意され、表の木戸口脇には集客用の看板人形が設置されていた。前述したように猿猴庵はこの小屋に出向いたときの様子を絵日記『新卑姑射《しんひごや》文庫』に描いており、また同じ見世物に関して小屋の平面図を日記『猿猴庵日記』にも記しているので、両者を照合することで小屋の全体像が把握できる（図1）。

猿猴庵が写生した表の看板によれば、料金は一八文、文政期当時の物価でいえば『文政年間漫録』に記載されたそば一杯（一六文）よりやや高い程度の値段で入れたことになる。入場札は周辺の「とこ茶店」複数店で売っていたらしく、客はそこで札を買って小屋の前の列に並ぶことになる。

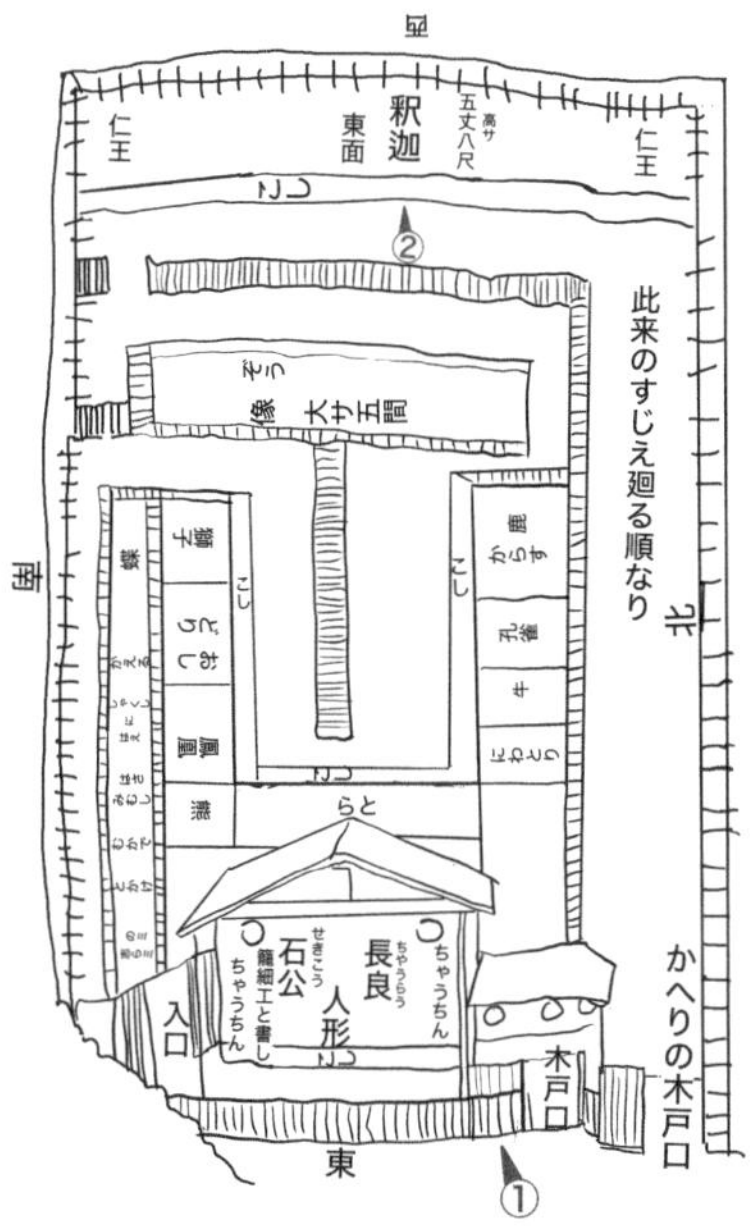

平面図（筆者描き起こし）

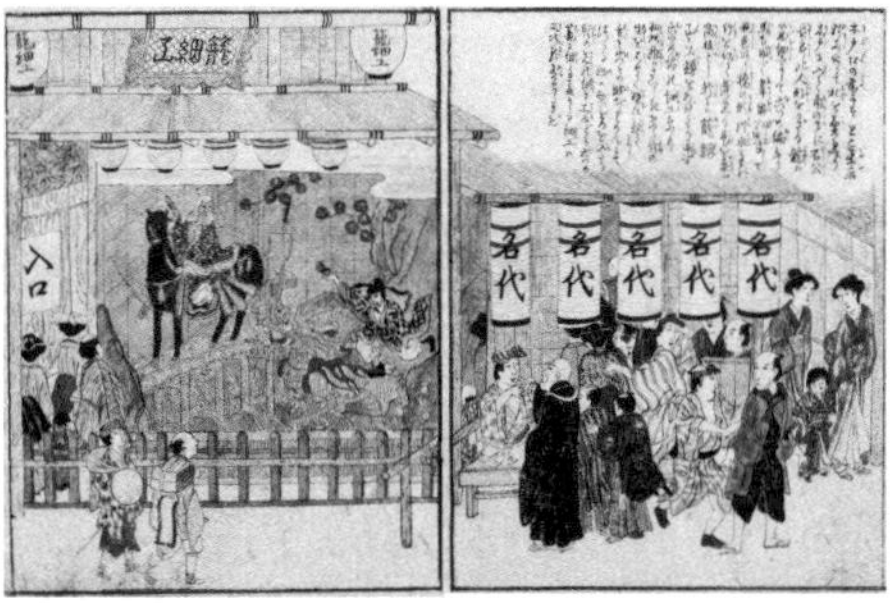
1　木戸口

2　釈迦座像

図1　籠細工の小屋（『新卑姑射文庫』初二編，名古屋市博物館蔵）

木戸口の脇に並ぶと、表に飾られた籠細工がいきなり客を迎える。これらは中に展示されるものとは別に用意された看板人形と呼ばれるもので、この小屋においては『史記』や能「張良《ちようりよう》」に登場する黄石公《こうせきこう》と張良、龍の人形が橋などの舞台ごとに籠細工で再現されている。

さて、小屋の内側の平面を見れば、入口を入ってすぐに始まる「虫づくし」の展示から、最後の釈迦座像の前を通り出口に至るまでの順路が、小屋の中でつづら折りになった一方通行の動線を描いていることがわかるだろう（図1）。細工物や生き物、工芸品など複数の展示物を一度に見せていた見世物小屋は、これに類似した一筆書きの平面をとることが多く、この文政二年の事例以外にも猿猴庵が絵日記に描いたもので三件、猿猴庵の弟子である小田切春江《おだぎりしゆんこう》の記した『名陽見聞図会《めいようけんもんずえ》』中に三件を確認している。こうした一筆書きの長い順路をたどる建築の平面形式を、圖師《ずし》嘉彦は「陳列館型」と呼んでいる。たくさんある展示物を一度の入場で客に楽しんでもらうという周覧型の見世物においては、最も効率的な平面だと言えるだろう。

これら周覧型の見世物小屋においてみられる工夫は、一筆書きの順路にとどまらない。小屋の内側では間仕切がたくみに用いられ、観客の視覚体験を効果的に演出する。例えば細工物の見世物小屋には基本的にそれぞれの作品ごとに設置ブースが存在するのだが、このブースはほぼ必ずと言っていいほど側背面の三方が葦簀ないし布幕による間仕切りで囲われていて、客が立つ正面一方だけが解放されている。その中を見てみるとメインの観覧対象となる細工物だけでなく、その背景となる岩や植物、池などの自然物も併せて用意されており、この空間が単なる人形の設置スペースではなく、世界観を表現するための演出空間として用いられていることがわかる。本来区画を整理するだけなら縄を張る程度で済むところに逐一間仕切壁を入れているのは、隣接する空間から作品周辺の空間だけを切り出すための工夫と考えられる。また複数ある展示物の中にはたいていトリとなる一番大きな作品（群）が存在し、通常順路の最後に置かれるのだが、このトリの展示方法にも工夫がみられることがある。先にあげた文政二年の例で言えば釈迦座像がそれにあたるので、もう一度、図1を見てみると、一つ手前の「像（象）」の観覧スペースと釈迦座像の観覧スペースの間に長大な間仕切り壁を用意しているのがわかるだろう。この間仕切りの存在によって、「像（象）」やその手前の作品群を鑑賞しているあいだに、トリである釈迦座像が見えてしまうという事態は避けられる。奥まで歩ききって、いざ大作の前に出たときのインパクトを強調するための工夫であると考えられる。

通りに面するファサード（建物正面）の構成にも言及したい。文政二年の例を参照すれば、木戸口（入口と出口の二つが隣り合う）と看板人形によって構成されていることがわかるだろう。確認している限り、ほかの周覧型の見世物六件もすべて、同じ構成をとっているだけでなく、木戸口二ヵ所が必ず隣接する（看板人形のスペースに対して同じ側に並ぶ）配置関係も共通する。このうち看板人形の存在は、集客用のショーケースとして考えればわかりやすい。これはほかの形態の見世物も同様の性質だが、商品ではなく視覚体験を売るという商売の形態上、見世物小屋においては内部を視覚的に秘匿することが必須の条件となる。わざわざ金を払い、外から見えているものを中に入ってまで見る必要はないからだ。そんな秘匿性が要求されるなかで、少しでも客の視覚にアピールするために用意される広告塔が、周覧型の見世物における看板人形なのである。二つの木戸口が必ず看板人形に対して同じ側に来るという点についても、場内の人数を管理しやすいという業務上の理由だけでない集客上の利点が考えられるだろう。本来、出口は側面や看板人形を挟んで入口の反対側にした方が混雑を避けることができ、能率的であるはずだ。それをあえて表通りに面した入口の脇という人の多い場所に設けたのは、小屋の前に意図的に混雑を生み、トリの鑑賞を終えたばかりで興奮や熱気冷めやらぬままの客を入り口付近に放出することで、通りかかる人々に「あのあたりでなにやら面白いことが起こっていそうだ」という予感を持たせる効果を狙っていたのではないだろうか。

3　鑑賞型の見世物体験とその空間——曲芸、珍獣、奇人など——

周覧型の見世物のほかに主流であったものに鑑賞型の見世物、すなわち客は止まった状態で一つの動く対象を鑑賞するような体験を提供する見世物がある。田楽《でんがく》の流れを汲む軽業《かるわざ》や力持ちといった曲芸のほか、大きめの珍

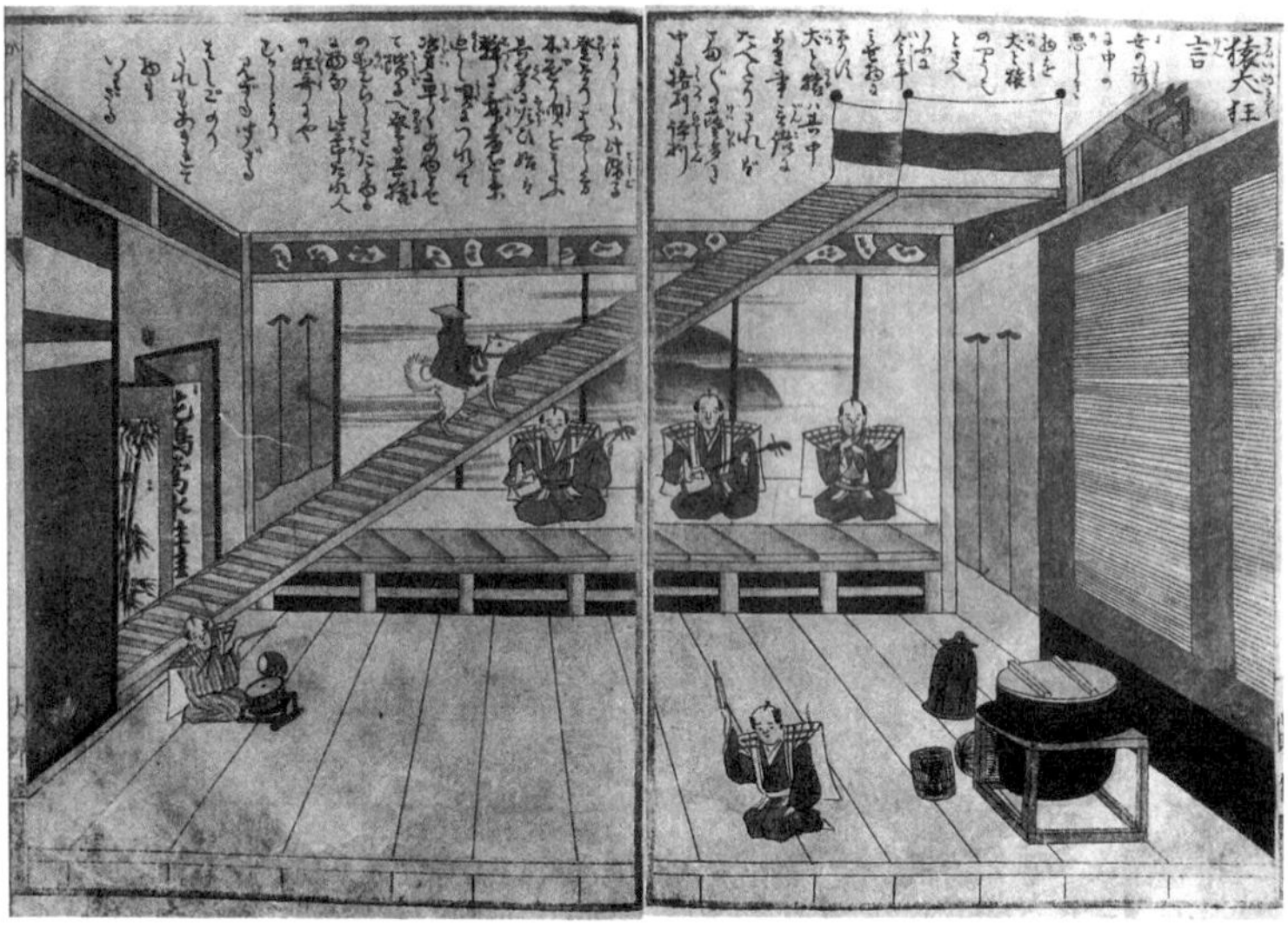

図２　猿犬曲馬の小屋（小田切春江著・服部良男編 1987）

獣や奇人といったものも鑑賞対象になった。周覧型と違って一目で小屋の全体像を描いたような史料は乏しいが、ここでは小屋の内部と外部を描いた史料をそれぞれ一点ずつ紹介しよう。

図２は天保六年（一八三五）に大須門前通りで行われた、猿と犬を用いた曲馬芸の絵である。前述の小田切春江による絵日記『名陽見聞図会』に掲載されているもので、手前側に立った観客の視点で舞台上の様子が描かれている。鑑賞型の見世物は通常、このように奥側に舞台空間、手前側に客用の鑑賞空間が設けられるのが特徴である。圖師嘉彦の平面類型では「劇場型」と呼ばれ、歌舞伎を演じる芝居小屋など、多くの芸能空間がこれと同質の空間構成を持つ。さらにもう少し絵の内容を注視すると、舞台右後方と左後方にそれぞれ三流の暖簾《のれん》がかけられた出入口が確認できるが、これは客用の出入り口ではなく、舞台後方に存在する楽屋との境界と考えられる。『名陽見聞図会』中に描かれるほかの鑑賞型見世物でも、舞台の後方に襖や暖簾といった出入口とみられるものが

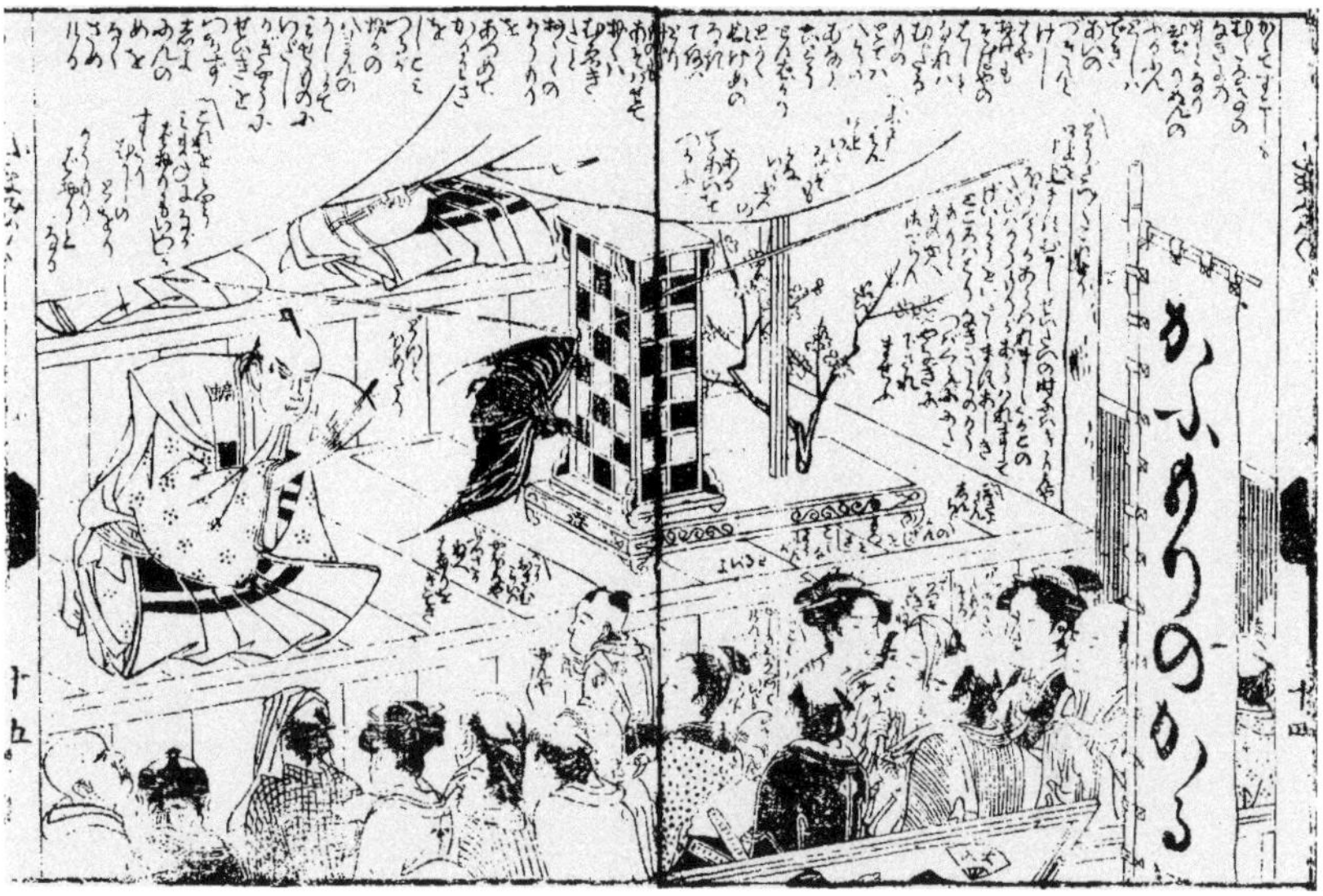

図３　絵本に書かれた蝙蝠軽業の小屋（『玉磨青砥銭』国立国会図書館デジタルコレクション）

描かれていることが多く、舞台後方の楽屋の存在が示唆される。

いっぽう、外部の様子がうかがえるものとしては、寛政二年（一七九〇）成立の絵本『玉磨《たまみがく》青砥銭《あおとぜに》』に、創作の話ながら蝙蝠《こうもり》による軽業の小屋の様子が吹抜屋台のような描画方法で描かれており（図3）、ここから当時の著者が想定していた見世物小屋の標準的な姿をうかがえる。奥にある舞台の手前に観客が立って鑑賞している構図は前述したとおりだが、さらにその手前側に描かれた入口の様子を見れば、入口の上に掲げられた絵看板が確認できる（図3の下に看板の上部のみ描かれている）。この絵看板は名所図会やほかの絵本においても、鑑賞型と推察される見世物小屋の入口にはほとんど決まって確認される要素で、前述した周覧型における看板人形と同じく、外部に向けて視覚的に内容をアピールするためのものである。

以上のように、舞台とその手前の観覧部、後方の楽屋の三要素からなる平面が鑑賞型の見世物に利用される小屋の空間構成であると言え、さらに周覧型とのファサードの違いとして出入口は手前側に一つあるのみで、看板人形はないが入口の上に掛けた絵看板によって集客を行うという特徴が指摘できる。また囃子《はやし》をともなう場合に限定されるが、今回紹介した二例のように、舞台後方が小上がりになっていて、そこを奏者の座として利用するケースも確認できる。

4　体感型の見世物体験とその空間――再現された名所――

例は少ないがやや特徴的、かつ重要な形式と考えられる見世物として、より広い空間、時に屋外をも用いて特定の場所（観光名所など）を再現し、そこに客が没入していく体感型の見世物も存在した。ここであげるのは『名陽見聞図会』に掲載された七ツ寺の見世物である（図4）。入り口に展示された紙細工の仁王門に始まり、ミニチュアの音羽《おとわ》の滝、築山の上に丸太で組んだ清水《きよみず》の舞台、そしておそらく方広寺《ほうこうじ》のものを意識したであろう大仏殿と、名所である京都東山周辺を再現したものとなっている。もはや小屋とは呼べない、屋外空間を用いた壮大な見世物であり、全体で一つの世界を再現するというコンセプトが特徴的である。客が歩いて静止した展示物を見るという点では周覧型に似るが、あくまでブースの外側から対象を観覧するだけであった周覧型の見世物に対して、こちらは客自身が再現された世界の中に入り、例えば清水の舞台に昇って体感するという内容であり、客の体験としては本質的に異なる。小屋の構成も動線だけを見れば似ているが、間仕切りを用いて作品ごとに個別の空間を確保していた周覧型に対し、こちらは同じコンセプトにもとづくひとまとまりの作品群であるため、細かい間仕切り壁の利用は見られない。

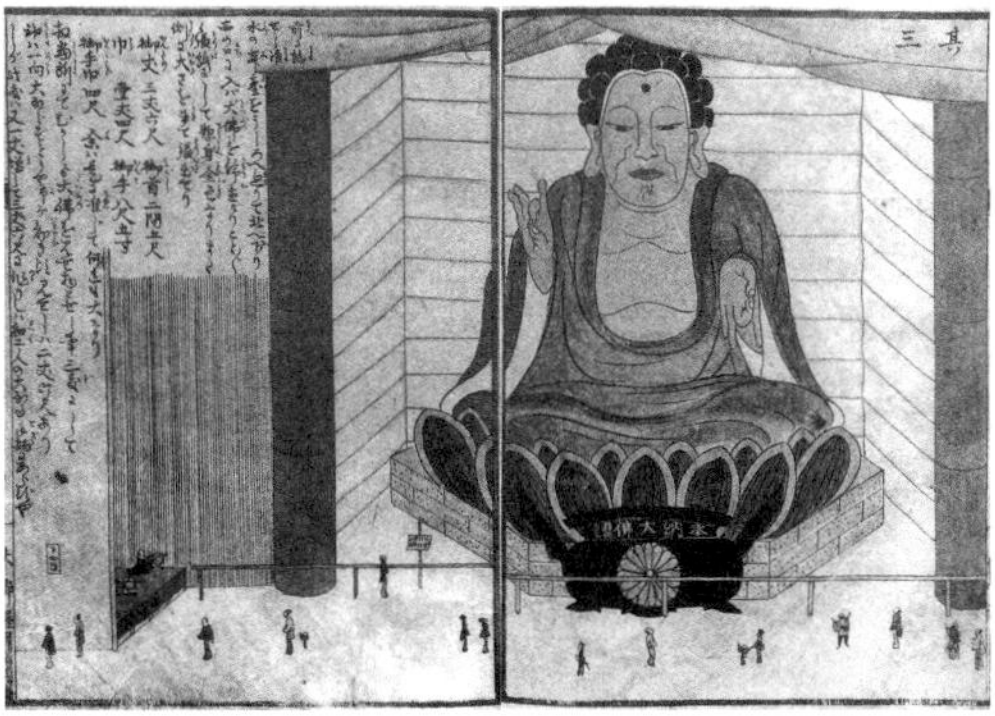

1　大仏

2　清水舞台

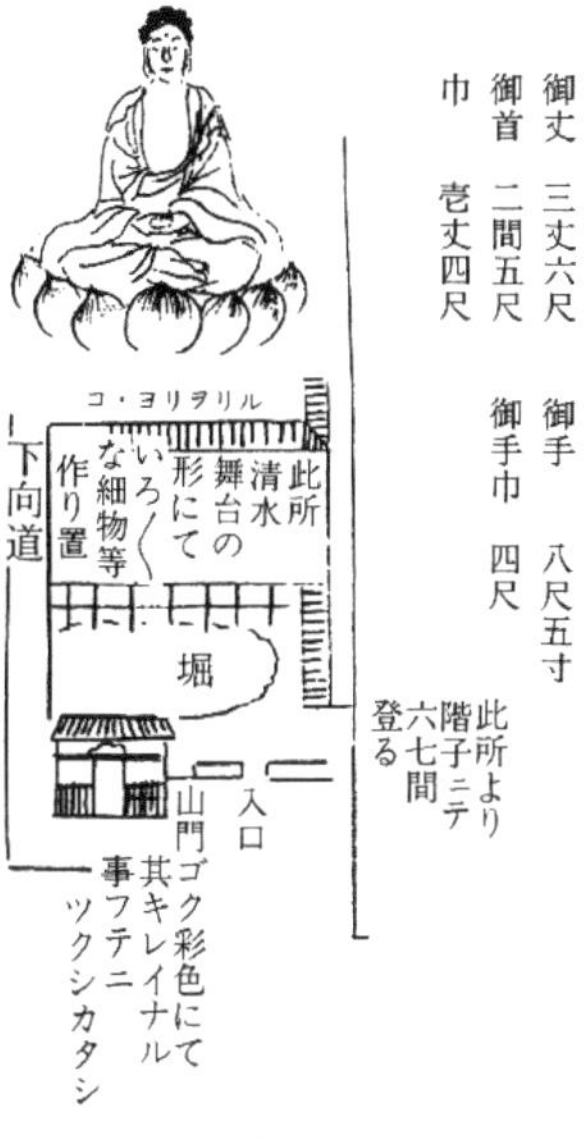

平面図

図4　京都を再現した見世物（小田切春江著・服部良男編 1987）

近世にこのような体感型の事例は多くないが、天保期にはおどろおどろしく作りこんだ小屋の中で客を脅かす化物細工が流行した。さらに明治期にはハリボテで作った登頂可能な富士山の展示が浅草で話題になるなど、徐々に数を増していった。そしてこれら体感型の見世物こそが、やがてはテーマパークやお化け屋敷へと展開し、現代においても一定の人気を博しているような興行形態を生んでいったと考えられるのである。

5　見世物小屋の建築的特質

見世物は客に何かを「見せる」興行である。そこで客が得られる刺激的な体験は、当然ながらメインとなる展示物の新しさ・珍しさによるところが大きい。そのいっぽうで、会場となった見世物小屋の仮設建築自体も、決して客と展示物を一緒くたに収納するだけの簡素な箱ではなかったと言えるだろう。葦簀張りや板囲いによるその秘匿性の高さと、視覚的なアピールを放つファサードのギャップは常に通りの人々を手招きし、そしてその内側では多種多様な見世物に合わせて設計された空間がそれらを最適に演出していた。見世物小屋は高い誘引・演出機能を持つ装置であり、見世物小屋によく用いられる丸太組や板、葦簀といった仮設性の高い柔軟な構法が、それを実現していたと考えられるのである。

〈参考文献〉

朝倉無声『見世物研究』（春陽堂、一九二八年）
鵜飼正樹「「コマす」装置—見世物小屋の構造と論理—」（鵜飼正樹・北村皆雄・上島敏昭編著『見世物小屋の文化誌』新宿書房、

一九九九年）
小田切春江著・服部良男編『名陽見聞図会』（美術文化史研究委員会、一九八七年）
川添裕『江戸の見世物』（岩波書店、二〇〇〇年）
京伝『玉磨青砥銭』（国立国会図書館デジタルコレクション。https://dl.ndl.go.jp/pid/8929979/1/21）
倉田喜弘編『幕末明治見世物事典』（吉川弘文館、二〇一二年）
小寺玉晁著／郡司正勝・関山和夫編『見世物雑志』（三一書房、一九九一年）
圖師嘉彦「見世物小屋に就いて」（鵜飼正樹・北村皆雄・上島敏昭編著『見世物小屋の文化誌』新宿書房、一九二九年）
名古屋市博物館編『猿猴庵の本　新卑姑射文庫初編』（名古屋市博物館、二〇〇二年）
名古屋市博物館編『猿猴庵の本　新卑姑射文庫二編』（名古屋市博物館、二〇〇二年）
名古屋市博物館編『猿猴庵の本　新卑姑射文庫三編』（名古屋市博物館、二〇〇三年）
樋口保美「見世物興行年表」（http://blog.livedoor.jp/misemono/、最終更新日二〇二五年二月二日、最終閲覧日二〇二五年二月十日）
古河三樹『見世物の歴史』（雄山閣出版、一九七〇年）

8 江戸時代の町おこし
――巡礼と建築――

中村駿介

1　旅行の時代

江戸時代は庶民が諸国を旅する初めての時代となった。民衆の旅として参詣、名所見物、湯治、物見遊山《ゆさん》があるが、今回はなかでも巡礼に焦点を絞りたい。巡礼には本尊巡礼と聖地巡礼がある。前者は特定の本尊が祀られている霊場をめぐり、後者は特定の聖者ゆかりの地をめぐる。

巡礼は、平安時代に畿内で観音菩薩信仰が流行してから盛んになる。観音菩薩は現世利益の性格を持つ菩薩として信仰を集め、平安時代には市中に観音を祀る霊場が形成され、十二世紀には京を中心に霊場をつないだ七観音詣などの小規模な巡礼が生まれる。これが畿内周辺へと広がって西国霊場が形成された。三十三ヵ所の霊場を巡礼する三十三という数字は、観音菩薩がその姿を三十三に変えて群衆を救うという信仰による。

聖地巡礼でも有名な四国遍路《へんろ》は、四国にある弘法《こうぼう》大師空海《くうかい》の旧跡とされる八十八の霊場をめぐるものである。

四国一円のほぼ海岸沿いに点在し、札所《ふだしょ》の順序に従い徳島から高知・愛媛を経て空海の出身地である香川へと巡拝することを「遍路」と称す。平安時代末期には修行僧の一群があったと伝わるが、四国各地の霊場が大師ゆかりの遺跡とされ、それを巡拝するようになるのは、西国・坂東《ばんどう》三十三所観音巡礼が盛んになる室町時代中期以後のことである。

庶民の遍路が確認できるのは戦国時代になってからで、江戸時代になると真言僧により種々の案内記が刊行されるが、現行の遍路の順番となるのは正徳年間(一七一一～一六)以降である。札所には寺院の本尊・宗派にかかわらず大師堂があればよく、かつては神社にも置かれていた。

こうした巡礼は、江戸時代の庶民に旅が流行することによってその地域的広がりを変えていく。秩父観音霊場のうち三十二番札所別当寺《べっとうじ》の法性寺《ほうしょうじ》には、長享二年(一四八八)の札所番付が所蔵されている。これによると、室町時代には、秩父の中心である大宮郷を起点として、荒川・赤平川《あかびらがわ》・横瀬川《よこぜがわ》のそれぞれの流域を往復するルートだったという。これは天台系の山岳修行者として知られる性空《しょうくう》上人が広めたとされ、熊野修験との関わりや、在地の政治勢力の関与が考えられている。

十六世紀以降、秩父観音霊場は大きくその構造を転換し、三十三ヵ所から三十四ヵ所へ札所を増やし、番付を変更した。多くの札所が元の山中から山麓、平地へと移されたことで、庶民のアクセスが容易になった。これらの動きは別当寺による札所支配の進展に後押しされたもので、札所を自己の境内に引込んだのである。こうした動向は十六世紀から十七世紀にかけて顕著にみられ、札所＝別当寺の多様な宗教的・遊興的要素が複合した近世寺院の境内空間の形成につながっていく。

2 境内の巡礼——江戸護国寺境内三十三末寺巡り——

こうしたいくつかの札所をめぐる巡礼は、江戸においてスケールを縮小して展開される。江戸の護国寺《ごこくじ》境内には、十八世紀末に「護国寺境内札所写《うつし》三十三観音」が建設され、当時非常に注目を集めた。幕末のころにはすでに跡形もなくなっていたというが、現在の日大豊山《ぶざん》中学・高校、青柳小学校、護国寺墓地が所在しているあたりの西側丘陵地帯に立地していた。いずれも堂宇は西国三十三ヵ所の寺院本堂を模した建築形式となっていたという。以下、その建設の経緯を紹介しよう。

護国寺所蔵の『護国寺護持院《ごじいん》日記』によれば、境内の掃除担当者のなかに、三十三の観音堂を建立したいと希望する者があり、その旨を護国寺配下の日輪院が寺社奉行の下役へ連絡したことにより、寺社奉行へ通達され実現する運びとなった。このときの施主は、桂昌院《けいしょういん》（徳川綱吉の母）が護国寺に寄進した三十三体の「金仏」の修理を行った人物たちであった。彼らは、護国寺支配下の町（青柳町・音羽《おとわ》町・桜木町）を経済的に繁盛させることを一つの目的としていた。しかしこの試みと、のちの安永六年（一七七七）に三十三間堂を建てる画策はともに失敗する。

その後、安永九年に七人の町人が護国寺境内札所写三十三観音の建設を働きかけ、これを護国寺と護持院が取りまとめ、天明二年（一七八二）に再度、寺社奉行に対して願い出ている。このときに願い出た七人の町人は、完成した三十三観音のいずれかの寄進者となっているが、護国寺領に住んでいない者も多く、小石川《こいしかわ》などの周辺地域に散住していた。

こうした寄進する側にも経済的なメリットがあった。三十三観音堂の賽銭《さいせん》のうち、十六ヵ所分は堂宇などの修復料とし、十七ヵ所分は護国寺・護持院が収納するという決まりになった。ただし、賽銭収入は現代で言うビルの管理費のように少額のものではなかった。一例をあげれば、文政年間の浅草寺本堂の賽銭は、年間で二三〇〇両にも及び、その額は同年の三井越後屋の収入に匹敵する額であった。寄進者たちは修復料を得ることで収益を上げることができたのである。いっぽうで、五十年ほどしか維持されなかったのは、寺院が運営を一元管理したことで、町人各自の経営努力に身が入らなかったからとも考えられている。

3 町々の巡礼

①伊勢山田三十三寺巡礼

さらに、巡礼の影響は広い地域や寺社境内という領域にとどまらず、都市のスケールでも現れる。伊勢神宮外《げ》宮《くう》の門前町《もんぜんまち》（鳥居前町）である山田（伊勢山田）は、江戸時代最大の門前町であった。御師《おんし》が旅行者を泊めることで町域は拡大し、十七世紀末にピークを迎える。町の有力者である御師たちは一族ごとに一つの地域に集住することで、中嶋町や上三郷といった地域共同体を構成していた。

「伊勢山田領町方《まちかた》寺社録《じしやろく》」（神宮文庫第一門七九〇四号文書。以下、町方寺社録）は、元文五年（一七四〇）八月に当時の伊勢山田の寺社すべてを書き上げた帳面の写しであり、地域ごとの寺社と、その本寺や管理者などが記載されている。史料自体は、嘉永五年（一八五二）四月に伊勢山田の自治行政役所である三方会合所《さんぼうえごうしょ》から借り出され、写されたものであるが、重要なのはこの帳面の末尾に付随する横帳《よこちょう》である。この横帳には山田にある三十

表　伊勢山田三十三ヵ所の番付

	伊勢山田三十三ヵ寺巡礼		「伊勢山田領町方寺社録」				
番	所在地	寺院名	所在地	宗派	寺院名	本寺	支配
1	下中ノ郷	普光寺	下中之郷	真言宗	普光寺	無本寺	自庵
2	上の町	大安寺	下中之郷	浄土宗	大安寺	知恩院	自庵
3	境世古	喜蔵庵					
4	二俣	正法寺	上三郷	禅宗	正法寺	無本寺	上三郷
5	辻	知光院 理光院	中嶋町	浄土宗	理光院	増上寺	浦口町 木田主水
6	久留山	威勝寺	上三郷	真言宗	威勝寺	無本寺	上三郷
7	山名	取栄院					
8	山名　天台宗	宝寿院	浦口町	天台宗	法住院	比叡山	自庵
9	上中ノ郷	如意庵	上中之郷	禅宗	如意庵	無本寺	自庵
10	坂ノセ古社ノ後ロ 今ハ中川原 浄土	世古坊 妙負院	上中之郷	真言宗	世古坊	無本寺	榎倉若狭
11	□□	梅幸院					
12	坂ノセ古	神客山 三方寺	八日市場	真言宗	教王山神宮寺三宝院	無本寺	下中之郷　不動院 八日市場　地蔵院 宮後西河原町　常楽坊
13		蓮産寺					
14	世儀寺	慶法寺	妙見町	天台宗	世儀寺本堂		当年預
15	世儀寺	南ノ坊	妙見町	天台宗	南之坊（世儀寺惣境内本堂諸堂）		慶徳兵庫 →威徳院
16	世儀寺	宝蔵寺	妙見町	天台宗	宝蔵寺（世儀寺惣境内本堂諸堂）		鎰屋式部
17	世儀寺	釈法寺	妙見町	天台宗	積法寺（世儀寺惣境内本堂諸堂）		龍松全大夫 →本堂
18	世儀寺	西ノ坊	妙見町	天台宗	西之坊（世儀寺惣境内本堂諸堂）		松村主馬 →本堂

19	世儀寺	法楽舎	妙見町	天台宗	法楽舎（世儀寺惣境内本堂諸堂）		檜垣右近
20	髙日山	常明寺	妙見町	日光御門主 御末寺 天台宗	常明寺　妙見堂	常明寺	檜垣五神主
21	河崎	大泉寺	河崎町	浄土宗	大泉寺	知恩院	河崎町内
22	船江	成願寺	船江町	浄土宗	願成寺	無本寺	自庵
23	新関	園城寺					
24	越坂	光耀軒					
25	越坂	浄光寺					
26	越坂	天成院					
27	越坂	末迎寺	船江町	真言宗	来迎寺	無本寺	森助之進
28	越坂	西向院	船江町	浄土宗	宝積房	無本寺	河崎町 藤村金兵衛
29	越坂	長慶院	一ノ木町	禅宗	長渓院	無本寺	檜垣七神主
30	越坂	一行寺	一ノ木町	浄土宗	一行寺	知恩院	自庵
31	越坂	摂取院	一ノ木町	浄土宗	摂取院	知恩院	自庵
32	越坂	浄清院 惣遍寺	宮後町西 河原町	浄土宗	浄清院	京都　一心院	自庵
33	越坂	實正寺	一ノ木町	浄土宗	宝性寺	知恩院	自庵

三ヵ所の寺社番付が書かれる（表）。嘉永五年に書き写された際に付けられたものとみられる。伊勢三十三ヵ寺巡りという伊勢地域全体の寺社をめぐるものは現在でもあるが、伊勢山田の町域のみでも巡礼が存在したのだろう。

ところで、寛文二年（一六六二）から同三年ごろに描かれた「山田惣絵図」（神宮文庫蔵）には、寛文十年に山田で起きた大火（寛文大火）以前の様子が描かれている。大火によって変貌したため「町方寺社録」時代の都市の形態とはやや異なるが、地名は同じであるためこの「山田惣絵図」をもとに巡礼地を復元してみた（図1）。

巡礼は、山田の中心的な商業地域であった八日市場付近の①②下中《しもなか》之《の》郷《ごう》から始まり、山田の入口である西部の上

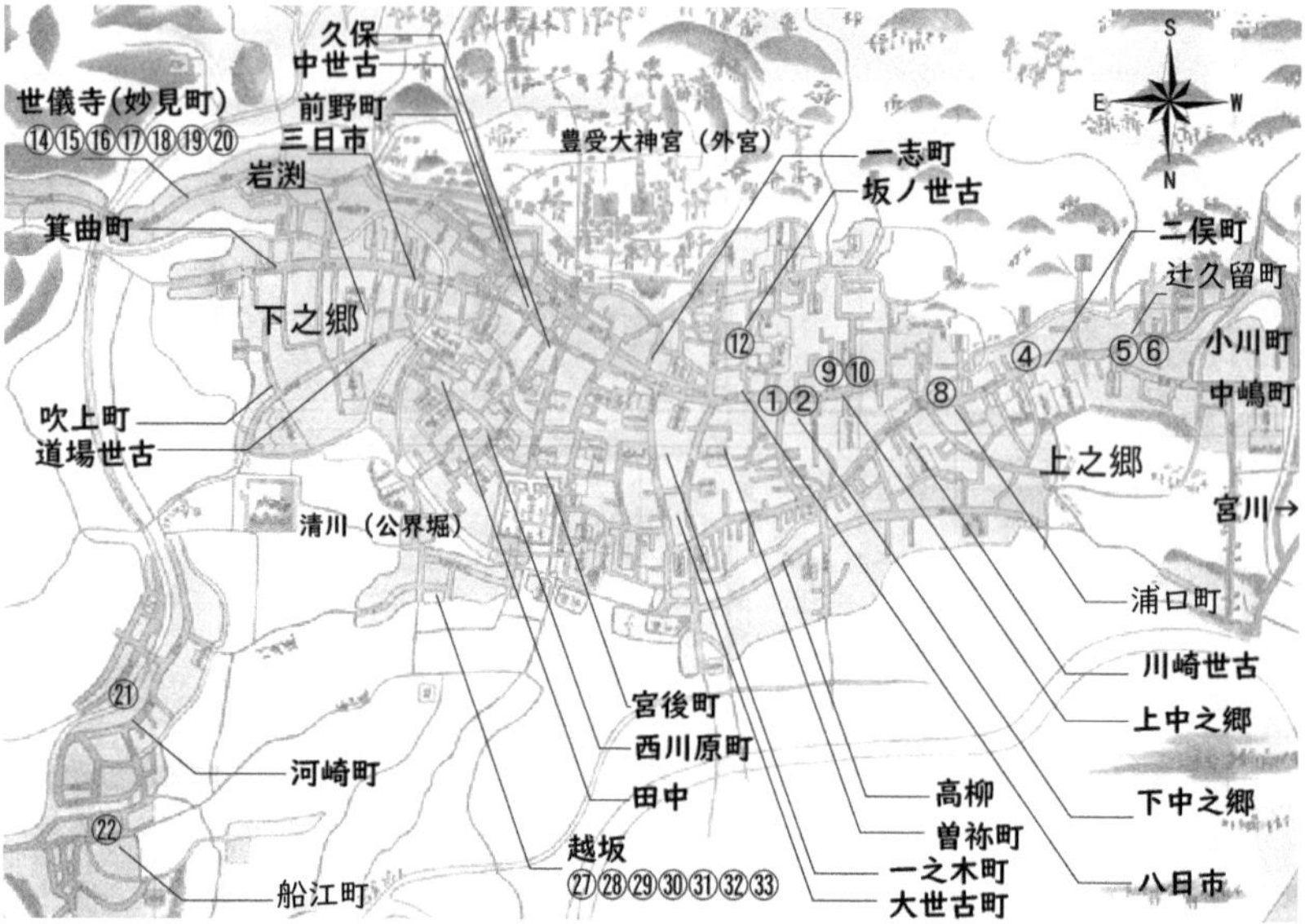

図1　「山田惣絵図」にみる巡礼地（伊勢古地図研究会編 1984 をもとに作成）

三郷や⑧浦口《うらぐち》町を通った後、⑨上中之郷や⑫坂ノ世古（世古は小さな通りの意味）に戻り、東部の妙見《みょうけん》町にある⑭〜⑳天台宗世儀寺《せぎでら》境内の寺々へ足をのばし、東北部の港町である㉑河崎《かわさき》町や㉒船江《ふなえ》町を廻り、政治の中心となる一之木《いちのき》町付近の㉗〜㉝越坂《おつさか》へ戻る。町の中心部から東西南北に山田の町を廻ったとみられる。個々に構成される町々の寺院が一つの巡礼地として協力している点が興味深いが、どういった背景でこの現象は起きたのだろうか。

そもそも近世の寺院には本末《ほんまつ》制度といって、末寺住職の任免権は本山にあり、末寺は本山の命令に絶対服従すべきことなど、本寺と末寺の上下関係が存在する。例えば、三十一番札所の浄土宗摂取院《せつしゆいん》は知恩院《ちおんいん》を本寺にもつ末寺である。そのいっぽうで伊勢山田の寺院では本末制度とは別に、寺ごとの支配（人）の仕組みがあった。一つ例にとれば、二十九番札所の禅宗長渓《ちようけい》院《いん》では御師の檜垣《ひがき》七神主《しちかんぬし》が「支配」を行っていた。ここでいう「支配」とは、特定の人物の場合は「支配人」と呼ばれており、今でいうホテルの支配人などと同じニュアンスと考えられる（以下まとめて「支配人」とよぶ）。「支配」は御師以外にも、例えば四番札所の禅宗正法寺《しょうぼうじ》は浦口・辻久留《つじくる》・二俣《ふたまた》で構成される上三郷のように、町内外の有力な寺院や、町や郷といった地域単位の共同体が行った。時代が下ると「寺庵」支配といって、住持が支配人を兼ねることが多くなるが、ここで重要なのは、支配人は主に寺院の存廃や堂宇の修繕、住僧の進退など寺院の運営をすることに加えて、御師家の家督を継げない次男、三男などの子息が僧として入寺していたことである。

つまりこうした背景を考えると、山田三十三ヵ寺巡礼では、寺院がおのおのに結びついたというよりも、寺院の支配人が互いに連携して運営に関与したと思われる。例えば、巡礼地のうち世儀寺の塔頭《たっちゅう》寺院六ヵ寺の支配人には、慶徳《けいとく》兵庫《ひょうご》・鎰屋《かぎ》式部・龍船全大夫・松村主馬《しゅめ》・檜垣《ひがき》右近《うこん》・檜垣五神主《ごかんぬし》などがいる。彼らは山田の有力な御師家の者であり、その子息の多くは世儀寺塔頭寺院の住持になったと考えられる。例えば同じ世儀寺塔頭の覚弘院は、室町時代、有力御師である幸福大夫と親類関係にあった（窪寺 一九九九、千枝 二〇一一）。住持たちは寺院の内外で親密な関係を持ち、山田全域の巡礼地化を企画したのであろう。そして巡礼最後の寺である三十三番札所に定められた実正寺は、自治組織である三方会合の前身であり、先の世儀寺塔頭の支配人に、山田三方会合が置かれた一之木町の有力な御師檜垣氏がいることを考えると、この山田三十三ヵ寺巡礼には、山田三方会合と、所在地の一之木町も重要な役割を担っていたと考えられるのである。そして、こうした寺院を結節点とした町歩きルートの具体的な開発は、山田の有力な住人によって運営されていたのだろう。

図２　旧渋温泉大湯（筆者撮影）

図３　野沢温泉大湯（筆者撮影）

②外湯巡り

こうした巡礼になぞらえて、江戸時代に多くの旅人が訪れるようになった温泉町においては外湯《そとゆ》巡りが行われた。外湯というのは、旅館の中にある内湯に対して、外にある共同浴場を指し、兵庫県の城崎《きのさき》温泉や長野県の渋《しぶ》温泉、野沢温泉などでみられる。外湯は特異な形態を持っていることも多く、例えば明治二十一年（一八八八）に建てられた旧渋温泉大湯は、現在、長野市内に移築され、すき焼き屋の茶室として使われている（図２）。野沢温泉大湯は建築家宮本忠長《ただなが》の父茂次の作と言われる（図３）。いずれも、スタジオジブリの映画「千と千尋の神隠し」に出てくる「油屋《あぶらや》」のように、ぐにゃりと曲がった唐破風《からはふ》と湯気を抜く気抜き窓がトレードマークとなっている。

こうした外湯は住人によって作られ、運営された。例えば近世の草津温泉（群馬県）には個人保有の内湯と共同浴場の外湯の二種類があり、内湯は湯本の名字を持つ中世以来の三家が保有していた。外湯は近世前期には「草津五湯」と呼ばれた五つが存在していたが、宝暦五年（一七五五）には七、天保元年（一八三〇）には十四と約三倍となっている。そして当初は中央の滝の湯付近に集中していた外湯は、時代が下るにつれ東部の周辺地域へと展開している。外湯は江戸時代を通じて増加し、それとともに集落も拡大していったのである。

外湯の設置には決まりがあったそうで、文政十一年（一八二八）、滝の湯脇に松の湯という外湯を設置する際には、外湯設置を申請する者たちがその費用を負担し、利用には制限を設けず、誰でも入湯できるようにすることなどが誓約された。加えて、村方の意志に背かないこと、従来の温泉の流系に影響を及ぼさないようにすることが定められている。温泉の利用に関して、湯守《ゆもり》や大屋《おおや》などの有力者による湯の占有はみられず、村全体の公益を重視していたのである。外湯が設置されれば当然人がやってくる。この外湯目当ての客を対象に村内に新しい建物が造られ、そこでは町場を賑わすような仕事が始められたようで、外湯の設置は屋敷地を開発する村にとって大きな意義を持っていた。

4　建築内巡礼——さざえ堂——

そして巡礼はついに建築内でも展開される。福島県会津の飯森山《いいもりやま》に栄螺《さざえ》堂と呼ばれる建物がある（図4）。正式名称は円通三匝堂《えんつうさんそうどう》で、旧正宗寺《きゅうせいしゅうじ》三匝堂とも呼ばれ、白虎隊墓所のある飯盛山の中腹にある。六角三層の堂で、

図5　歌川広重『名所江戸百景』の「さざえ堂」（ブルックリンオンラインミュージアム）

図4　会津栄螺（さざえ）堂（筆者撮影）

内部には二重螺旋《らせん》のスロープが設けられ、上りと下りが別々のルートになっている。このスロープの壁面には三十三観音が安置され、堂内を昇り降りすることで観音巡りをすることができるようになっていた。正宗寺の住僧郁堂《いくどう》がとある江戸の堂宇からヒントを得て、寛政七年（一七九五）に名工山岸喜右衛門道重《やまぎしきえもんみちしげ》に依頼し、一年がかりで完成した。

参考にされた江戸の堂宇は、羅漢寺《らかんじ》三匝堂といって、現在のJR亀戸《かめいど》駅南、本所《ほんじょ》五ツ目にあった。寛保元年（一七四一）から安永九年（一七八〇）にかけて徐々に完成したとされる。中には西国札所三十三ヵ所、坂東札所三十三ヵ所、秩父札所三十四ヵ所の計百体の観音像を写したものが安置され、実際の巡礼に替えようというものであった。歌川広重や葛飾北斎によっても描かれている（図5）。外観は重層で、中には中二階があり三層になっていた。下層が方五間、上層は方三間で、上層には角に擬宝珠《ぎぼし》のある高欄（てすり）と縁を廻し、正面の一部が張り出し、四方の眺めを楽しめるように計画されていた。

以上、国を跨いだ巡礼は、町巡礼や堂内巡礼という形式に縮小され写されていった。こうした動きは主に町や村の有力者、もしくは寺院を運営する住持によって行われた。経済的な目的がありつつも、村落や町全体の永続的な繁栄を願って公益的に経営された巡礼地は、平和な江戸時代の旅行者を楽しませたのである。

〈参考文献〉

伊勢古地図研究会編『山田物絵図』（伊勢文化会議所、一九八四年）
岩本馨『近世都市空間の関係構造』（吉川弘文館、二〇〇八年）
宇治山田市編『宇治山田市史　下』（三宅書店、一九七二年）
海野聡「民衆文化の盛隆」（『建物が語る日本の歴史』吉川弘文館、二〇一八年）
神田雅子「木の建築探訪　異形の木造―円通三匝堂（会津さざえ堂）―」（『NPO木の建築』二九、二〇一一年）
窪寺恭秀「伊勢御師幸福大夫の出自とその活動について―中世末期を中心に―」（『皇學館史学』一四、一九九九年）
小林文次「羅漢寺三匝堂考」（『日本建築学会論文報告集』一三〇、一九六六年）
新城常三『新稿　社寺参詣の社会経済史的研究』（塙書房、二〇〇六年）
高橋陽一『近世旅行史の研究―信仰・観光の旅と旅先地域・温泉―』（清文堂出版、二〇一六年）
千枝大志『中近世伊勢神宮地域の貨幣と商業組織』（岩田書院、二〇一一年）
中川武編『日本建築みどころ事典』（東京堂出版、一九九〇年）
中村駿介「近世伊勢山田門前町の御師と寺院に関する空間史的研究―一之木町の寺屋敷と寺支配人を題材に―」（『日本建築学会計画系論文集』三六〇―三七一、二〇二三年）
文化財保護委員会監修『月刊文化財』三八三、一九九五年、二五―二八頁
光井渉『近世寺社境内とその建築』（中央公論美術出版、二〇〇一年）

9 あなたも殿様、私も殿様
——宿・旅籠・旅館の歴史——

中村駿介

1 江戸の旅

日本人が愛してやまない旅、なかでもどんな宿に泊まるのかは旅行における楽しみの一つである。多くの人がご存知の通り、日本の庶民のあいだで旅行が流行するのは江戸時代にさかのぼる。「弥次喜多《やじきた》」でおなじみの十《じっ》返舎一九《ぺんしゃいっく》作『東海道中膝栗毛《とうかいどうちゅうひざくりげ》』は、今でも歌舞伎などで上演される人気の道中記であるが、この作品では宿に泊まることよりも道中の風景やエピソードに重心があり、実は主人公が泊まった旅館は出てこない。今回はそんな旅にまつわる建築に光を当ててみたい。旅人が泊まる建物を一般に宿泊所として扱い、話を進める。

まず、旅行の歴史を概観しておこう。新城常三《つねぞう》によれば、古代の民衆の旅は万葉集などからわずかにうかがうことができるが、宿泊所の欠如は顕著であった。官吏・貴族は駅家《うまや》に泊まれるが、民衆のほとんどは野宿だった。その後、寺院や布施屋が民衆の宿所として提供されるようになり、平安時代くらいになると仮屋を作る旅人が現れる。鎌倉時代に入れば東海道においては数十を数える宿《しゅく》が作られ、すべての宿屋が充実していたわけではないが、仮屋を作る旅人はいなくなる。こうした中世の交通に主体的に関わったのが商人であった。

さらに時代が下ると、宿泊所は都市で発達するようになる。とくに京都の宿屋は数多く、室町時代には屋号を持つ専業的宿屋が増え、明らかなものだけでも十ヵ所ほどある。奈良にも鎌倉時代末期ころに専業の宿屋が発達し、東大寺の転害門《てがいもん》付近には「旅宿」と呼ばれる宿泊所が登場する。

しかしながら中世の宿屋はこうした都市や大きな街道沿いでは増加したものの、地方では発達しなかった。とくに四国遍路では近世中ごろでも営利的な宿屋は少なく、大半は昔ながらの寺院や民家を利用していた。

このように、古代には貴族を主とした旅行は、まず武士などの領主層・有力名主層に広がり、やがて中小名主層からそれ以下の階層まで参加するようになる。とくに商人の参詣旅行は室町時代以降に顕在化し、伊勢講《いせこう》や春日講《かすが》といった講（寺社仏閣への参詣などをする目的でつくられた団体）の存在は、中世末期には畿内の民衆に浸透する。

その後、江戸幕府が開かれ平和な時代が訪れると、交通を封鎖する必要性はなくなり、人々の他国への出入はかなり自由となる。江戸時代の参詣では中小農民や都市民が増加し、全国的に参詣を行った。背景として講・頼母子《たのもし》（金銭の融通を目的とした互助組織）などの共同体的な援助があったほか、幕府による小農民の自立政策、農村内への貨幣経済の浸透もその要因であった。

2　宿泊所の類型

①宿

宿場の「宿」には、伊藤毅によれば二種類あるという。一つは現代にもみられる宿場町の宿である。これは街道に沿って接道型の建築が線上に並ぶ形式である。中山道《なかせんどう》の海野宿《うんのじゅく》や妻籠宿《つまごじゅく》（長野県）など、近世に計画されてできたものが多い。なお榎原雅治によれば、中世までの宿は寺や在地領主が中心となって運営した散在的な空間であったといい、東海道にはそうした跡が今も残されている。

もう一つは武士の宿衛・宿直地としての宿で、武士が一定期間本拠地を離れ、主従関係を結ぶ在地領主の本拠へ宿衛・宿直するための場であった。古くは『将門記《しょうもんき》』に登場する石井宿・服織宿《はとり》・鎌輪宿《かまわ》（茨城県）がそうした事例と考えられている。中世の『吾妻鏡《あずまかがみ》』にも同様の例があり、これは将軍の御所とそれをとりまく宿という同心円状の構成であったとされる。

時代は下るが、十五世紀末には現代の旅館に近い職掌を持つ宿泊所が現れる。延徳三年（一四九一）に管領《かんれい》細川政元の越後下向に随行した冷泉為広《れいぜいためひろ》の旅行記である『為広越後下向記《えちごげこうき》』には屋号を持つ宿泊所が現われるほか、室町・戦国初期の史料にも同様の例が散見される。こうした宿泊所は宿泊だけでなく朝食や昼食の提供や荷物の保管のほか、芸能者による娯楽の提供や馬の貸出しを行った。それだけでなく、金融業や酒造業も営んでいたり、地方から守護大名が上洛してきたときの宿を手配し、幕府と大名を仲介する役割を果たした者もいた。さらに、徴税や、護衛あるいは荷物持ち用の人夫の手配を行うこともあったという。

宿泊は数ある業務のうちの一つとして行われていたのだろう。こうした「宿」は江戸時代の庶民の旅でもおおいに活用され、「宿屋」や「宿」「旅宿」といった言葉が広まるようになる。

②旅籠、木賃、宿坊

江戸時代の旅は伊勢参りや善光寺《ぜんこうじ》参りに代表されるように、寺社門前が終点となっていた。とくに善光寺は「牛にひかれて善光寺参り」という言葉がある通り、江戸時代で最も有名な参詣地の一つであり、多くの宿泊所が建ち並んでいた。

善光寺門前町の宿泊所には三つのタイプがある。宿場町の町人が営む「旅籠《はたご》」、山内寺院が営む「宿坊《しゅくぼう》」、そのほかの町人が営む「木賃《きちん》」である。天明期に橘《たちばな》南谿《なんけい》が記した紀行文には、「此寺（善光寺）かく繁昌ゆゑに、門前の町家も旅亭抔《など》大なる家多くして、甚《はなはだ》賑かなる町なり」（『東遊記』後編、巻之三〈続帝国文庫『紀行文集』〉）とあり、これらは総じて「旅亭」と呼ばれていた。

こうした宿泊所の氾濫は競争の激化をもたらしたため、おのおのの宿泊させる客層がある程度分けられていた。「宿坊」は参詣客、「旅籠」は北国街道の利用者、「木賃」はそれ以外の経済的余裕がない者、という分け方である。実際のところそれほど明確に分かれていたわけではなさそうだが、嘉永二年（一八四九）に刊行された『善光寺道名所図会』ではそれぞれの旅亭が描き分けられていて、「宿坊」は萱葺、「旅籠」は瓦葺、「木賃」は石置き屋根である（図1）。

なお、善光寺の宿坊は近世初頭に計画的に整備されたものとされ、間口が狭く奥行の深い敷地に塀をめぐらしている。善光寺大地震の起きた弘化四年（一八四七）の五年前、天保十二年（一八四一）二月の「公儀《こうぎ》書上《かきあげ》院内

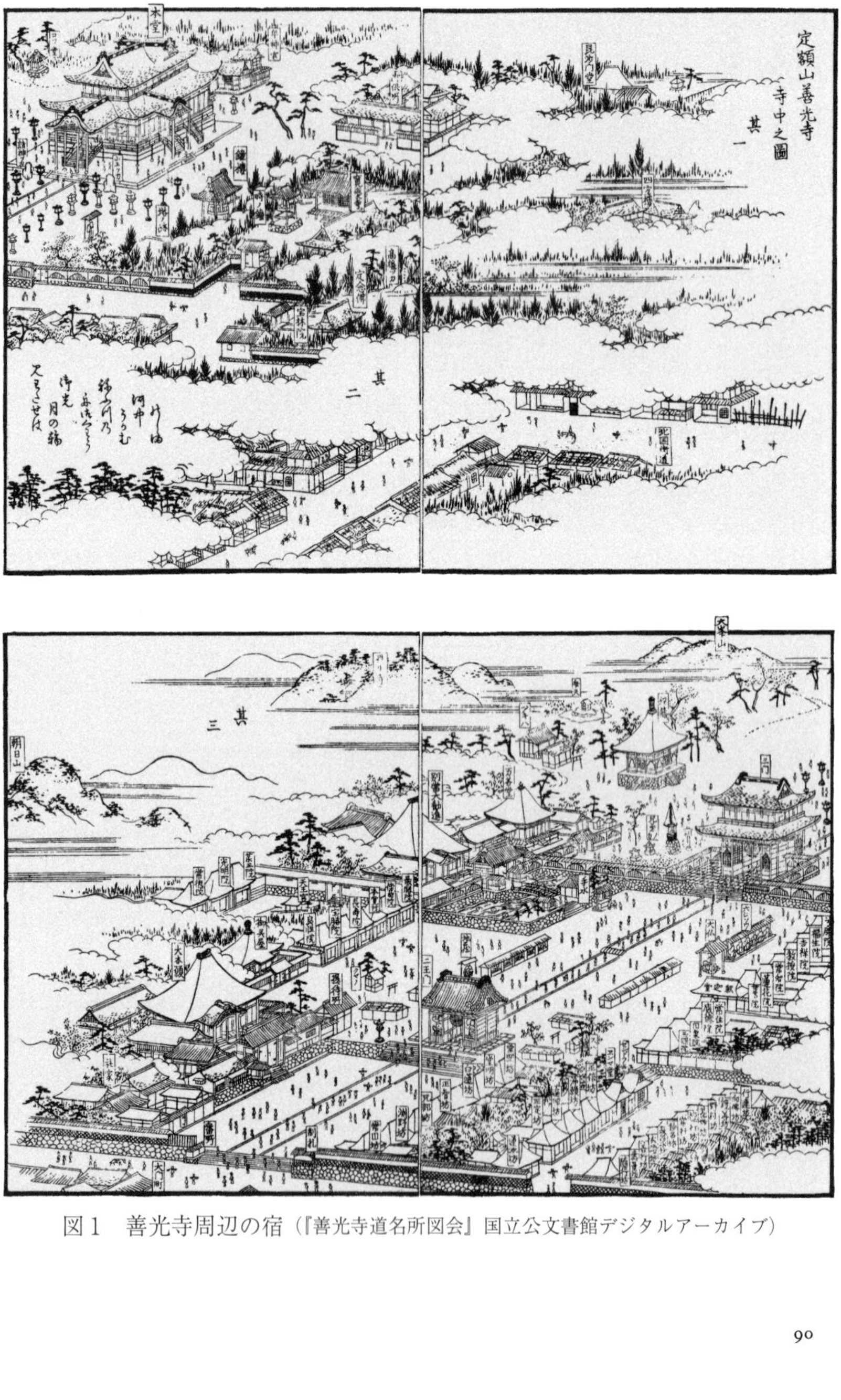

図1　善光寺周辺の宿（『善光寺道名所図会』国立公文書館デジタルアーカイブ）

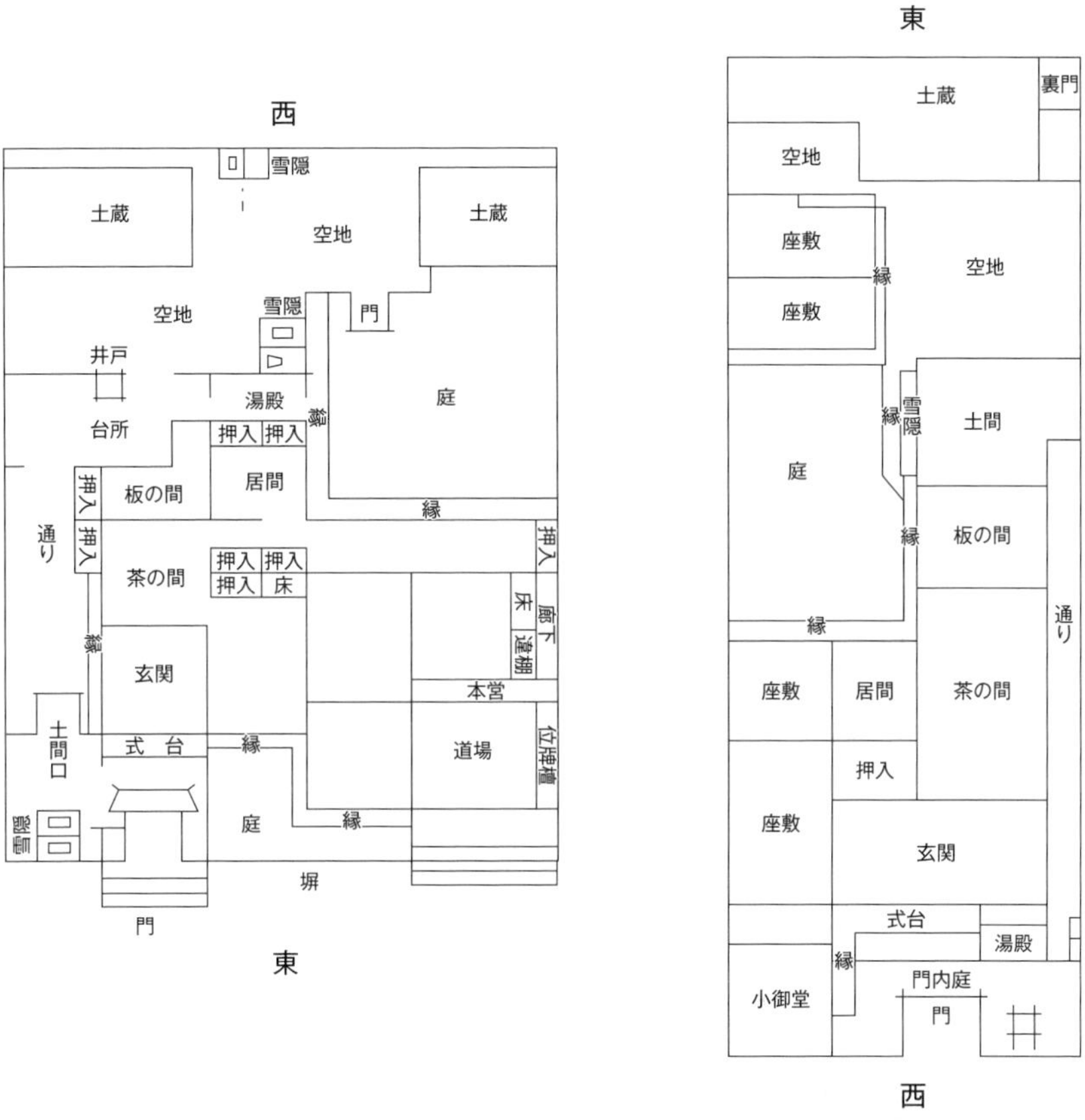

図2　善光寺宿坊（「公儀書上院内画図」を筆者トレース）

画図」（善光寺大勧進蔵）には善光寺の宿坊であった宝勝院と教授院の平面図が残る（図2）。総萱葺で、門からすぐに式台をあがり、玄関から茶の間、板の間へと直線的に接続する。宿泊する座敷は隣に付き、通りに面して道場や小《こ》御堂《みどう》といった宗教空間が付随する。奥には土蔵を持ち、縁を挟んで中庭を見る構成が一つの敷地に収められていた。

江戸時代最大の参詣地である伊勢神宮外宮《げくう》の門前町（鳥居前町）伊勢山田では、御師《おんし》が旅行者を案内し、宿泊所を提供した。御師の営む宿泊所も宿坊と言い、門から門内庭

図3　十七世紀の有馬温泉（『有馬山温泉小鑑』国立国会図書館デジタルコレクション）

を経て玄関へ至る動線は同じだが、有力な御師の屋敷には御堂がなく、神楽殿《かぐらでん》が付いていた。

③温泉宿

さて、宿泊所としてもう一つ忘れてはならないのが温泉旅館である。日本の代表的な温泉町である有馬《ありま》温泉（兵庫県）の宿泊所について見てみよう。

『明月記』の建仁三年（一二〇三）七月七日条には「湯屋」とあり、『蔭凉軒《いんりょうけん》日録《にちろく》』文正元年（一四六六）閏二月十一日条には上月《こうづき》太郎次郎が御所（現在の御所坊）西辺の「旅亭」に泊まっている。近世に入ると「客屋」や「宿屋」と呼ばれ、幕末になると「温泉宿」、明治期に入ると「御宿」「旅舎」などと呼ばれる。

では、これらはどういった建築なのだろうか。江戸時代の有馬を描く地誌のなかで最も刊行の早い貞享二年（一六八五）の『有馬山温泉小鑑《こかがみ》』ではうだつ付きの平屋の町家建築が並び、旅館というには程遠かった（図3）。こうした景観は中世にも想定できる。いっぽう、源泉付近の有力な宿泊所は二階建てであったようで、『温泉行記』享徳元年（一四五二）四月八日条には宿泊所の一つである休所について、三室構成で、第一室は南と西の明

図４ 『摂津名所図会』（国立国会図書館デジタルコレクション）

図５ 山下家住宅（筆者撮影）

窓が開き、第二・第三室はただ西戸から明かりが通り、一階と二階のあいだには六段の階段があったと記されていて、北に三間続く二階建ての町家形式の建築であったことがわかっている。

現在の有馬温泉のような二、三階建ての建物が稠密《ちゅうみつ》するようになるのは、江戸時代の中期以降になる。寛政十年（一七九八）の『摂津名所図会』にはそうした町並みが描かれており（図4）、現在と大差ない町場の空間となっている。有馬に現在も残る最古の温泉宿は「山下家住宅（旧下大坊）」と言われ、安政末期の火災の後に建てられたものと考えられている（図5）。こうした建築が存在するいっぽうで、現在我々が宿泊する「旅館」という言葉はいずれの場所でも使われていない。

3　旅館の淵源

では「旅館」はいつごろから使われるようになるのだろうか。『日本国語大辞典』によれば、旅館は「りょかん」と「たびやかた」の二例がみられる。前者は「人を宿泊させることを業とする家。また、旅先で泊まる家。やどや。はたごや。旅舎。旅宿。旅亭。旅店」という意味で、後者は「旅行者を泊める家。旅宿。宿屋。旅人《たびゅうと》屋《や》。りょかん。たびのやかた」という意味とされる。十二世紀後半の和歌や『吾妻鏡』で使われており、少なくとも鎌倉時代には貴人の宿泊所を指す言葉だったようだ。

そして徳川幕府の編纂史料である『徳川実紀《とくがわじつき》』では大名や門跡の宿所を「旅館」と呼んでいるから、江戸時代にも大名や貴人の宿泊所という意味で呼ばれたと考えられる。

こうした「旅館」はおそらく専用の建物ではなく、既存の建物を改造して一時的に使用したものと思われる。

寛延三年（一七五〇）より安永五年（一七七六）まで武家伝奏《ぶけてんそう》役をつとめた広橋兼胤《ひろはしかねたね》の役務日記『広橋兼胤公武《こうぶ》御用日記《ごようにっき》』宝暦十二年（一七六二）二月二十九日条には、現在の神奈川県川崎あたりの宿に着いたとき、「宿、広幡《ひろはた》（輔忠《すけただ》）大納言今日着府、旅館山王社寺中」とあり、広幡輔忠が山王社の寺中を旅館として使っている。また、明治時代には皇太子時代の大正天皇が金沢に泊まる際、成巽閣《せいそんかく》が旅館として定められている。

旅館に定められた建物には改造が行われる。天台座主《てんだいざす》・滋賀院門主《しがいんもんしゅ》を公遵親王《こうじゅんしんのう》が兼任していた時期の坂本《さかもと》御《お》成記《なりき》である「公遵親王坂本御成諸纂覚記《しょさんおぼえき》」のうち、御成に際しての準備を行っていることを記した寛延二年（一七四九）五月十九日条には、輪王寺門跡の一行が京都の「旅館」を出発し、十時頃に滋賀院へ着いたことなどが書かれている。このときの「旅館」とは廬山寺という寺であった。寛延二年の指図「公遵親王御上洛御普請方記」には、京都廬山寺で畳の表替え等の普請をしたことが書かれている（小柏 二〇一九）。また、「廬山寺御旅館御仮屋共外建物共総絵図」には、既存の建物の周囲に新たに建物を建てる様子が描かれており、一時的に貴人が泊まる館《やかた》《たち》を設えたのであった。

4 旅館の設え

さて、我々が普段泊まる庶民の旅館で古いものの設えを示す図は少ないが、江戸時代の旅館である群馬四万《しま》温《おん》泉《せん》の積善館《せきぜんかん》を村田敬一が復元した平面図を見ると、炊事場や寝室などからなる平屋建ての民家形式の一階に主人が住み、二階の「ツボ」と呼ばれる部屋に旅人が泊まる仕組みとなっている（図6）。また江戸時代の有馬温泉の宿泊所兵衛《ひょうえ》では、二階の六つの間が襖で仕切られている室構成をとっていた。

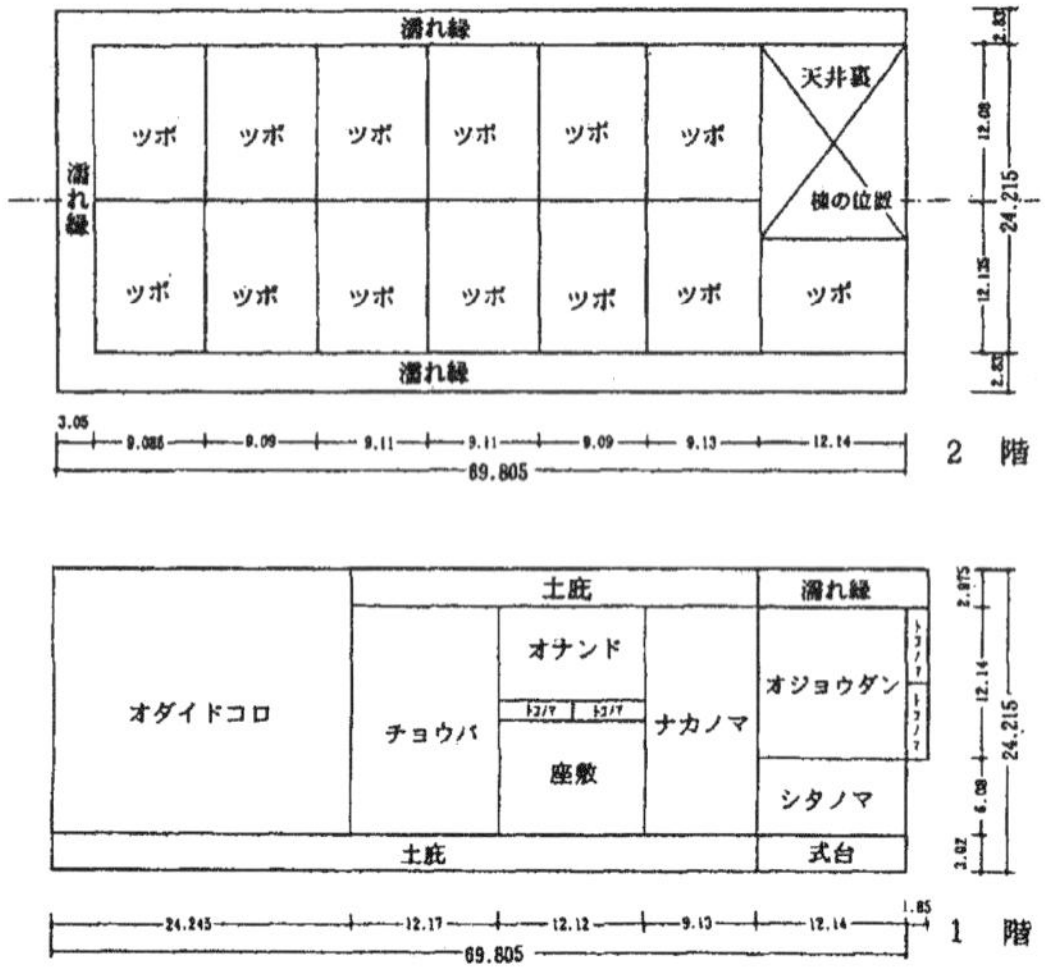

図6　寛政12年（1800）以前の四万温泉積善館の復原平面図（村田・初田 2000）

こうした宿泊所は大正期以降、襖が壁に代わり、床の間と書院を各室に付けることで、客室の独立性が高まり、近代旅館となる（松田 二〇〇六）。書院は書院造という言葉がある通り、室町時代中期の武家住宅として登場する。つまり旅館とは、まさに「館」を全面に押し出した名と言える。書院は近世にも引き継がれ、武家住宅や寺院、茶室などさまざまなところで重宝された。こうした貴人たちが泊まる形式が、近代になって庶民の宿泊所にも取入れられていった。私たちが求める旅行の醍醐味とは、現代の喧騒を離れてもてなしをうける、いわば殿様気分を味わうことにあるのかもしれない。

〈参考文献〉

伊藤毅「宿の二類型」（『都市の空間史』吉川弘文館、二〇〇三年）
伊藤裕久『近世都市空間の原景―村・館・市・宿・寺・社と町場の空間形成』（中央公論美術出版、二〇〇三年）
榎原雅治「室町時代の旅館」（『加能史料会報』一三、二〇〇二年）
榎原雅治「中世地方都市の空間構成―阿弥陀・薬師・旦過・風呂―」（服部英雄編『中世景観の復原と民衆像―史料としての地名論―』花書院、二〇〇四年）
榎原雅治『中世の東海道をゆく―京から鎌倉へ、旅路の風景―』（吉川弘文館、二〇一九年、初版二〇〇八年）

榎原雅治『地図で考える中世―交通と社会―』（吉川弘文館、二〇二一年）
小柏典華「滋賀院における寺院運営組織と空間構成の歴史的研究」（東京芸術大学博士論文、二〇一九年）
小林計一郎『長野市史考―近世善光寺町の研究―』（吉川弘文館、一九六九年）
新城常三『新稿　社寺参詣の社会経済史的研究』（塙書房、一九八二年）
中村駿介「中世有馬の湯屋」（『日本建築学会大会学術講演梗概集』二〇二〇年）
中村駿介「地誌にみる近世有馬の旅館建築」（『日本建築学会大会学術講演梗概集』二〇二一年）
松田法子「近代温泉旅館建築の発展とその特性」（『日本建築学会大会学術講演梗概集』二〇〇六年）
村田敬一・初田亨「四万温泉積善館の建築について」（『日本建築学会計画系論文集』六五―五三一、二〇〇〇年）

10 幕末の有栖川家移転の理由
——京都御所の拡張と代替地——

萩原まどか

1 御所の東北隅拡張

京都御所が現在の規模となったのは幕末のことである。大きく欠き込まれていた御所の東北隅が拡張されたのだが、もともとそこには四親王家の有栖川宮《ありすがわのみや》家と堂上公家《とうしょうくげ》の中院《なかのいん》家があった。そのため、東北隅拡張に際して両家は敷地を上地され、替地を拝領して建物を移築することになった。本稿では『有栖川宮日記』（宮内庁書陵部図書寮文庫所蔵）を紐解き、当事者である有栖川宮家の視点から移転の顛末の一端を紹介する。

京都市上京区京都御苑内に所在する京都御所は、治承四年（一一八〇）に土御門東洞院殿《つちみかどひがしのとういんどの》が里内裏《さとだいり》の一つとなったことに始まり、元弘元年（一三三一）から明治二年（一八六九）まで正式な御所であった。御所は焼失と再建を繰り返し、敷地はそのつど徐々に拡張した。現存するのは安政二年（一八五五）に再建された安政度造営内裏であるが、このときは寛政度造営内裏の規模をほぼ踏襲し、敷地の南東・南西隅がわずかに拡張されたのみであった。

東北隅拡張の発端は和宮《かずのみや》降嫁にある。当時は開国して間もない幕末動乱の時代であり、尊王攘夷運動が激化するなか、幕府は公武合体を図った。幕府の再三の懇願に朝廷が応える形で、文久二年（一八六二）二月、将軍徳川家茂《いえもち》と皇女和宮の婚儀が実現した。和宮の兄孝明《こうめい》天皇の事績を編纂した『孝明天皇紀』によると、翌三月、幕府は朝廷へ婚儀の報告を行い、東北隅拡張が奏上された。すなわち、東北隅拡張は和宮降嫁の謝恩を示す、幕府から朝廷への献物であった。東北隅拡張は単なる敷地拡大ではなく、重大な政治的意義を持つ出来事だったのである。公武間の折衝にあたった武家伝奏野宮定功《ぶけてんそうののみやさだいさ》の日記『定功卿記《きょうき》』には東北隅拡張が「莫大の儀」とあり、財政の逼迫する朝廷の望みに幕府が応えたことがうかがえる。

ところで、幕府が和宮降嫁を申し入れたとき、和宮はすでに婚約していた。その相手が有栖川宮熾仁親王《たるひとしんのう》である。有栖川宮家は伏見宮《ふしみのみや》家・桂宮《かつらのみや》家・閑院宮《かんいんのみや》家とともに四親王家の一つであり、この婚約は嘉永四年（一八五一）に結ばれていた。したがって、和宮降嫁により婚約が解消となっただけではなく、移転をも余儀なくされた有栖川宮家は、二重の意味で東北隅拡張の当事者であったと言える。有栖川宮家家司《けいし》による日誌である『有栖川宮日記』には、移転の顚末が詳細に記録されている。ここでは替地選定に焦点を絞って見てみることとする。

文久二年六月八日、東北隅拡張にともなう御所の築地移築と上地・替地および立会見分が有栖川宮家と中院家へ通達され、立会見分は同月二十一日に実施された。この日、見積作成のために幕府の勘定奉行《かんじょうぶぎょう》・作事奉行《さくじ》・京都町奉行に属する各担当が取調べを行い、御所の築地と両家の敷地・替地を測量した。翌日には、東北隅拡張の範囲と有栖川宮家の替地をそれぞれ図示した「御達絵図《おたつしえず》」と「恭礼門院御旧地絵図《きょうらいもんいんごきゅうち》」が有栖川宮家へ回覧され、『有栖川宮日記』にその写しが残されている。おそらく、中院家へも同様に東北隅拡張の範囲と替地を示す絵図が回覧されたであろう。

この「御達絵図」と同一内容の絵図が京都大学附属図書館に所蔵されている。「中井家絵図・書類」の「禁裏御築地御門等絵図59」である。『有栖川宮日記』にある「御達絵図」の写しと比べると、多少の表記の違いや写し間違いとみられる箇所はあるが、両者は一致すると判断できる。さらに、『有栖川宮日記』には立会見分当日の参加者が記録され、そこには京都《きょうと》大工頭《だいくがしら》中井保三郎《やすさぶろう》と棟梁家棟梁四人の名前が確認できる。京都大工頭中井家関係文書として伝来していることからも、「禁裏御築地御門等絵図59」は「御達絵図」に関係する絵図であるとみられる。

2　替地選定の難航

ところが、東北隅拡張はすぐには実現しなかった。その要因として考えられるのは、有栖川宮家の替地選定が難航したことである。有栖川宮家の替地は当初、恭礼門院御旧地とされたが、その後、二転三転し、最終的に東山院《ひがしやまいん》御旧地《ごきゅうち》に治定したのは慶応元年（一八六五）七月のことであった。替地選定に時間を要したのは、有栖川宮家が大幅な増地を要望したからである。有栖川宮家は替地に五〇〇〇坪余を拝領したいと考えていた。現状の敷地を狭少であるとして、移転を期に二〇〇〇坪余の増大を望んだのである。しかし、この要望に適う替地の選定は容易ではない。なぜならば、公家町は密集しているため、ある家を移転させるには替地に居住する家をも移転させ、その替地まで調整しなくてはならないからである。要するに、替地の玉突きにならざるを得ないのだ。五〇〇〇坪余の替地となればなおさらである。それでは有栖川宮家の替地はいかにして決定に至ったのだろうか。

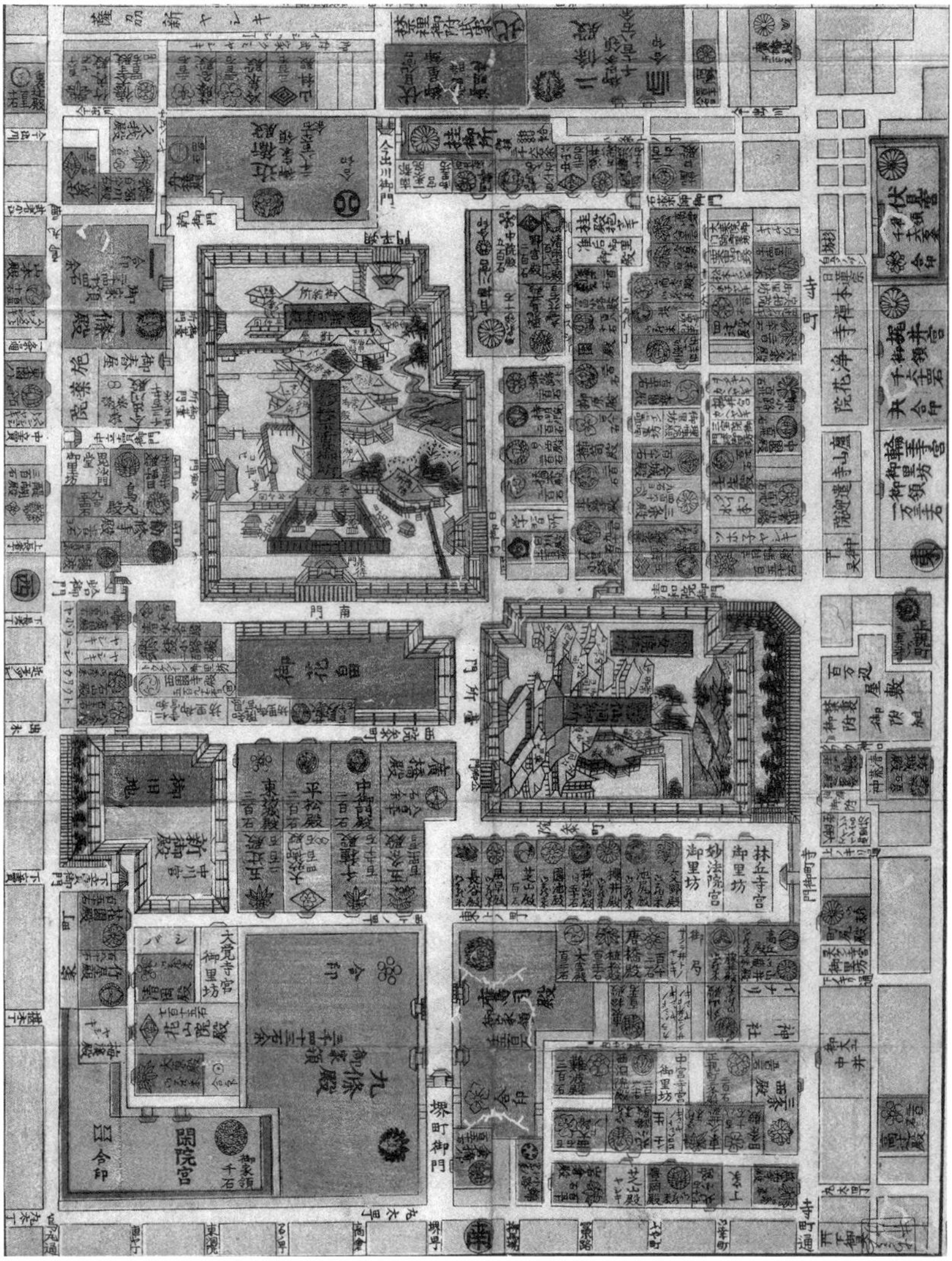

図１　東北隅拡張前の公家町（「改正内裏細見之図」文久３年〈部分〉. Japanese Historical Maps, C. V. Starr East Asian Library, University of California, Berkeley）

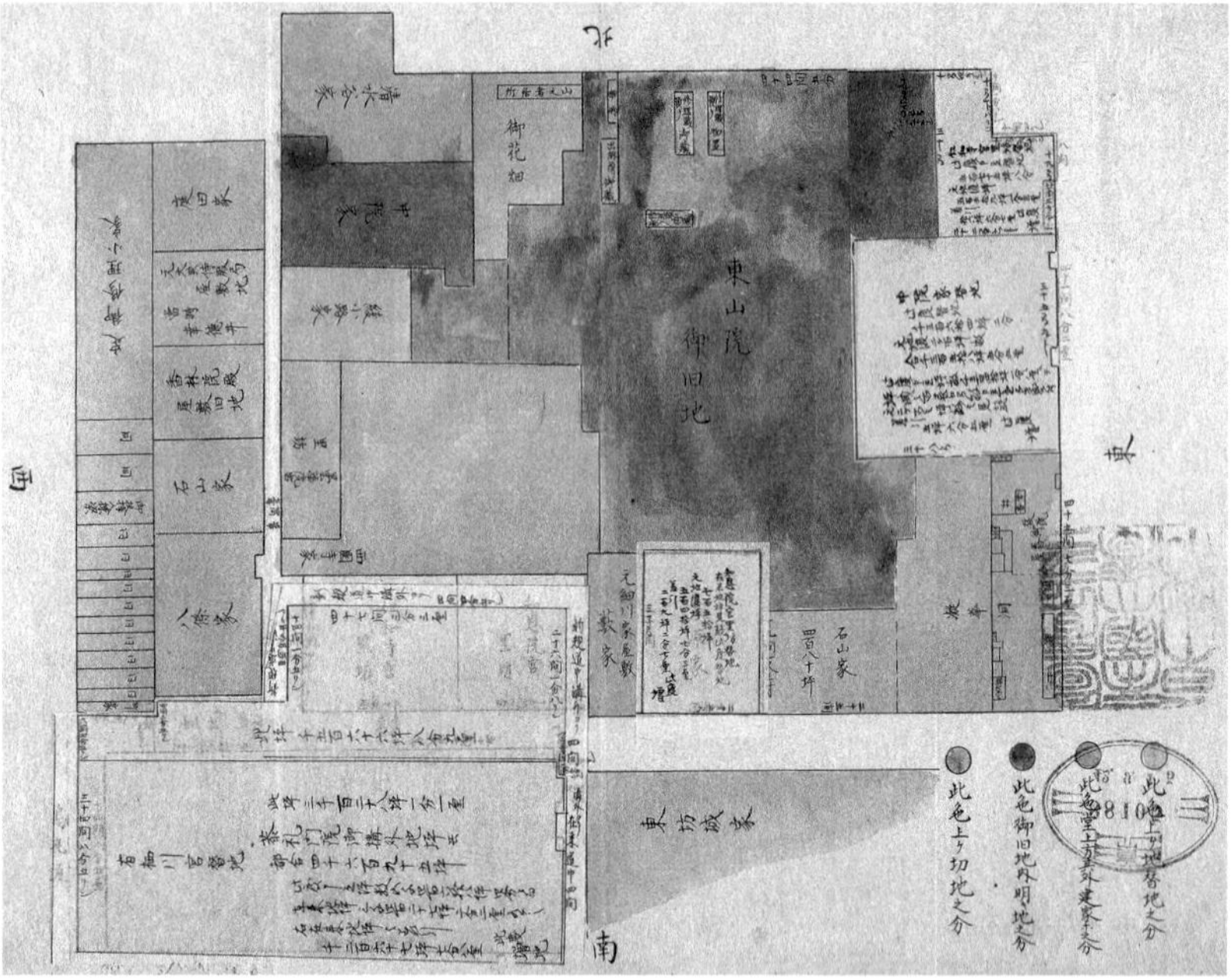

図2　替地増地の検討（「仙洞御所其他各御所絵図39」京都大学貴重資料デジタルアーカイブ，京都大学附属図書館蔵）

経緯を順に追ってみよう。

文久二年六月二十二日、最初に有栖川宮家の替地とされたのは恭礼門院御旧地のうち、北側の部分であった。図1の御所南西に位置する「御旧地」とあるのがそれである。『有栖川宮日記』にある「恭礼門院御旧地絵図」の写しによると、替地は三五八四坪五分七厘であり、これでは希望する五〇〇〇坪余には及ばない。そこで同月二十九日、有栖川宮家はさっそく南北に拡張する増地を願い出たが、返事はなかった。続けて翌七月四日、南北に加えてさらに東西にも拡張する増地を願い出たが、依然として返事はないまま時間が経過した。しかし、有栖川宮家に伝えられることはなかったものの、幕府は替地の玉突きを含めて検討はしていたのである。

京都大学附属図書館所蔵「中井家絵図・書類」の「仙洞御所其他各御所絵図39」（図2）

は増地願の内容と一致し、この絵図により恭礼門院御旧地の北辺にある道、および道の反対側にある仁和寺宮《にんなじのみや》御《お》里坊《さとぼう》・知恩院宮《ちおんいんのみや》御里坊を取り込み、道はその北に付け替えることを考えていたことがわかる。恭礼門院御旧地のうち、南側の部分は孝明天皇と和宮の姉である敏宮《ときのみや》の敷地であったため、増地するには北へ広げる以外に方法はなかったのである。

そうこうする間に敏宮は桂宮家を相続し、桂御所へ転居した。するとすかさず、文久三年正月十一日、有栖川宮家は敏宮の旧敷地を含む恭礼門院御旧地全体を拝領したいと再び願い出たが、断られたので、翌二月朔日、改めてこれまでの経緯と事情を説明して嘆願した。すなわち、立ち退き予定の建物に破損や雨漏りがあり、とりあえず仮に修復したが、放置できない箇所も新たにできてしまい、修復は今後の予定次第であるから早く返事が欲しいと。

次に代案としてあがったのは、仙洞御所の南に位置する院参町《いんさんちょう》・東殿町《ひがしどのちょう》・内椹木町《うちさわらぎちょう》付近であり、元治元年（一八六四）中には院参町・東殿町付近にほぼ内定した。

それにもかかわらず、元治二年二月四日、さらに別の場所が提案された。御所の東に位置する桂御所《かつらごしょ》御明地・准后《じゅごう》御里御殿《おさとごてん》である。これをいったんは承知するものの、坪数を調べると三三九〇坪余しかなく、希望する五〇〇〇坪余に及ばない。そこで有栖川宮家は翌五日、これでは現在の坪数と変わらないのでやはり院参町付近にしてほしいと願い出た。院参町付近は昨秋の類焼により残存している既存建物も些少であるからと粘るものの、そこに居住する公家それぞれに替地を調整することが難しいと断られてしまった。

昨秋の類焼とは、元治元年七月十九日の禁門の変による大火を指すとみられ、三日間で二万八〇〇〇戸余の家屋が焼失したという。なお、禁門の変により有栖川宮幟仁《たかひと》親王と熾仁親王の父子はともに慶応三年正月まで謹慎となったが、そのことが移転に影響を及ぼしたかは定かではない。

院参町付近が難しいならばと、有栖川宮家は桂御所御明地・准后御里御殿に二階町通・町家・高倉殿・冷泉殿を加えた五九〇九坪余を要望した。要するに、提案された替地周辺の道や公家の敷地を合わせることで五〇〇〇坪余にしようとしたのである。二月八日、今度は桂御所御明地・准后御里御殿に富小路殿のみを加えることを提案されるが、坪数が依然として少ないとして有栖川宮家は再度院参町付近を要望した。同月十四日、替地には桂御所御明地・准后御里御殿に富小路殿・二階町通・町家・高倉殿・冷泉殿を合わせる、または院参町付近の五二七九坪半余のいずれかを拝領したいと有栖川宮家が改めて願い出ると、桂御所御明地・准后御里御殿に二階町通のみを加えた案を打診された。これに対して、翌十五日、有栖川宮家は内椹木町付近の六四一三坪を要望するが、なかなか折り合いが付かない。それもそのはずである。いずれにしてもあまりにも多くの家を立ち退かせなくてはならないのだ。

同年六月十八日、恭礼門院御旧地が再度提案された。恭礼門院御旧地の南側の部分は賀陽宮《かやのみや》の敷地となっていたが、この南側の部分も含めて替地とされたため、翌十九日に有栖川宮家はこれを承知した。ところが、翌七月一日、替地が恭礼門院御旧地では御所の東北隅拡張が遅滞してしまうことを理由に、幕府から新たに東山院御旧地のうち、四九三一坪が提案された。東山院御旧地は図1の御所南に位置する「御花畠」とあるのがそれである。有栖川宮家はこれを断り、院参町付近、あるいはそれが無理ならば内椹木町付近にしてほしいと懇願した。同月四日にはさらに閑院殿御地面を提案してみるが、これも幕府に却下されてしまった。結局有栖川宮家は、同月八日、多少の増地をすることで東山院御旧地を替地としてようやく承知した。

ちなみに、有栖川宮家と同様に移転を余儀なくされた中院家はというと、東山院御旧地内に替地を拝領することになっていたが、有栖川宮家の替地が東山院御旧地に変更されたことにより、九門《きゅうもん》（公家町と市中の境界にあった九つの門）の外へ出されてしまった。

3　転居と東京奠都

紆余曲折の末に替地が決定したが、移転にともなう困難は続いた。建物ともども引っ越すのであるが、人を出し、家財道具を運び出して初めて建物を解体することができ、その建物を替地へ運び、組み上げ、家財道具を運び入れて初めて転居できる。したがって、それまでの間は仮住いとなる。有栖川宮家の仮住いとなったのは夷《えびす》川《がわ》御別殿《ごべつでん》であるが、熾仁親王は輪門《りんもん》御里坊《おさとぼう》へ移った。これと並行して移転資金の工面もしなければならない。有栖川宮家はこの交渉にも難儀することになる。

有栖川宮家の建物の解体は慶応元年十二月五日に開始され、翌二年正月三十日に完了した。そして『孝明天皇紀』によると、御所の東北隅拡張は慶応二年二月に実現した。図3は東北隅拡張後の公家町である。御所の東北隅が拡張したこと、有栖川宮家が東山院御旧地の一部を拝領したことが確認できる。しかし、この絵図が制作された慶応四年時点では有栖川宮家の移転は完了していない。慶応三年七月十一日に地鎮祭をしたものの、新殿に転居できたのは明治二年五月三日であった。移転の通達から七年、替地の治定から四年後のことである。しかし、こうして転居したのも束の間、敷地も建物も有栖川宮家の手を離れることになる。大政奉還を経て、明治二年三月には東京奠都《てんと》となったからである。有栖川宮家も明治四年五月に東京移住を命じられ、翌五年三月には永田馬場三年町の山形県権令《ごんれい》壬生《みぶ》基修《もとなが》邸を拝領することと引き換えに、京都の敷地と建物は京都府に上納することにな

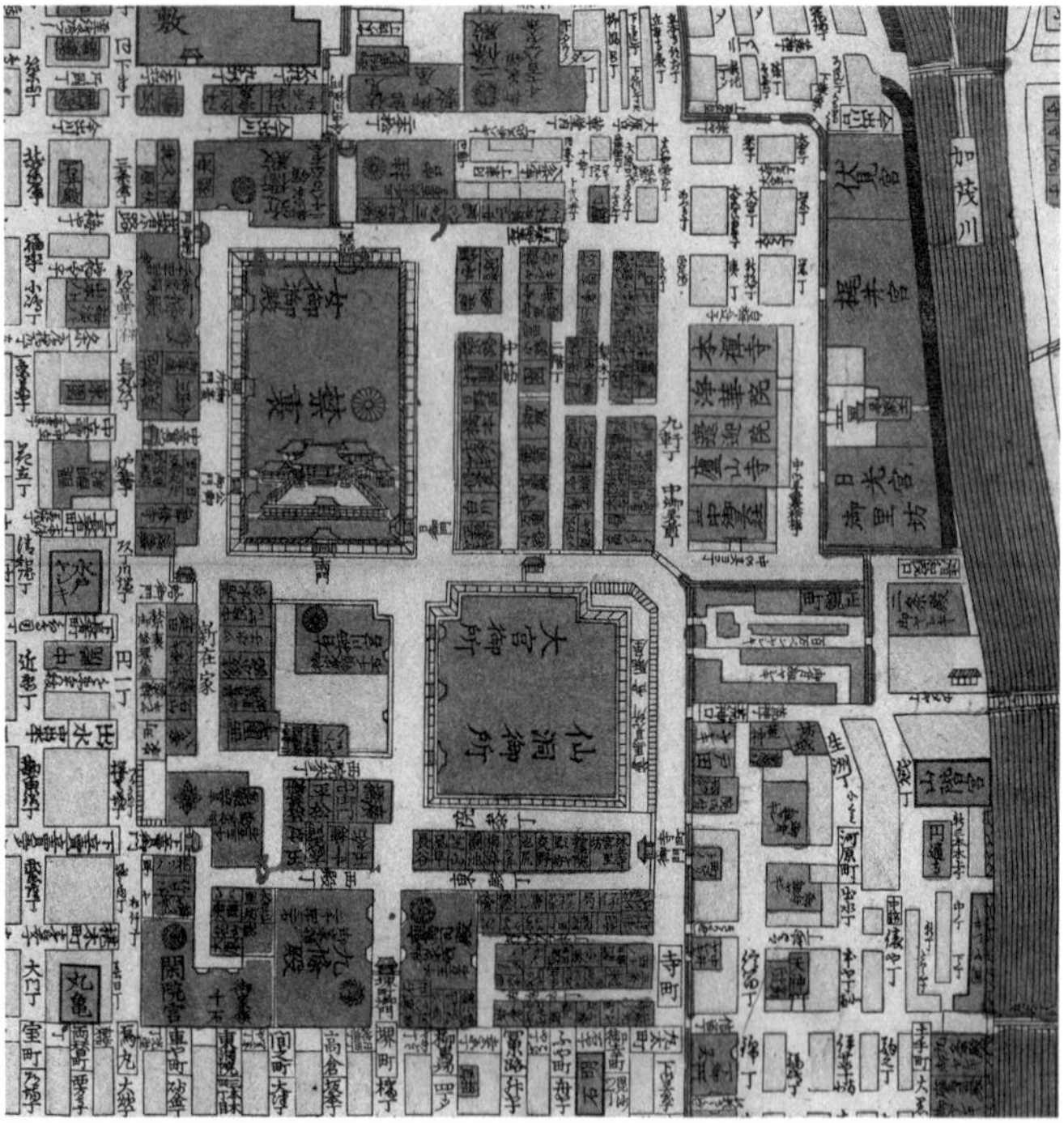

図3　東北隅拡張後の公家町（「〈改正〉京町御絵図細見大成」慶応4年〈部分〉，西尾市岩瀬文庫蔵）

り、同年八月に引き渡された。

さて、上納された建物はその後どうなったのであろうか。京都府の所有となった旧有栖川宮家の建物は明治六年九月、京都裁判所の仮庁舎となった。京都裁判所は明治五年十月に設置され、ひとまず二条城の京都府庁内に置かれていたのだが、何かと不都合で移転先を探していた矢先、旧有栖川宮家の建物が空いていることを知ったのである。修繕の必要もなく、司法省にとっては好都合であった。明治二十四年に一部が京都御苑の下立売《しもだちうり》御門《ごもん》の西に位置する現在地へ移築され、平成十九年（二〇〇七）まで京都地方裁判所所長官舎として利用された後、財務省による国有財産売却の対象とされた。翌二十年に平安女学院大学の所有となり、同二十四年に「平安女学院有栖館主屋《しゆおく》」の名称で国の登録有形文化財（建造物）となったが、令和六年（二〇二四）五月、森トラストに売却された。

以上、有栖川宮家の移転の顚末を見てきたが、『有栖川宮日記』からは公儀作事に翻弄されながらも、移転を期に増地を図り、何とか希望坪数を満たそうと次々に代案を提示して粘り強く交渉する様子がありありと伝わってくる。誰がいつ、誰と会い、どのような内容のやりとりをしたのかが事細かに記録し続けられたからこそ、当時の様子が手に取るようにわかるのだ。

京都御所が里内裏から始まったことに鑑みれば、こうした上地・替地は御所の敷地拡張のたびに生じ、決して珍しいことではなかったのであろう。その一つ一つに人と物の移動がともない、それぞれに悲喜交々あったことは想像に難くない。

公家町に囲まれていた御所も、現在は広大な京都御苑内にゆったり構えている。一見しただけでは知り得ない往時の情景が、史料を紐解けば鮮やかに浮かんできて興味は尽きない。

〈参考文献〉

宮内庁書陵部図書寮文庫所蔵『有栖川宮日記』
宮内省先帝御事蹟取調掛編『孝明天皇紀』
森忠文「明治初期における京都御苑の造成について」（『造園雑誌』四一―三、一九七八年）
「平安女子学院有栖館」（『京都府の近代和風建築―京都府近代和風建築総合調査報告書―』京都府教育委員会、二〇〇九年）

近現代

11 厠からトイレへ

齋藤亘佑

1 谷崎潤一郎『陰翳礼讃』と厠

作家谷崎潤一郎による『陰翳礼讃《いんえいらいさん》』を読まれたことのある方は多いだろう。建築界では、この本はよく必読本の一冊にあげられるようである。この傾向は国内にとどまらず、海外でも認められるようだ。例えば、毎月五〇〇万の閲覧数のある海外美術系メディアMy Modern Metにおいて、二〇二一年四月に配信された記事"25 Books That Every Architect and Architecture Lover Should Read"（https://mymodernmet.com/books-for-architects/）では、日本人による著作として唯一、『陰翳礼讃』の英訳版（"In Praise of Shadows"）があげられている（なお日本に関する文献としては、ほかにNaomi Pollock氏による"JUTAKU: Japanese Houses"があげられていた）。

このように、刊行から八〇年以上の経った今日でもなお、建築界の内外に影響を与えていると言える本書であるが、実はこの書籍内では厠《かわや》の存在が強調されている。谷崎は、「日本の建築の中で、一番風流に出来ているのは厠であるとも云へなくはない」と書く。曰く、「京都や奈良の寺院へ行つて、昔風の、薄暗い、さうして而《しか》も掃除の行き届いた厠へ案内される毎に、つくづく日本建築の有難みを感じる」というのである（『陰翳礼讃』）。谷崎は、日本建築の厠に深い精神性を見出し、これが日本の特性を帯びていると論じる。

それでは、作家がこれほど称揚した厠の歴史は、日本建築史の潮流の中にどのように位置づけられるのだろうか。近代化とともにその特質は変容し、もはや消え失せてしまっているのだろうか。

2　厠について

まずは「厠」の語源を見てみよう。

『日本国語大辞典』を引くと、「厠」の語源は六つ紹介されている。

（1）カハヤ（河屋）の義で、川の上に架け渡したところから〔下学集・日本釈名・三余叢談・箋注和名抄・筆の御霊・嬉遊笑覧・言元梯・名言通・俗語考・和訓栞〕。

（2）家の傍に設けるところから、カハヤ（側屋）の義〔和訓栞・大言海〕。

（3）かわるがわる行くところから、カハヤ（交屋）の義〔万葉代匠記・万葉考〕。

（4）カハは糞の意〔海録〕。

（5）クサヤ（臭屋）の義〔三樹考〕。

（6）カワルキヤ（香悪屋）の義〔日本釈名・和句解〕。

このように語源には諸説があるが、厠の場面は神話にも登場しており、『古事記』の丹塗矢《にぬりや》型の神婚譚には、美人（勢夜陀多良比売《せやだたたらひめ》）が大便をしていたときに、三輪の大物主《おおものぬし》が神丹塗矢に化けその大便をする溝を流れ下りたという箇所がある。このように、河屋であれ側屋であれ、流水に屎尿をそのまま流し去る形態がおおよそのシステムだったと考えられる。現代よりも人口がはるかに少ない時代であればこそのシステムとも言えるだろう。

その後、厠が空間として建築内に取り込まれるまでには、長い時間を要したと考えられている。例えば、『源氏物語』などの舞台となった、平安時代の貴族住宅である寝殿造《しんでんづくり》の建築では、移動式の携帯便器である大便用の清筥《しのはこ》、小便用の虎子《まる》が用いられていた。便器が置かれる空間は屏風や衝立によって仕切られて樋殿《ひどの》と呼ばれたが、便器を恒常的に置くための空間があらかじめ設計されていたとは考えられていない。さらに、市井の人々の住宅にも厠空間があったわけではなく、人々は街角で排泄を行っていたとされる。例えば江戸時代以降、今日に至るまで、食料品市場が形成されている京都の錦小路は、平安時代には庶民が集まって排泄をする場所として糞小路と呼ばれていたという。なお、古代の例外的な厠遺構として、奈良時代から平安時代にかけての地方の城柵官衙であった秋田城跡があげられる。その鵜ノ木《うのき》地区からは、掘立柱建物内に設置された三基の水洗式トイレが見つかっており、外国使節を意識した最新の設備だったのではないかと推測されている。

いっぽう、厠空間の成立が早かったと推測されているのが寺院である。とりわけ禅宗では、厠が修行の一環として重視されており、したがって厠建築も重要な位置付けを与えられていることがある（図1）。東司《とうす》や雪隠《せっちん》といった語は禅宗由来である。例えば東司とは、十三世紀に道元《どうげん》が大陸からもたらした曹洞宗《そうとうしゅう》における厠についての一般的な呼称であり（なお、伽藍内における位置によって西司、西浄なども呼称された）、東司は仏道修行のための建造物として七堂伽藍に数えられている。ちなみに曹洞宗の宗祖、道元は『正法眼蔵《しょうぼうげんぞう》』「洗浄」の巻において、厠における作法、行脚《あんぎゃ》中の用足しの作法について、立ち位置から尻の拭き方に至るまで、具体的に指導している。

この後、中世に入って武家住宅の書院造が形成される過程において、厠は住宅内部に一室として設けられるようになる。

雪隠もまた、厠掃除が好きだったという中国の僧の故事に由来する説があり、書院造の住居内部に設られた厠のための部屋を指すようになった語である。

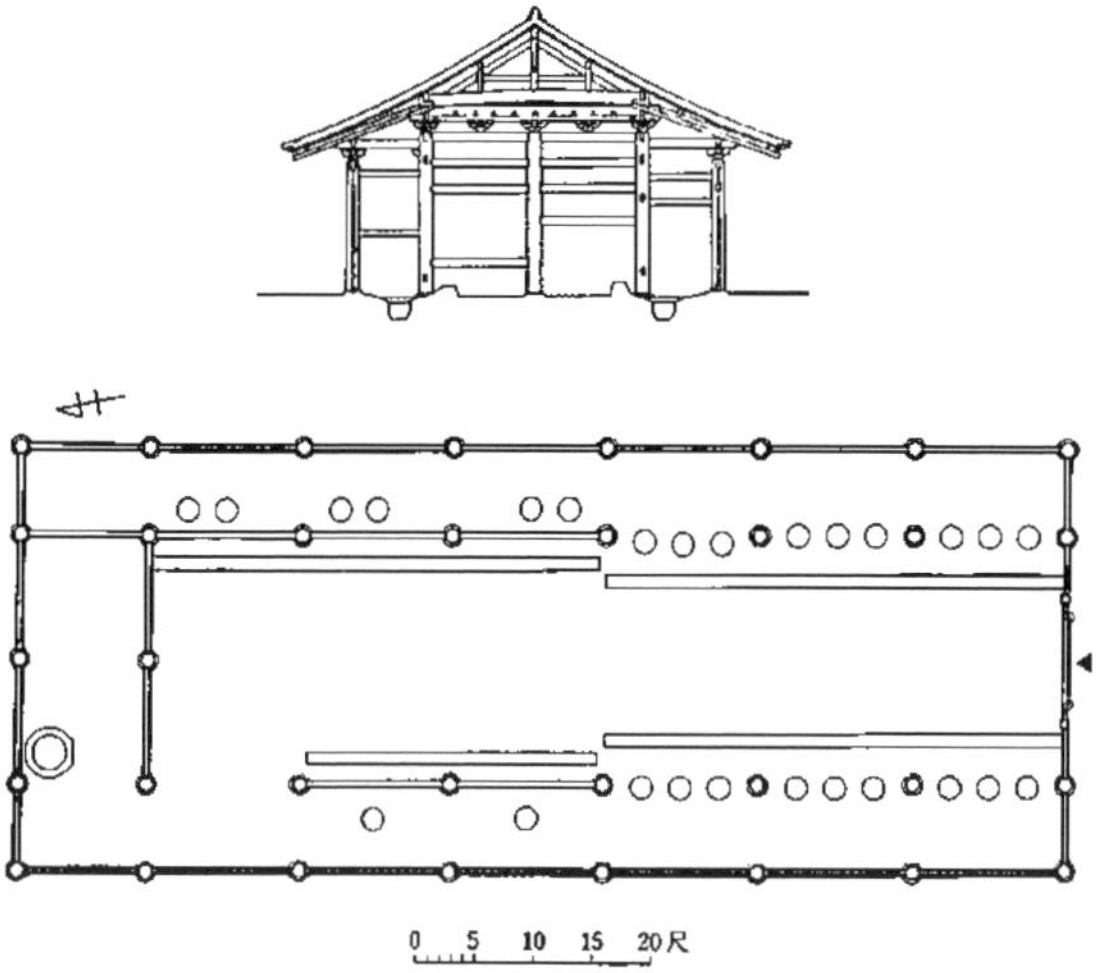

図1　東福寺東司（曹洞宗）断面図・平面図（『日本建築史図集』）

茶の湯においては客を歓待することに重きを置くなかで、この意識は雪隠の内部にも向けられて、雪隠は清潔に保つことが大事だと説かれた。千利休《せんのりきゅう》の教えでは、茶会に招かれた客が雪隠内部を見学して亭主の心遣いに感じ入る作法が示されていたという。また利休は、排泄物を砂で覆い、その砂ごと除去して清掃できる雪隠を考案し、これが砂雪隠と呼称された。利休や、江戸初期に石州《せきしゅう》流を開いた片《かた》桐貞昌《ぎりさだまさ》は、その内部や砂雪隠の外側についても細かく気を配り、亭主は大工任せにせず指示を出すべきだと説いている。こうした思想は、その後の数寄屋《すきや》建築にも受け継がれることになる。

寺院や茶室、武家住宅以外に、一般庶民の暮らす範囲に厠空間が登場するのは、汲み取り便所の誕生と時を同じくする。

先述した通り、それまで庶民は街角で思い思いに排泄をしていたと考えられる。これが転換したのは、汲み取り便所の登場によるもので、鎌倉時代以降であるという。衛生観念や心情的な変化によるものというよりも、人糞が肥料として有用であることが見出されて農業的用途上、経済的な価値を持つようになり、人糞を効率的に集めるために汲み取り便所が普及したという。このシステムは、江戸時代に魚肥が、明治時代以降に化学肥料が普及するまで機能し続け、農業生産を支えた。

谷崎や、あるいは谷崎が紹介する夏目漱石が称賛する厠は、内容に鑑みて、寺社や数寄屋建築のそれだったと判断できるだろう。確かに、例えば禅宗寺院の東司であれば、仏道修行の一環として掃除が行き届き、細部にまで意匠が気遣われていたかもしれない。また、数寄屋建築や茶室建築であれば、雪隠こそが亭主の気配りを表す空間であるとの表現さえ可能かもしれない。そしてそれらは確かに、さまざまな歴史的な背景があるとも言えるだろう。

対して、一般的な厠・便所空間の問題は芸術性ではなく、当然と言えば当然だが、衛生環境の点にあったようである。『トイレを考える本』（ＩＮＡＸ、一九八八年）では、昭和初期に幼少期を過ごした世代の抱いていた「便所恐怖症」の話が紹介されている。例えば、「大便所はいつも便器が汚れ、便槽はいつもいっぱいでした。小便所はまるで大海原のような溜池に集まるようになっており、池から溢れたものが、周りの地面をいつもじめじめさせていました」（前掲書、四ページ）とのエピソードがある。化学肥料が普及した明治期以降は排泄物再利用の需要も減じ、回収するインフラも不十分だったのかもしれない。ほかのエピソードを参照しても、〝暗く、不潔〟という心象がつきまとったようである。

このような話は今日と比較すると隔世の感がある。谷崎は「（筆者註：タイル張りによって）彼処がそんな風にぱつと明るくて、おまけに四方が真つ白な壁だらけでは、漱石先生の所謂《いわゆる》生理的快感を、心ゆく限り享受する気分にはなりにくい。成る程、隅から隅まで純白に見え渡るのだから確かに清潔には違いないが、自分の体から出る物の落ち着き先について、そう迄念を押さずとものことである」（『陰翳礼讃』）と書き、衛生環境が整えられたことによってかつての趣が失われたと指摘するが、一般的には上述したような従来の厠や便所への嫌悪感や恐怖心があった分、清潔な水洗便所に対する選好が強まったとしても不思議はない。

3　赤門脇バリアフリートイレ設計とその所感

現代になり、水洗トイレが普及するとともに、プライバシー概念の広がりもあって、日本のトイレの多くは谷崎の称揚する意味合いでの心地よさからは離れてしまっているかもしれない。庭園などに面するようにトイレを設置できる敷地条件や経済的条件も、そもそも充足し難いだろう。

手前味噌であるが、筆者が設計に参画する過程でそうした難しさを体感することになったトイレプロジェクト（以下、「赤門脇トイレ」）についても、最後にこの場をお借りして言及したい。

「赤門脇トイレ」は、東京大学本郷キャンパス内の重要文化財である赤門の北側に隣接する地点に、新たにバリアフリートイレを新設するにあたって、二〇二〇年度に学内を対象に開催されたコンペティションと、その後の建設までを含むプロジェクトである（なお、二〇二五年一月現在、当該敷地地下から発掘された埋蔵文化財の重要性から、上述の敷地の変更が決定されており、平面図・意匠を含めた再検討が行われる予定となっている）。

このコンペティションにおいて、筆者が東京大学大学院新領域創成科学研究科の木村七音流《ないる》氏と同医学部の川本亮氏（所属はいずれも二〇二一年三月当時）とともに応募した案（「ひとのトイレ」）が、幸運にも最優秀賞作品に選定された。

「インクルーシブネス」がコンペティションのテーマとして提示された今日的なプロジェクトにおいて、我々のチームは、従来のバリアフリートイレの当事者に対する課題解決を第一に据え、平面構成に注力しながらも、内部空間の豊かさや、本郷キャンパス内赤門脇にあって周辺の景観に溶け込む外観を追求して案をまとめた（図2）。そして、内部空間の豊かさを考えるうえでの一つの着想点にしたのが『陰翳礼讃』であり、当初提案したのが多孔質の外壁だった。気候と天候を可能な限り味わう工夫として、何かしらの形態の窓を設けることにこだわった結果編み出された案だった。しかし、検討の過程で、プライバシーが侵害されうるケースや、その可能性があると利用者が感じうるケースが想定され、さらに暗がりが作り出されることが、心理的な不安だけでなく、高齢者を含めて視覚に困難を抱える方々にとって障壁を増やすという客観的事実もあり断念したという経緯をたどった。

結果的には、大きな開口部を確保しつつ、ペアガラスで防音性を高め、半透明のシートを貼ることで、視覚的な安心感を高めながら木漏れ日や揺れる枝の影が映るスクリーンを作り出す案に至った。

数ある制約のなかで、谷崎が『陰翳礼讃』で称賛した通りの要素が、今日のパブリックなバリアフリートイレで実現されることは困難な場合ばかりかもしれない。いまだ当事者の方々が「外出先で近くに安心して使えるトイレがあるかないかで、会議にしても研究にしても集中できるかどうかが分かれる」（話を伺った当事者の方の話）と語る当事者のニーズが充足されていない現状ではあるが、近年は医学や建築計画学、当事者研究などの分野が

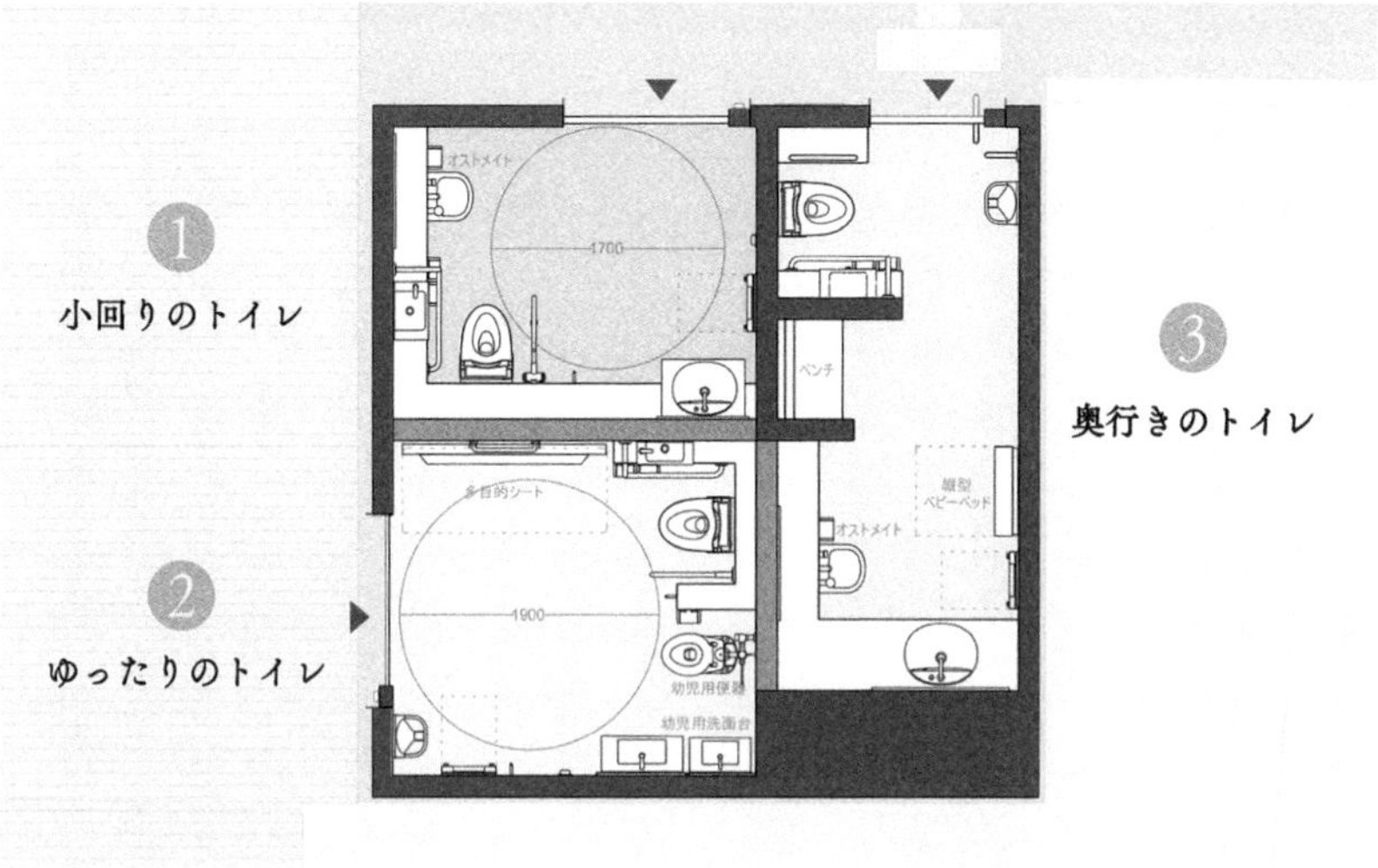

図2 「赤門脇トイレ」の平面図（コンペティション時）

連携しながら、想定される利用者の属性を可能な限り広げてトイレの空間設計を行う挑戦が蓄積されつつあり、社会の成熟とともに今後も大きな可能性を秘めていると感じられる。

このように、「赤門脇トイレ」が当事者の方々の円滑な利用に配慮したものとして、議論が進む一つの契機になればと、僭越ながらも強く願っている。今後も是非、トイレの建築空間に着目していただければ幸いだ。

〈参考文献〉

秋田市教育委員会秋田城跡調査事務所編『秋田城跡Ⅱ　鵜ノ木地区』（秋田市教育委員会、二〇〇八年）
アズビー・ブラウン（幾島幸子訳）『江戸に学ぶエコ生活術』（阪急コミュニケーションズ、二〇一一年）
黒崎直『水洗トイレは古代にもあった―トイレ考古学入門―』（吉川弘文館、二〇〇九年）
住いと暮しを考える会編『トイレを考える本』（ＩＮＡＸ、一九八八年）
谷崎潤一郎『陰翳礼讃』（『谷崎潤一郎集（二）』筑摩書房、一九七〇年）
日本建築学会編『日本建築史図集　新訂第三版』（彰国社、二〇一一

年）

近現代

日本トイレ協会編『トイレ学大事典』（柏書房、二〇一五年）
山田幸一監修／谷直樹・遠州敦子著『物語ものの建築史　便所のはなし』（鹿島出版会、一九八六年）
Samantha Pires, "25 Books That Every Architect and Architecture Lover Should Read," My Modern Met, April 23, 2021（https://mymodernmet.com/books-for-architects/、最終閲覧日二〇二四年一月三十日）

⑫ 大正ロマンの町並みとは
――銀山温泉町の形成――

中村駿介

1　ドラマ「おしん」と銀山温泉

銀山《ぎんざん》温泉はドラマ「おしん」のロケ地になった温泉町として知られる。三階建ての木造旅館群がガス灯によって照らされる町並みは「大正ロマン」と言われ、明治・大正のノスタルジーを感じさせる。

「おしん」は昭和五八年（一九八三）四月からＮＨＫで始まった朝の連続テレビ小説で、山形の貧しい農家に生まれた少女おしんが、明治・大正・昭和の激動の時代に生きる姿を描き、一大ブームを巻き起こした。「おしん」はこれまで世界六〇以上の国と地域で放送され、「日本といえばおしん」と称されるほどの反響を呼んだ。

第二話で、老齢のおしんが幼少の思い出の地である銀山温泉を訪ねて、銀山館という木造三階建ての旅館に泊まるシーンがある。モデルになったのは能登屋《のとや》という旅館で、現在は登録有形文化財になっている。このような大規模な木造旅館が建並んだ「大正ロマン」と呼ばれる町並みは、日本人の心をつかんでやまない。この町並みはいかにできたのか。

銀山温泉は、江戸時代に野辺沢《のべさわ》銀山を開発した際に掘られた温泉と言われ、温泉町はそのころからあるという。野辺沢銀山の発見年代は、『野辺沢銀山大盛記』による慶長年間（一五九六～一六一五）の説が有力とされる。江戸時代前期に最盛期を迎え、寛永十年（一六三三）前後には人口二万人ほどであったと考えられている。銀山の繁栄は寛永末年から正保年間（一六四四～四八）まで続いたが、その後は銀の産出量が落ち込み、慶安年間（一六四八～五二）ごろには最盛期の半分以下になったようである。

銀山温泉町は、元禄二年（一六八九）に描かれた絵図「出羽国《でわのくに》村山郡延沢《のべさわ》銀山村絵図」に確認できる。江戸時代の銀山温泉町は新町と呼ばれ、本町は上柳《かみやなぎ》渡戸《わたりど》村から上ノ畑《かみのはた》村にかけて、母袋《もたい》街道に沿って存在した宿場町であり、銀山町の消費を賄うための物資が仙台から運ばれた。

銀山が閉山したのちも温泉は残ったが、生活は困窮したそうで、明治期に入っても旅館は茅葺《かやぶき》のまま変わらなかったという。銀山温泉が活気づくのは、大正二年（一九一三）の洪水で被害をうけた後の昭和期に入ってからであった。新たな源泉を昭和元年に掘り当てたことを契機に、旅館は三年ほどで建替えられ、現在のような銀山温泉の町並みができたという。昭和三年に道路を拡幅し、同四年に銀山橋（俗にモダン橋ともいう）、同五年に柳渡戸に六〇間余（約一〇九メートル）の鉄筋コンクリート橋を架けた。また同四年に白銀《しろがね》公園を開くなど観光地化を進めた。このころ発行された絵葉書をもとに町並みの変遷を見ていこう。

2　古写真の銀山温泉町

ここに三枚の古写真がある。一つ目は茅葺の民家で構成される明治期の写真（図1）、二つ目は大正十四年～昭和元年ごろの洪水後の写真（図2）、三つ目は昭和初期～昭和七年の写真（図3）である。現代の銀山温泉町の屋根伏図《やねふせず》を描き、そこに地籍図と旧土地台帳を用いて当時の所有者を重ね合わせてみた（図4）。

現在残っている最も古い絵葉書（図1）を見ると、ほとんどの旅館は茅葺の寄棟《よせむね》屋根（四方向に傾斜する屋根面をもつ屋根）の建物で、二階、つし二階（低めの二階）で道に面して縁が回され、戸袋《とぶくろ》がつく。「おしん」で映された明治四十年（一九〇七）の銀山温泉の町並みである。

図1　明治期の銀山温泉町（個人蔵，一部加筆）

図2　大正末期の銀座温泉町（個人蔵，一部加筆）

次に、洪水後に撮った写真（図2）では、板葺や茅葺の切妻《きりづま》屋根（本を伏せたような山形の形状をした屋根）と、入母屋《いりもや》屋根（上部は切妻屋根で、下部は四方に屋根が伸び

図3　昭和初期（昭和8年以降）の銀座温泉町（個人蔵，一部加筆）

た形の屋根）の建築が併存している。左側の切妻屋根の三階建ての建物は昭和元年にできたことを名の由来にもつ昭和館（笹原氏所有の旅館）で、玄関には破風《はふ》が付き、バルコニーがある。右側奥には旅館の永沢平八も見ることができる。この二つの旅館が最も早く三階建てになった。昭和三年には昭和館の隣に四階建の古勢木《こせき》屋別館ができるから、この写真は大正十四年から昭和元年ころのものであろう。二階建ての能登屋《のとや》や藤屋《ふじや》、その隣に大湯《おおゆ》が確認できる。大湯は共同浴場の一つで、木造入母屋平屋の建物であった。そして茅葺二階建の藤屋の隣に、入母屋妻入《つまいり》（横から見て屋根が八の字に見える面を入口とする入り方。平入はその反対で軒先側を入口とする）で二階が漆喰塗の建築がある。かつての脇本屋（古山閣）の位置にあり、それに附属する茶屋と考えられる。

　最後に昭和初期の写真（図3）では、ほぼすべての建築が三階建てになっているので、昭和七年までに現在の旅館群は完成したようだ。

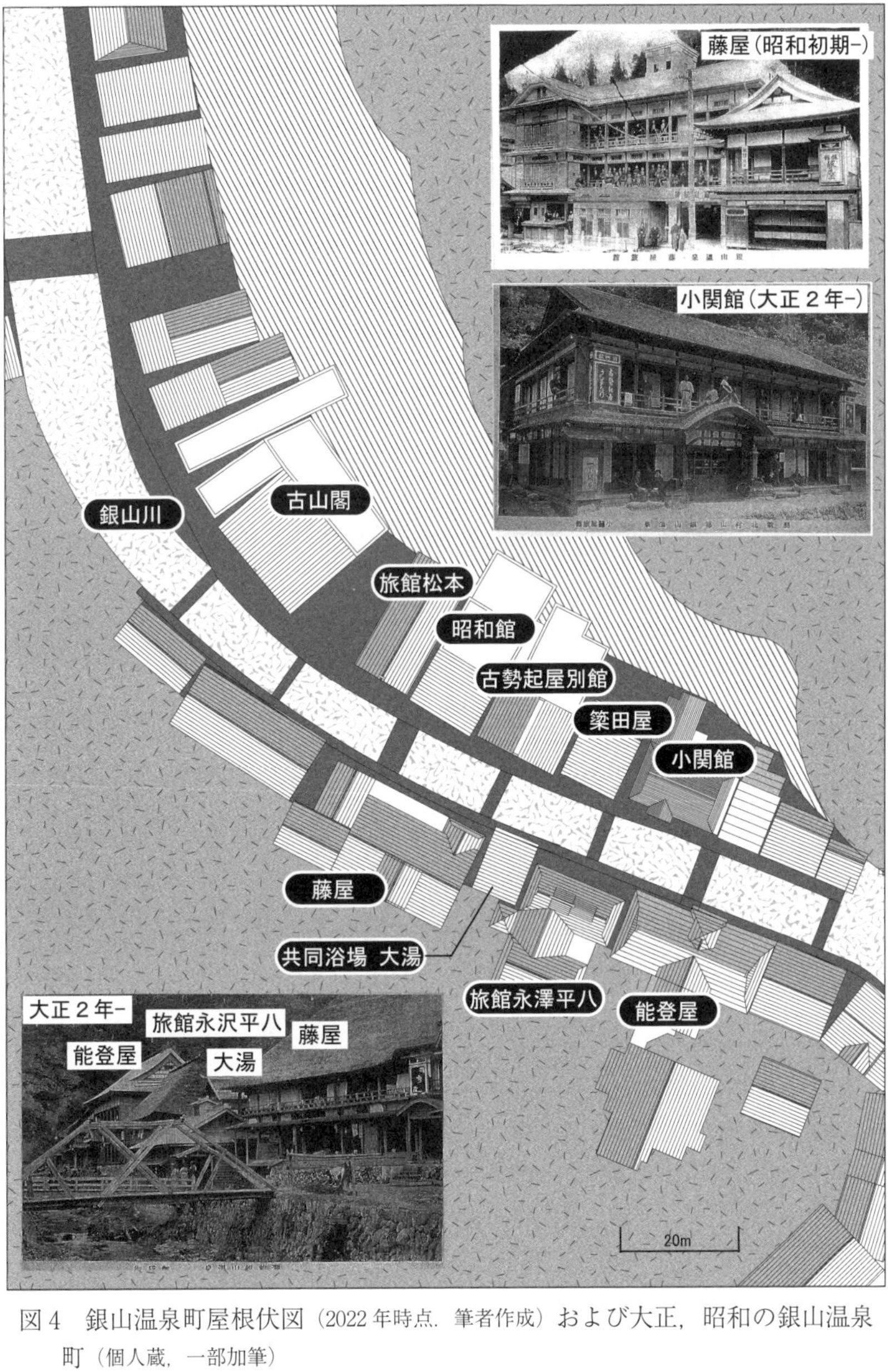

図４　銀山温泉町屋根伏図（2022年時点．筆者作成）および大正，昭和の銀山温泉町（個人蔵，一部加筆）

洋風 モチーフ	立面分節	付庇	出梁	戸袋	欄干	庇	垂木鼻 漆喰	連続 ガラス窓
×	×	1階，2階	×	○	外	○	○	○
×	○横	×	1階，2階	○	内	○	?	○
×	○	×	2階，3階	○	外	○	○	○
○手摺	○横	2階	1階，3階	○	内	○	×	○
×	×	〃	1階，2階	○	○	○	?	○
×	×	3階	2階	○	内	○	△	○
×	○	1階，2階	3階	○	外内	○	○	○
○塔屋根	×	×	×	×	内	○	?	○
?	×	×	1階，2階	○	内	○	?	○
○ コリント柱	○	×	2階，3階	○	内	○	○	○
○ イオニア柱	○	2階	×	○	内	○	×	○

3　旅館建築の意匠の変遷

①黎明期

――旅館永沢平八・昭和館・古勢木屋別館――

さて、銀山温泉の大正ロマンといわれる建築のデザインはどのような変遷をたどるのか。旅館建築の意匠を表にまとめた。まずははじめのころに建てられた旅館をざっと見ていこう。

大正ロマンと呼ばれる建築のうち、最も古いものが旅館の永沢平八である。大正年間に造られた木造三階建てには、入母屋屋根で戸袋、欄干《らんかん》、庇《ひさし》、垂《たる》木《き》鼻《ばな》の漆喰、ガラス連続窓といった、「おしん」の能登屋にみられる建築意匠を備えている。外観のシンボルとなっている「塔屋《とうや》」は創建当時にはなく、のちに増築したものであった。

次に造られたのが昭和館である。この建物は、戸袋、欄干、庇、垂木鼻の漆喰、ガラス連続窓といっ

表　銀山温泉の旅館建築

	年代	構造	階層	屋根	構え	玄関	塔屋	バルコニー
小関館(旧)	大正2年〜	木造	二階	入母屋	平入	むくり破風	×	×
能登屋(旧)	〃	〃	〃	〃	〃	〃	×	×
永沢平八	大正2〜14年	〃	三階	〃	〃	〃	○(増築)	×
昭和館	昭和元年	〃	〃	切妻	〃	〃	×	×
伊藤屋	昭和初期	〃	二階	〃	〃	凸状	×	○
古勢木屋別館	昭和3年	木造 一部RC	四階	〃	妻入	唐破風	×	×
小関館	昭和初期	木造 一部RC	三階	入母屋	平入	凸状	×	×
酒田屋	〃	木造	〃	半切妻	妻入	×	△	×
脇本屋 (古山閣)	〃	〃	〃	切妻	平入	凸状	△	○
能登屋	〜昭和7年 (大正10年)	木造 一部RC	〃	入母屋	〃	〃	○	○
藤屋	〜昭和7年	木造 一部RC	〃	入母屋 半切妻	〃	〃	○	×

た永沢平八に通じる意匠があるものの、切妻屋根に平入《ひらいり》の木造三階建てで、全体の形式は大きく異なる。このときにはまだ三階にある鉄製洋風モチーフの欄干はない。

古勢木屋別館は、小関館《こせきかん》の小関氏の分家が営んだ旅館で、小屋裏にある棟札から昭和三年に伊藤辰右エ門、片倉忠七によって建てられたことがわかる。前部は木造四階建てで、〝むくり〟(反りの反対)のある切妻屋根の妻入である。銀山温泉の旅館建築は入母屋平入・切妻平入・切妻妻入の三つの建築形式で構成されるが、古勢木別館のみが切妻妻入で特殊性を持つ。屋根の構造である小屋組は、日本の伝統的な民家建築と同じ和小屋で構成されている。二階上部に出梁《だしばり》と庇を設け、三階上部は付庇とし、一、二階の上に三、四階が積まれているような構造で、まさに木造民家を積層した造りになっている。

②銀山温泉の建築形式の源流

ところで、銀山温泉の宿主は基本的に鉱山業にルーツがあると言われるが、能登や羽咋といった廻船業の盛んな地域をルーツにもつ点も特徴的である。いっぽうで、山形米沢の武士の家が元という小関や、会津の有力な商人である簗田《やなだ》氏との関係がうかがえる簗田といった、いずれも会津や山形の南部を出自とする家もある。ほかにも脇本屋（古山閣）の主は脇本で、江戸時代には脇本陣《わきほんじん》をつとめたと言われる。

さて、建築にもルーツがある。銀山温泉のある尾花沢《おばなざわ》の近くには、最上川《もがみがわ》の舟着場として栄えた大石田《おおいしだ》という町がある。銀山温泉の旅館建築は大石田の大工が造ったと言われている。大石田から酒田にむけて最上川を下る途中には、新庄《しんじょう》というわりと大きな町がある。その新庄の北部にある金山町《かねやままち》には古勢木屋別館と同じ切妻屋根で妻入の町屋が現在も残っており古勢木屋別館の構法・意匠のルーツとみられる。

では、大正から昭和の銀山温泉の旅館建築で主流となる入母屋平入・切妻平入の主なルーツはなんであったか。その答えは現在の町並みができる前にある。銀山温泉には小関館と能登屋という、二つの有力な旅館があった。この二つは洪水の後、いったん入母屋で板葺屋根の本二階建ての建築として再建され、のちに現在の入母屋三、四階建ての形に変わっている。つまり、入母屋屋根はあらかじめ有力な旅館で採用された屋根形式であったのである。銀山温泉の旅館の多くは、明治後期に流行った入母屋平入屋根をベースに、狭小な敷地で建てやすい切妻平入屋根も取り入れ、そこに洋風の意匠を付加したと言うことになる。

③擬洋風建築

「おしん」に出てくる銀山館（能登屋）は、バルコニーや塔屋といった洋風の建築的特徴を一部に持つ。銀山温泉の大正ロマンと言われる旅館は和洋折衷のデザインであった。それも縁を回し建具を開放した軽やかな江戸時代末期の民家の上に、バルコニーや塔などの「洋」の要素を付加したものである。十九世紀中期以降には日本の建築にも「洋」が持ち込まれたが、その初期にあたる建築を、建築学会では擬洋風建築と言ったりする。

擬洋風建築は明治初年から十年代にかけて津々浦々で流行し、主に地域の共同体や有力者を施主として、江戸時代以来の技術を持つ大工棟梁らによって建設された建築様式であり、学校はとくに多い。木造のトラス（三角形を基本単位とする構造形式）を用いる西洋建築とは異なり、小屋組が和小屋であったり、漆喰塗の大壁仕上げにして西洋建築の組石造を表現するといった特徴を併せ持っていた。また幕末には外国人居留地より伝わったベランダや、正面の中央部にバルコニーを持つ車寄せ、塔屋を付設することも多かった。例えば、山形では済生館《さいせいかん》本館や東村山郡役所、隣の宮城では登米《とよま》高等尋常小学校が明治の初めころに造られている。地理的な広がりを踏まえると、銀山温泉の旅館も明治期の擬洋風建築の流れを汲むものであろう。

④移行期――小関館――

「洋」の要素は外観の形式だけではなく、構造にも取り入れられた。小関館は昭和三年から七年の間に建てられ、小屋組を洋式トラスで組んでいる。前身建物の転用部材とみられる柱や梁が混ざり、主に手斧《ちょうな》削りの古材を使っている。出梁ではなく付庇とする納まりも昭和館や能登屋とは異なる。大正二年以前の小関館と古勢木屋別館においても付庇が使われる。いっぽうで、能登屋は大正以前も出梁造になっていて、庇の納まりには二つの形式があることがわかる。遅れて建設された能登屋や藤屋が出梁造であったことを踏まえると、付庇の納まりは銀山温泉の旅館のなかでも、過渡的に使われたのであろう。

⑤成熟期――能登屋・藤屋・脇本屋――

銀山温泉の中でこの次に造られたのが能登屋・藤屋・脇本屋の建物である。現在の能登屋の建物は大正十年に建てられたと言われるが、昭和三年よりも前の古写真には写っていないので、それ以降に建てられたようである。おそらく入母屋板葺、総二階の建物が大正十年に建てられたもので、昭和に入って増築もしくは建替えられたのであろう。大正十年からある出梁のデザインは、現在の建物に継承されて、出桁《だしげた》で積層した形式で三階建ての構成とする。

藤屋は、近年改築されたが、それ以前は入母屋板葺の三階建てで塔屋がつく。正面のコンクリート造の部分は地下温泉であろう。小関屋や能登屋など一部の旅館では内湯があり、川底と同じ面から湧出する浴室を地下に備えたのである。二階上部に付庇を付け、高い欄間に小規模な開口をつける意匠は小関館と類似するが、特徴的なのは母屋から突出した建物左手部分の屋根である。屋根の先が微妙に折れた腰折れ屋根となっている。これは昔の酒田屋の建物にもみられるマンサード屋根と呼ばれる洋風の屋根形式で、現在銀山温泉に残る建物にはこうした屋根を洋風にしたものはみられない。また、脇本屋はもともとの切妻茅葺を踏襲する形で、切妻の三階建てにバルコニーや四階を乗せる。出梁と屋根形式を古民家の形式から踏襲し、発展させた旅館建築である。

⑥民家から旅館へ

銀山温泉の旅館建築は、近世後期の民家をベースに「洋」を取り入れた。ただし単に「洋」を取り入れたのではなく、ここには民家の構造的な発展もあった。それは木造で高層を造るときの発想の転換でもある。通柱《とおしばしら》

（上下階を一本の柱で通す柱）とするか管柱《くだばしら》（階ごとに分かれた柱）とするかという問題で、通柱は二階までが限界で、三階以上は管柱になるからである。こうした構造を意匠に反映したものが軒の雨仕舞《あめじまい》にみられる。銀山温泉はほとんどの旅館で表に梁を出す出梁造となっているが、黎明期に造られた一部の旅館（昭和館・伊藤屋・古勢木屋別館・小関館）では、付庇が雨雪から開口を守る。成熟期になると付庇は使われなくなり、出梁のデザインが残る。付庇は積雪の荷重に弱いためであろう。さらに管柱を積層させて多層にすると、梁と庇を一体化させた出梁造が合理的であったと言える。大正ロマンにはこうした木造多層建築の技術を向上させる側面もあった。

さらに江戸時代の民家から残るものに、開放的な窓と、開け放した建具を納める戸袋がある。いまでも銀山温泉を彩る戸袋は江戸時代から続く要素の一つである。この戸袋には鏝絵《こてえ》といって左官職人が漆喰で作るレリーフが飾られ、とくに能登屋の戸袋は、大石田の出身で、江戸で伊豆《いず》の長八《ちょうはち》に学んだ後藤市蔵により作られている。

4　現代の町並みへ

「おしん」を見てわかるように、昭和後期から平成にかけての銀山温泉には看板や電信柱などが設置されており、現在の整った姿とは異なっていた。現在の町並みは昭和六十一年施行の「銀山温泉家並保存条例」により、徐々に復原整備されたものである。温泉旅館関係者からの働きかけにより、旅館を修復、新築する際は「屋根、玄関、庇、手摺《てすり》、窓、戸袋、壁、広縁、看板、階数、構造、新壁風、出桁造り」からなる十三の項目に沿うことを奨励し、多くの旅館がそれにならって修繕した。平成十二年（二〇〇〇）には電信柱を撤去、ベンチや植栽などを設置し、現在のような大正時代の町並みを復原した景観となっている。こうした住人たちのたゆまぬ運動によって復活した「大正ロマン」の旅館に、みなさんも一度泊まってみてはいかがだろうか。

〔付記〕多くの絵葉書を提供していただいた小関健太郎氏に深く感謝申し上げます。

〈参考文献〉

尾花沢市史編纂委員会編『尾花沢市史　上巻・下巻』（尾花沢市、二〇〇五・一〇年）
尾花沢市史編纂委員会編『延沢銀山資料（尾花沢市史編纂史料輯）』（尾花沢市、一九八五年）
田中豊『銀山の銀と温泉』（田中豊、一九三二年）
温井亨「尾花沢市「銀山温泉家並保存条例」の十二年の成果に関する研究」（『ランドスケープ研究』六一―五、一九九八年）
星川茂彦『大銀山としての野辺沢銀山』（大泉寛三古希記念出版会、一九六四年）

13 歴史的建築の保護と法律
――景観法や文化財概念の広がり――

齋藤亘佑

1　観光資源としての「国宝」「重要文化財」

今日、「国宝」や「重要文化財」といった語彙は、建築や歴史、美術などの業界以外でも見かける機会が多い。テレビ番組ではそうした〝肩書き〟とともに建造物や美術品が紹介され、旅行の宣伝でも旅行代理店や自治体、施設などが、これらの〝肩書き〟を前面に出して集客や地域振興を図っている。また、国宝や重要文化財でなくとも、国登録有形文化財や重要伝統的建造物群〈重〉伝建〉といった単語も、注意して見れば報道で高頻度で耳にする。さらには、文化財である歴史的建造物や地域が、必ずしも文化財としての重要性をとくに知らない人々にも、広く認知されるようになっているケースがしばしばあるように思われる。例えば福島県下郷町《しもごうまち》にある大内宿《おおうちじゅく》などだ。「インスタ映え」効果もあって、筆者の周囲でも、建造物や美術品に関心が高いわけではなくとも訪れている人が目立つ。「文化財である」という〝肩書き〟が、価値を持ち新たな需要を喚起して、観光資源として地域経済に資する例は、今やモデルケースの一つだろう。結果として歴史的建造物の周囲に認知が広がり、その価値を認める意識が浸透していくのならば、少なくとも歴史的建造物や文化財を次代に残し継承する観点からは喜ばしいことだろう。

しかし、こうした価値づけの根拠になっている基準や定義は所与のものではない。このことは、歴史的な経緯を振り返ると確認でき、今日もなおその外縁は確たるものではなく、まさに揺らぎ広がり続けているものであることがわかるだろう。

そこで本稿では、とくに建造物についての文化財保護にまつわる行政面における経緯を振り返り、その過程で、文化財やそれを守る法的根拠が変動してきたものである点についても紹介したい。

2　戦前の文化財保護に関する法令

現在、文化財保護全体を規定する法律は、文化財保護法（昭和二十五年〈一九五〇〉制定）である。この法律は、国宝保存法（昭和四年制定）・史蹟名勝天然紀念物保存法（大正八年〈一九一九〉制定）・重要美術品等ノ保存ニ関スル法律（昭和八年制定）を統合して制定されている。文化財保護法以前、建造物を主として対象としていたのが国宝保存法である。そして、その国宝保存法の前身が、古社寺保存法（明治三十年〈一八九七〉制定）である。さらにさかのぼると、古社寺保存法の前身となる位置付けで、古物に関する明治維新後最初期の法令として、古器旧物保存方（明治四年）という太政官布告が存在する。

古器旧物保存方が発せられた背景には、明治改元のころに急速に進行した廃仏《はいぶつ》毀釈《きしゃく》がある。価値観を刷新する気運のもと、明治元年に政府が「神仏ノ分離ニ関スル件」を布告すると、仏教の代わりに神道が政府の重視する祭祀としての地位を得るようになって、仏教関連の建造物などを打ち捨てようとする廃仏毀釈の潮流ができ、多くの寺院建築の立壊しや荒廃が生じた。さらに明治四年には社寺領上知令《あげちれい》によって寺社領が国有化されることになり、寺社は従来までの経済的基盤をほとんど喪失した。

また、廃仏毀釈による寺院の荒廃のほかに、城郭建築もこの時期に危機に晒され、多くが撤去された。なお廃藩置県後、城郭やその敷地は、陸軍の管轄に移されている。このため、城郭建築については、古器旧物保存方や古社寺保存法の保護の対象とはならず、文化財として保護対象になるのは、国宝保存法制定時（昭和四年）まで待たなければならない。したがって、この間に多くの城郭建築が消滅し、陸軍の練兵所や学校が建設されている。

明治維新後に急速に歴史的な建造物や什器等が消失・散逸する状況に対して打たれた策が、古器旧物保存方の布告であった。古器旧物保存方においては、目録作成のための調査や、所有者に対する保存指導がその内容に含まれていた。ただし、目録作成は寺社の財産の把握という側面も含んでおり、必ずしも歴史学的な調査を目的にしたものではなかったようである。

また、このあいだに内務省が寺社に対する保存金を交付したが、これは具体的な文化財の保護事業に対する補助金ではなく、経済的窮迫が進んだ寺社に対する運営維持費としての交付だった。政府としては、原則として古社寺の保存や維持は人々の寄進などにより賄われるべきとして、国庫支出には消極的であるとの立場を示していたようであり、比叡山など一部を除いて支援には後ろ向きであったようである（図1）。

古器旧物保存方布告後の調査で作成された目録をもとに、明治十五年からは、臨時全国宝物取調局によって改

図1　屋根が垂れ下がった状態の明治大修理前の東大寺大仏殿（『奈良県名勝写真帖』奈良県立図書情報館今昔写真WEB蔵）

めてよりいっそう網羅的かつ体系的な調査が始まった。この調査に加わった人物として、岡倉天心《おかくらてんしん》やフェノロサ、九鬼隆一《くきりゅういち》がいる。対象は建造物と宝物類（絵画・彫刻・書蹟・工芸・刀剣）であった。

古社寺保存法の成立には、伊東忠太《ちゅうた》と九鬼隆一という二名の活動が特筆できる。両者の思想には多々相違点がある。しかし、造家学会（のちの建築学会）の中心人物の一人であった伊東忠太と、福沢諭吉の政治思想を継ぐ文部官僚九鬼隆一は、両者とも、欧州諸国における歴史的建造物などの保護制度を引き合いに出しながら、皇室統治や国民形成にとっても旧跡・歴史的建造物保護は不可欠であると論じた。

ほかに、各地での保存会設立や請願運動などがありながら、明治三十年に公布されたのが、古社寺保存法である。

古社寺保存法では、保護すべき建造物の具備する特性を「歴史を証徴又は美術の模範となるべきもの」とする。とくに「歴史を証徴」するものとして、建造物の築年数が約四百年を経過していることというような年代基準が導入されている。

このような基準をもととして対象物は等級を区分され、それに従って国庫補助による修理への補給金・保存金支出および保存修理事業が始まった。この法令下における修理工事の代表例として、新薬師寺本堂修理（明治三

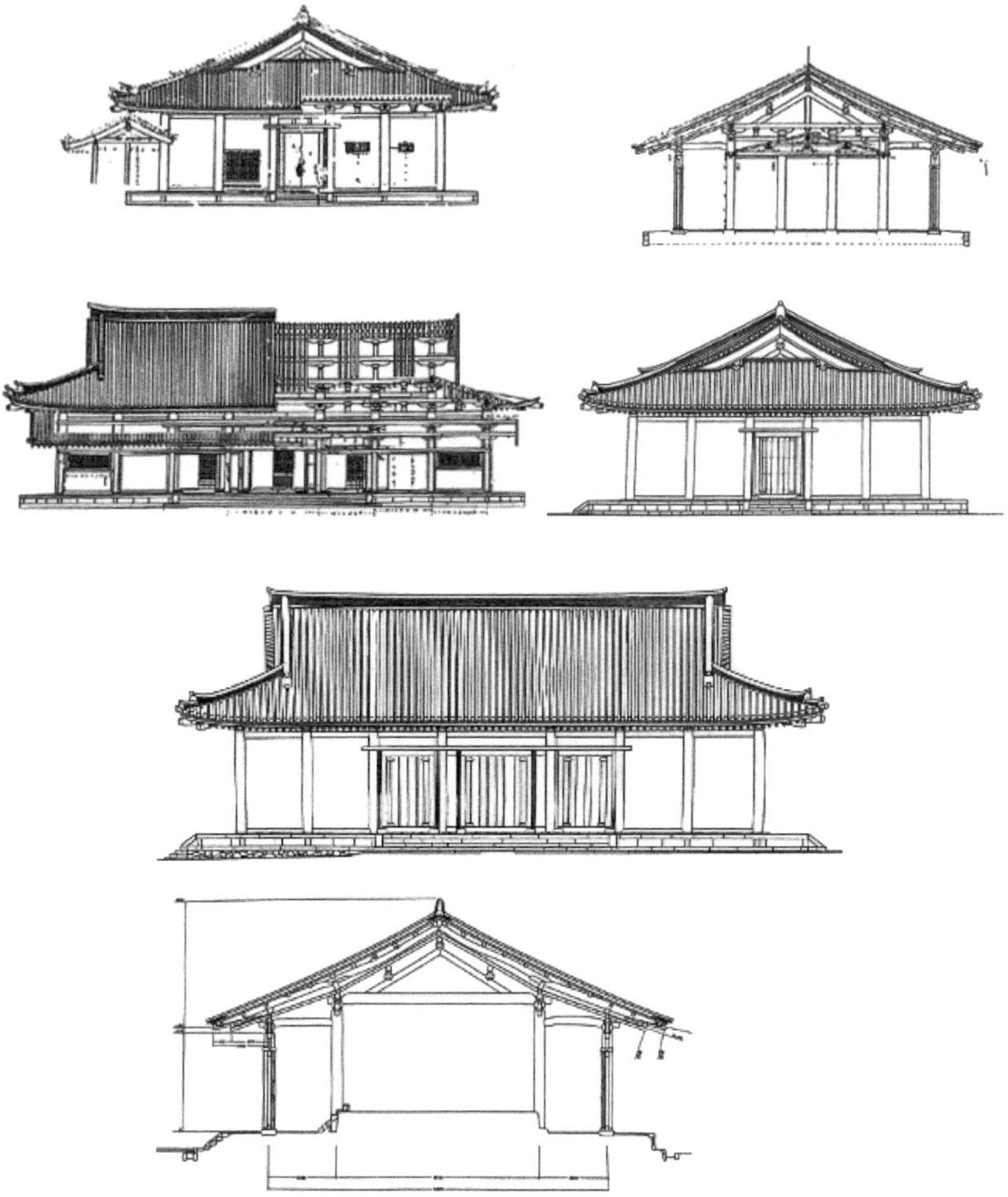

図２　新薬師寺本堂．上が修理前，下が修理後．修理時に正面礼堂等が撤去された（『国宝新薬師寺本堂重要文化財地蔵堂・重要文化財南門・重要文化財鐘楼修理工事報告書』）

十一年、修理担当者は関野貞《せきのただし》がある（図2）。

古社寺保存法の後身にあたる国宝保存法は、古社寺保存法の抱えていた課題に対応するために制定された法令である。具体的には、①保存対象を社寺保有のもの以外に拡充、国・公共団体・個人所有の建造物・美術品を新たに含めた、②国庫支出の補助金制度を緩和し、必要に応じて予算にもとづき当初の補助金に加え別途支出を可能にした、③現状変更の認可制、といった変更である。

①の保存対象の拡充によって、城郭建築や個人所有物も保護対象になった。保存対象に含まれていないことで多くの城郭建築が失われたのは先述の通りであり、ほかにも当時多くの個人所有の美術品が海外流出していることが問題化していた。この立法によって、例えば姫路城や二条城のほか、徳川家霊廟、横浜三溪園《さんけいえん》の建造物群などの国宝指定が可能になった。姫路城天守閣をはじめとする貴重な史跡が、明治維新期を乗り越えこの時期まで残存していたのは、個々人の尽力もあるだろうが、偶然によるところが大きいだろう。

②のように当初の補助金に加えて別途の補助が実現したことで、より大規模な修繕が可能になった。例えば昭和の初めから第二次世界大戦後まで続いた法隆寺の根本修理は、この立法を機に文部省による計画が始まっている。

③の関野貞が主導した新薬師寺本堂修理や唐招提寺《とうしょうだいじ》金堂《こんどう》修理は、当時議論を引き起こした。復原理論に対する諸説が提出されるなか、現状変更に対して文部省下において、考古学者・歴史学者・美術史学者・建築学者から構成される「国宝保存会」が審査を行うことになった。個々の建造物の復原可否に際しては厳密な議論が多く展開され、修理工事の学術的な水準は向上したものの、その専門性が一般の建築設計から大きく乖離していく端緒でもあったとの指摘がある。

朝日新聞

國寶壁畫大半失う

解体中の内陣を全焼

法隆寺金堂炎上

原因は漏電か電熱

スイッチは確かに切つた 大山画伯談

御佛体は安全 佐伯貫主談

焼けた金堂内陣で佐伯貫主壁画に悲涙の合掌

図３　法隆寺金堂の炎上を伝える新聞記事（『朝日新聞』1949 年 1 月 27 日付）

3　文化財保護法

文化財保護法の制定には、大きな契機が存在した。昭和二十四年一月の法隆寺金堂における失火である（図３）。根本修理に際した壁画の模写作業に携わっていた画家に用意されていた電気座布団からの漏電が原因とされている。この失火により壁画が損傷し、大きく報道された。また前後して、放火によって鹿苑寺金閣が焼失するという事件が連続したことで、国宝の管理体制に対する批判が強まり、同年中に文化財保護法が立法されたのである。

文化財保護法においては、以前の国宝保存法と比較すると、文化財の区分が大きく改められた点が特筆される。建造物や美術工芸品は有形文化財という枠組みに組み入れられ、史蹟名勝天然紀念物保存法（大正八年制定）の保護対象は史跡名勝天然記念物とされた。また演劇等には無形文化財や民俗文化財の枠組みが設定されたことで、文化財保護法は、建造物のほかにも絵画や工芸品、習俗までを含めて広範な対象を持つ法令になった。

さらに、国宝保存法下では、「歴史を証徴又は美術の模範となるべきもの」としつつ、当時のナショナリズムを反映し、とりわけ皇室にまつわるものが重視される評価基準を採用していた。これに対して、文化財保護法下では一度すべての旧国法を重要文化財に移行して、新国宝はその中からさらに優品を選ぶという二段階の構造になっている。

また、文化財保護法制定の契機に旧国宝における管理不足に対する指摘があったことを背景として、同法では管理方法についてより強力な規定が設けられるようになった。建造物の文化財指定、登録に対して、時に「文化財指定されると所有者側の勝手が悪くなり厄介である」といったような反応を聞くことがあるが、こうした規定の存在によるものなのかもしれない。ともすれば窮屈な国宝や重要文化財に関する規定の背景には、過去の苦い経験があるのである。

その後、昭和二十九年と昭和四十三年の改正を経たのちに、昭和五十年にも大規模な改正が加えられた。具体的には、とくに建造物に関連したものとして、伝統的建造物群保存地区制度の誕生がある。「伝建」の通称で知られる枠組みで、冒頭で例にあげた下郷町大内宿や、秋田県角館《かくのだて》の町並みなどが知られている。

この制度が文化財保護の観点から画期的であった点は、「面的」な保護を実現したことにある。前述した諸制度下では、あくまで保護対象は個々の建造物単位という「点」であった。対してこの制度は、個々の建造物それ自体というよりも、とりわけ町並みの観点を重視している。いわゆる古都や「小京都」と呼ばれる地区は、統一感のある町並みによって特徴づけられていることが多い。従来の法規では、個々の建造物が重要文化財などに指定できない限りは、こうした統一感を崩すような無秩序な再開発に対抗する手段が少なかった。そこでこの制度は、地区全体を伝建地区として選定することで現状を保全する法的効力を持たせつつ、所有者の生活の利便性が妨げられないよう、内部空間の改造や新築などの工事に関してはある程度緩い基準に設定される点も特徴だ。

こうした伝建地区でみられる工夫に「修景」と呼ばれるものがある。既存のファサード（建築物正面の外観）や新築の建造物の外観を、町並みの特徴に合わせて整える工夫のことである。この制度下では、こうした「修景」に対する助成制度が整備されており、建造物自体の外観に限らず、消化器や水道メーターなどの設備に対しても行われている。写真は、長野県東御《とうみ》市海野《うんの》宿に並べてあった花壇だが、市販のものと思われる鉢を落ち着いた色合いの木製の容器の中に納めていた。これも「修景」の一つである（図4）。

図4　長野県海野宿の鉢植え（筆者撮影）

また、平成八年（一九九六）の改正で特筆されるのが、登録文化財制度の導入である。この制度が実現した背景には、近代建築をはじめとして、それまでの文化財保護法では容易に保護対象とならない歴史的建造物の取扱いの課題があったとされる。近代建築などは消失のスピードが速く、全国的な保護の制度が必要だと認識されていた。そこで登録文化財制度では、登録された建造物に対して、国が税制上優遇し、義務を課し、罰則を設けるなどすることができるようになっている。位置付けとしては、急速に失われる建造物を救う目的を持つ制度であることから、地方自治体によってすでに指定されている文化財は重複して登録されないが、しばしば登録文化財が重要文化財に指定されることもあるという性格を持つ。

また、所有者が居住中であったり、店舗として営業中であったりすることが多い点を考慮し、登録文化財制度では所有者の自主性を重視しており、国などによる「指定」ではなく、所有者による「登録」の形態が選ばれているのも特徴である。

なお余談ではあるが、国の制度であるためか、しばしば国登録有形文化財が、県などの指定文化財よりも一般の人々のあいだで有名化したり、価値が高いものとして認知される現象がある。制度の成立経緯を踏まえるとある種の逆転が生じているという言い方もできよう。

4 文化財保護のこれから

以上、今日に至るまでの本邦における文化財保護にまつわる法令について、代表的な面を振り返った。ここまでお読みいただいてわかる通り、現在の「文化財」の射程の範囲は、例えば明治初期に古社寺保存法で保護対象とされた範囲とは大きく違う。同様に法律上の範囲はともかくとして、「文化財」概念の内実も不確かであったり暫定的であったりするような領域が残っている。したがってその周縁が今後も移ろいゆくことはおよそ疑いがないと思われる。

例えば本邦で言えば、欧米諸国と比べて寄付に関する文化ないし制度が不十分であり、今後の文化財の保護・継承に必要だとの論もあるだろう。筆者自身、注視していきたいと願うところであり、読者の皆様におかれても、本稿が是非広い視野で身の回りの歴史的な建造物などを改めて見つめていただく契機となれば本望である。

〈参考文献〉

大河直躬・三船康道編著『歴史的遺産の保存・活用とまちづくり　改訂版』(学芸出版社、二〇〇六年)
清水重敦『建築保存概念の生成史』(中央公論美術出版、二〇一三年)
新建築学大系編集委員会編『新建築学大系50　歴史的建造物の保存』(彰国社、一九九九年)
高木博志『近代天皇制の文化史的研究—天皇就任儀礼・年中行事・文化財—』(校倉書房、一九九七年)
奈良県教育委員会事務局文化財保存事務所編『国宝新薬師寺本堂重要文化財地蔵堂・重要文化財南門・重要文化財鐘楼修理工事報告書』(奈良県教育委員会、一九九六年)
文化庁『文化財保護法五十年史』(ぎょうせい、二〇〇一年)
マルティネス・アレハンドロ『木造建築遺産保存論—日本とヨーロッパの比較から—』(中央公論美術出版、二〇一九年)
光井渉『日本の歴史的建造物—社寺・城郭・近代建築の保存と活用—』(中央公論新社、二〇二一年)
山岸常人『日本建築の歴史的評価とその保存』(勉誠出版、二〇二〇年)
山崎幹泰「明治前期社寺行政における「古社寺建造物」概念の形成過程に関する研究」(早稲田大学学位論文、二〇〇三年)

東アジアのなかの日本

14 遣唐使の揚州到着と求法巡礼の旅
——円仁の見た唐の都市と建築文化1——

華　揚

1　運命的な上陸と国清寺

最澄《さいちょう》と空海《くうかい》は同時に唐に入って求法《ぐほう》し、それぞれ中国の天台宗と真言宗を日本に持ち帰り、平安時代以降、最も盛んな二大仏教宗派の礎を築いた。最澄の弟子である円仁《えんにん》は、師の歩みに追随し、同じく唐に求法し、日記形式の書『入唐求法巡礼行記《にっとうぐほうじゅんれいこうき》』（以下『行記』と略称）を残した。以下、円仁の足跡に従い、彼が途中で目にした都市と建築に関する文化を見ていこう（図1）。

円仁は、第十四回目の派遣である承和遣唐使とともに唐に赴いたが、これは最後の公的な遣唐使となった。新羅《しらぎ》による朝鮮半島統一により、北の海路が阻まれると、以降の遣唐使は南路を取るようになり、五島列島一帯から東シナ海を横断して揚子江《ようすこう》口を目指した。承和三年（八三六）五月十四日、計六五一人を乗せた四隻の遣唐船の一団は難波津《なにわづ》（今の大阪）を出発し、そして博多津から大陸に向かったが、何度もの海難と再起を経て、ついには第一船と第四船のみが揚子江口に到着した。

当時の揚子江口は、現在とは異なって、その河口が遥かに上流にあった。円仁の乗った第一船は、日本の承和五年、すなわち唐の開成三年（八三八）七月二日に揚州海陵県《ようしゅうかいりょうけん》（今の江蘇《こうそ》省泰州《たいしゅう》市）白潮鎮《はくちょうちん》で上陸し、円仁ら僧侶はここの「国清寺《こくせいじ》」と名付けられた寺院に一時的に宿泊した。

国清寺と言えば、台州《だいしゅう》（今の浙江省臨海《りんかい》県）にある方が最も著名である。北斉《ほくせい》の武平六年（五七五）、天台大師智顗《ちぎ》が台州の天台山に隠棲して天台宗を打ち立てた。隋《ずい》代に入ると、晋《しん》王楊広《ようこう》（のちの隋煬帝《ようだい》）は天台大師の遺志にもとづいてここで寺を建て、「寺建たば国清《す》まん」の言から、「国清」を寺号としたと言われる。この国清寺は中国天台宗の根本道場および教学の淵藪《えんそう》として、入唐・入宋僧の渇仰《かつごう》の聖地となってきた。円仁の師である最澄も、円仁より三十年前（日本の延暦二十四年〈八〇五〉）にここを訪ねて天台教義を受け、典籍を将来した。このほかにも、義真《ぎしん》・円載《えんさい》・円珍《えんちん》・成尋《じょうじん》・俊芿《しゅんじょう》・重源《ちょうげん》・栄西《えいさい》など日本の留学僧もここに巡拝し、とくに円珍は国清寺に日本国大徳僧院を設け、のちの天台に求法する日本人僧侶に住居を提供した。

この揚子江口に位置する国清寺は、天台七祖の行満《ぎょうまん》によって唐の元和年間（八〇六〜八二〇）に建立されたものである。二〇一七年から二〇一八年にかけて発掘調査され、その敷地は東西約六〇㍍、南北八〇㍍以上で、中心区画は約一五〇〇平方㍍と判明した。南北の軸線上には、南から順に天王殿《てんのうでん》・大雄宝殿《だいゆうほうでん》・蔵経《ぞうきょう》楼の三つの主要な殿堂が並び、壮麗な瓦や礎石が出土している。また、中心区画の東・西・北側には幅約一〇㍍、深さ約三〜四㍍の堀がある。これまで、中国の長江《ちょうこう》下流、とくに海の近くに唐代の寺院遺跡はほとんど見つかっておらず、この国清寺跡の発見により、南方地域における中規模唐代寺院の伽藍配置がはじめて明らかになった（図2）。

円仁は最終的に唐で九年七ヵ月にわたる旅の日々を送った。その間、常に天台山へ行く願いを抱いているが、

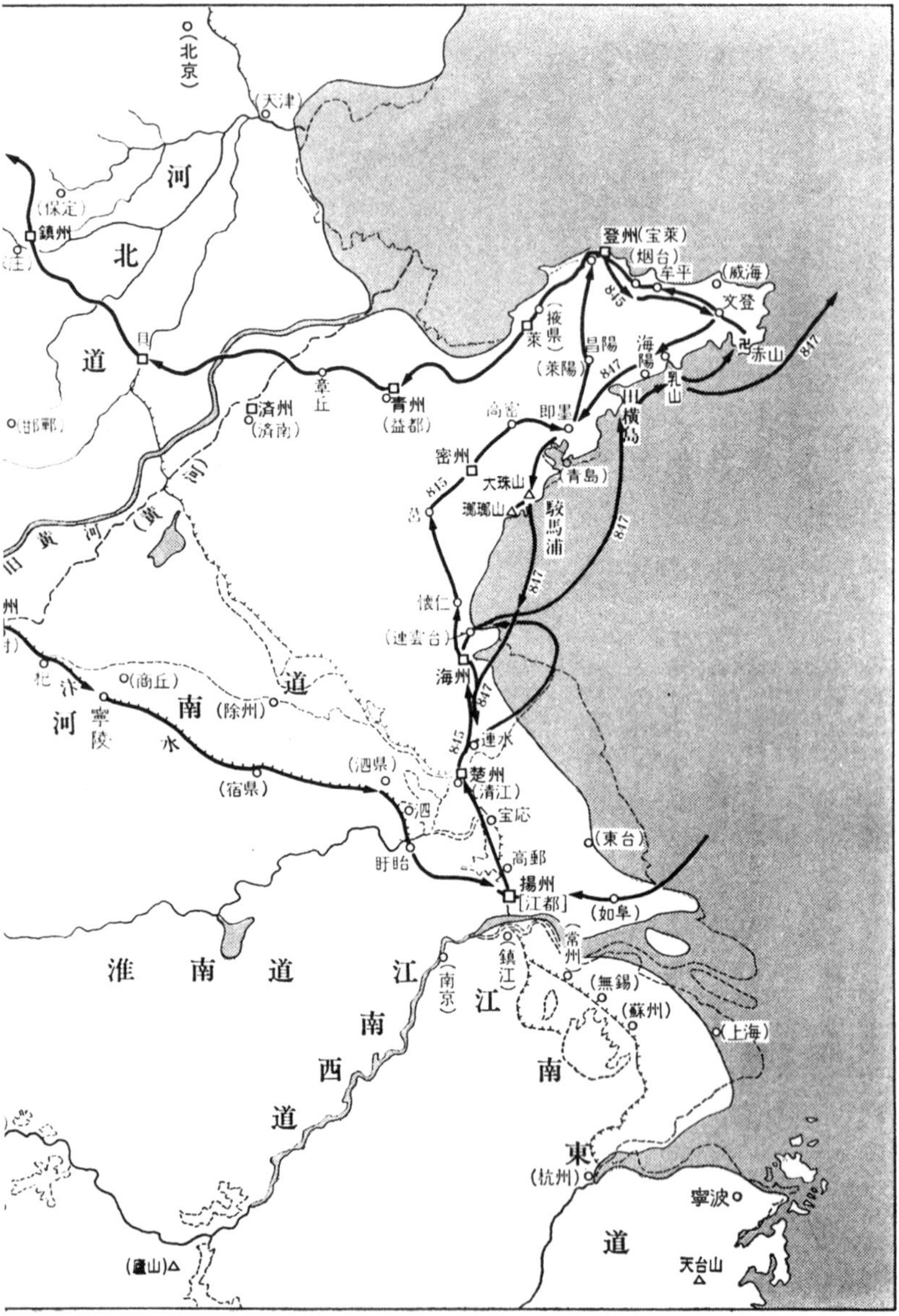
(北京)
(天津)
河
北
道
(保定)
鎮州
登州(宝莱)
(烟台)
牟平
(威海)
文登
赤山
乳山
海陽
昌陽
(掖県)
萊県
(萊陽)
青州
(益都)
章丘
済州
(済南)
高密
即墨
密州
(青島)
大珠山
駿馬浦
横島
懐仁
(連雲台)
海州
連水
楚州
(清江)
宝応
高郵
揚州
[江都]
(如皋)
(東台)
(泗県)
泗
盱眙
(宿県)
(商丘)
汴河
寧陵
南
道
(除州)
水
黄河
淮南道
江南西道
江南東道
(南京)
(鎮江)
(常州)
(無錫)
(蘇州)
(上海)
寧波
天台山
(杭州)
845
847

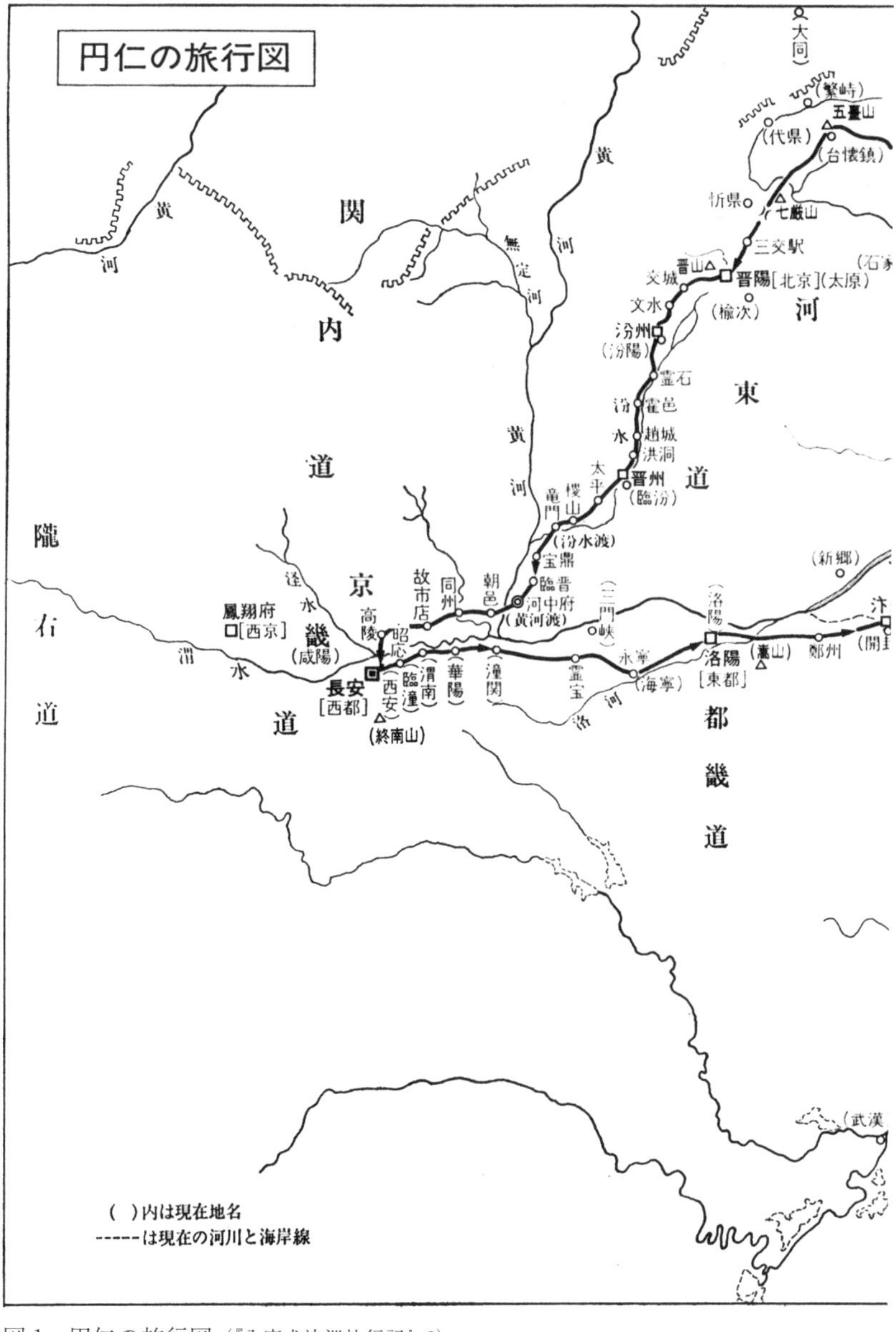

図１　円仁の旅行図（『入唐求法巡礼行記』2）

図2　掘港国清寺から出土した軒丸瓦と礎石（賀雲翱「江蘇如東掘港国清寺遺跡」『大衆考古』2018年第7期）

残念ながら、結局行くことができなかった。しかし、「国清寺」と名付けた寺院が求法の起点となったのは、何らかの運命の導きであろう。

2　揚州城と開元寺

海塩を生産する掘港《くつこう》と大運河の本流を結ぶ掘溝《くつこう》という運河を通じて、遣唐使一行は如皐鎮《じよこうちん》・海陵県を経て、揚州に至った。

唐の揚州府城は水との関わりが深い都市であった（図3）。大運河と長江の合流点に位置するのは言うまでもなく、城内にも人工の運河が東西に二本、南北に二本あり、それぞれ羅城の五つの水門に通じていた。なかでも、南北に羅城を貫く官河《かんが》は羅城が築かれるよりも前、隋唐初期に造営され、唐代中期には繁華な水上輸送路に発展し、両岸に多くの建物・商人・埠頭《ふとう》・舟車《しゆうしや》・製品が集まり、羅城の形成の原動力となった。羅城は天宝年間（七四二～七五六）に里坊制度にもとづいて建てられ、幹線道路として南北四本と東西四本の道を直交させ、東西幹線のあいだにさらに二本のサブの道路を加え、東西五坊、南北十三坊の都市計画をもって形成された。特別なのは、揚州城が傾斜を問わず、官河を中軸線としていたことである。官河を境に、西を江都

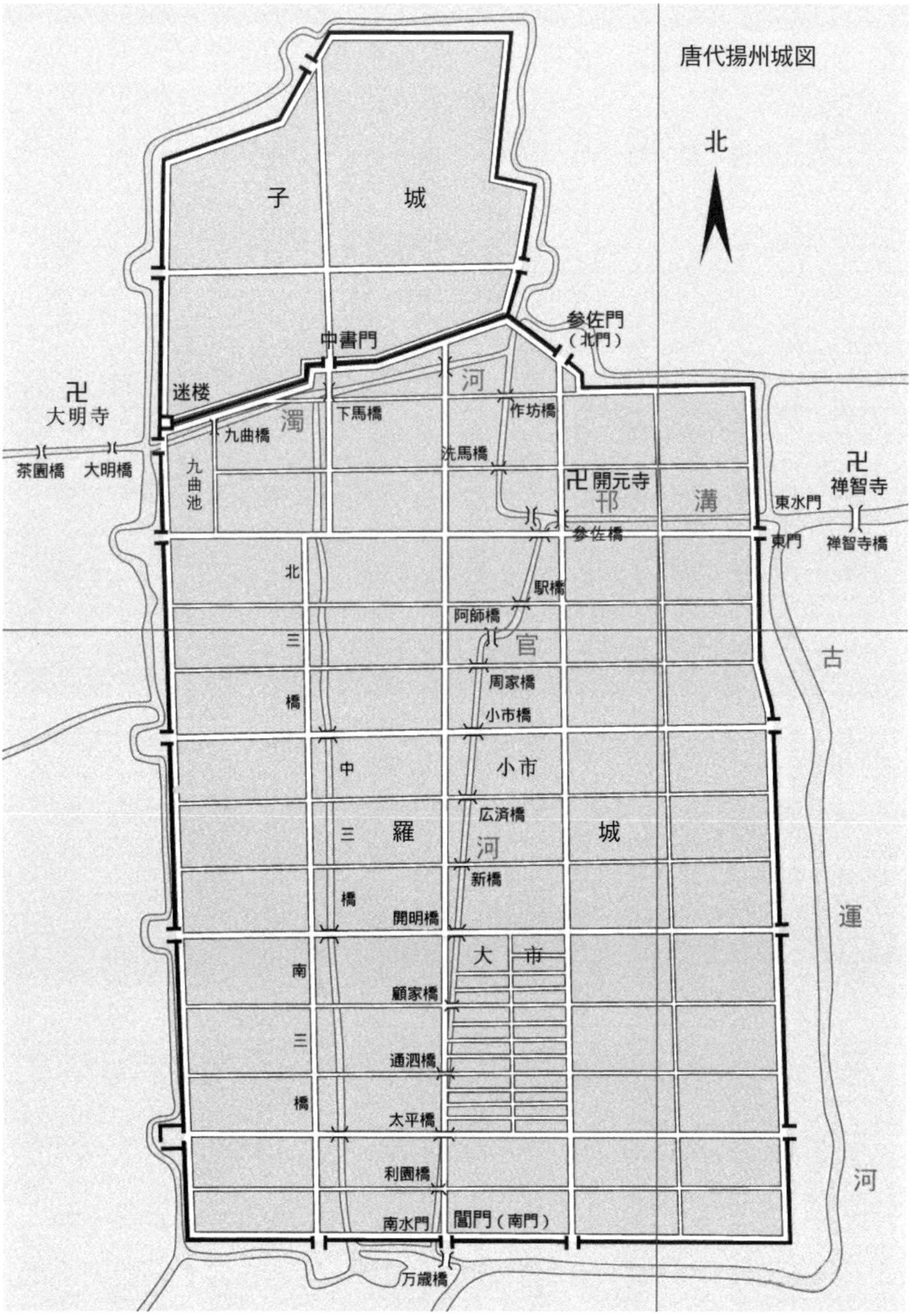

図３　唐代揚州城図（江蘇省基礎地理情報センターによる図面〈公衆号ID：gh_133118f20616〉に加筆）

県、東を江陽県とし、長安《ちょうあん》と洛陽《らくよう》のように両県制を実施していた。これは、揚州が一般的な地方都市とは一線を画す都城並みの都市であったことを示している。

官河と東西向きの道路の交差点には二十四本の橋が架かっており、「二十四橋明月夜、玉人何処教吹簫（二十四橋の明月の夜、かの美人は今いずこにあり、誰に簫を吹かせているのだろう）」の千古名句が詠われたほどの景観を形成していた。二十四橋の一つ、駅橋《えきばし》の北では、春秋時代末期の紀元前四八六年に呉王の夫差《ふさ》によって開削された古邗溝《こかんこう》が東から合流していた。貞元四年（七八八）、「北江《ほくこう》」あるいは「濁河《だくか》」と呼ばれる川は節度使《せつどし》（地方の軍政を担当した長官）の杜亜《とあ》によって西水門外から引き入れられ、子城（官衙が位置する内城）のある蜀岡《しょくこう》の南縁すれすれに東北へ流れ、子城の東南隅の下で官河に合流した。さらに宝暦二年（八二六）、現在「古運河《こうんが》」と呼ばれている新河が塩鉄使《えんてつし》の王播《おうは》によって城東で掘られ、西で古邗溝と接し、禅智寺《ぜんちじ》のところで南に曲がり、城壁沿いに流れ、南門のところで再び南に曲がって遠く瓜州《かしゅう》で長江と合流した。このように、揚州城は運河によって水系・水運が発達しており、唐代の詩人姚合《ようごう》が「車馬少於船（車馬が船より少ない）」と詠じた都市の景観を作り上げた。

円仁は遣唐使とともに禅智橋を経て東水門より入城し、北江に一晩停留して官営の旅館である「江南官店《こうなんかんてん》」に泊まった。数日後、揚州大都督府長史《だいととくふちょうし》の李徳裕《りとくゆう》に謁見し、台州国清寺に向かうことを願い出た。しかし、当時、外国人の内地旅行はきわめて厳しく、先に大使が入京して勅許を得て、そして僧らが在留資格に相当する公験《くげん》をもらい、ようやく自由に台州に赴くことが許されるというものであった。結局、開成三年十月五日に大使・判官《はんがん》八名と雑職《ぞうしき》以下三五人が入京に出発したが、残る二七〇人は揚州にとどまった。僧らは仮に開元寺《かいげんじ》に寄宿するよう指示され、遣唐使がその勅許を持ち帰ってくることを待つこととなった。

開元寺は、勅命で諸州に設立された官寺である。中国では、統一的官寺の設立は隋代の文帝楊堅《ようけん》による大興国《だいこうこく》寺《じ》（大興善寺）から始まった。唐代に入ると、則天武后《そくてんぶこう》が大雲経《だいうんきょう》にもとづいて大雲寺を諸州に建立し、皇帝中《ちゅう》宗《そう》が神龍元年（七〇五）に李唐《りとう》を回復した後、大雲寺を中興寺《ちゅうこうじ》に改め、道教の中興観も併設し、同三年にまた中興を龍興と改称した。さらに唐玄宗《げんそう》は開元二十六年（七三八）に各州府に開元寺を道観（道教の寺院）とともに建て、国忌《こき》の場合は龍興寺、千秋節《せんしゅうせつ》（皇帝の誕生日）には開元寺で法要を行うことを定めていた。従来、これらは日本の国分寺の見本となったとされてきた。ただし、中国の場合は、ほとんど各州の既存の大寺に寺額を与えたものである。揚州開元寺も六朝《りくちょう》から存在していたもので、青園寺・龍興寺・長楽寺・大雲寺・開元寺と順に寺号を改めている。

どの州・県にもあるので、円仁は九年にわたる入唐で多くの開元寺を訪ねているが、とりわけ揚州の開元寺が最も重要であることは間違いない。円仁がここに七ヵ月も住んでいたからだけでなく、唐代においては、大運河と揚子江の合流点に位置する揚州は今の上海のような、大唐帝国の最も重要な経済都市であったからである。円仁の開元寺滞在中に、李徳裕は新しい揚州都督府の僧正《そうじょう》を任命し、同寺に住まわせている。僧正とは、一州の諸寺を束ねる僧官であるがゆえ、開元寺は揚州計四十九ヵ所の僧尼寺をまとめる高い格式の寺であったとみられる。

この開元寺は江陽県の管内に属し、唐代揚州城の北東隅の城壁内にあり、宋代の大火で焼失した。その後、具体的な位置がわからなくなっていたが、一九九二年、日本天台宗二五四世座主《ざす》の梅山円了《えんりょう》は、現在の竹西中学校内にあることを考証した。円仁の『行記』によると、開元寺には定閑院《ていかんいん》・観音院・瑞像閣《ずいぞうかく》・迦毘羅《かびら》神堂・講堂・堂後の大殿などの建物があったことがわかる。また、円仁に「東塔の北から二壁を越えて、第三廊の中央の部屋に泊まる」と記されるため、開元寺は寺院前部に東西二塔が対称に配置されるという、唐代に最も流行した伽藍配置であったこともわかる。

そのうちの栴檀《せんだん》瑞像閣は「瑞像飛閣」とも呼ばれていた。円仁によると、隋の煬帝の時代に、優填王《うでんおう》によって造られた四軀の栴檀釈迦像が西天より閣上に飛んできて、煬帝自ら瑞像飛閣の四字を書して楼前に懸けたという。しかし実は、これらの仏像は開皇十三年（五九三）に住力《じゅうりき》上人が移した模刻であるため、飛閣と呼ばれていたのは、その建物が敦煌《とんこう》壁画によく見られるように両脇に架空の廊道が付く形式を採用したという可能性もあろう。そして、円仁の寄宿中、李徳裕は瑞像閣を修理するために、孝感寺《こうかんじ》を会場として講経を行い、州府の諸官や各国の僧を集めて講を聞かせ、喜捨を促していることも興味深い。この講経は一ヵ月にわたって行われ、これにより一万貫の修理経費を集めた。

また、開元二十六年には、龍興寺と開元寺は別々に国忌と千秋節を担当すると規定されていたが、開元二十七年以降、国忌も開元寺・観で行われるようになった。円仁は『行記』に、揚州開元寺で行われた開成三年の国忌の仏事儀式を詳しく記録している。講堂の前には二つの砌橋《せいきょう》（煉瓦積み、あるいは石畳みの橋）があり、都督の李徳裕は東橋、監軍使《かんぐんし》は西橋に登り、それぞれ東西から曲がってきて、講堂の中央の扉で出会い、礼仏を始める。講堂の東西の両扉前では、それぞれ数十僧が蓮華《れんげ》や幡《ばん》などを挙げて列立している。礼仏が終わってから、花・幡を持っている僧らに導かれて、都督は東に、監軍使は西に別れて、州官はその後ろに従って行き、行香《ぎょうこう》という衆僧に対して香を配る儀式を行った。このような柱間の数が奇数で、殿前に二つの橋がある建物は後世にはみられないが、早期の仏事儀式や祭祀儀式と密接に関連したものであろう。

3　揚州から楚州への旅路

開成三年十二月三日、遣唐使は長安に至り、翌年正月十三日に天子に朝拝して天台山巡礼の件を願い出た。残念ながら円仁は巡礼を許されず、同行の円載のみが台州行きを許可された。入唐した留学僧には学問僧・請益《しょうやく》僧《そう》の二種があり、学問僧は長期間滞在ができる僧である。いっぽう、請益僧は短期滞在で還学僧《げんがくそう》とも言い、遣唐使と一緒に本国に帰る必要がある。学問僧の円載は天台に入ることが許されるのみならず、五年間の食糧も提供され、結局在唐留学は約二六年に及んだ。それに対して、請益僧の円仁は、揚州に滞留した官人・僧らとともに楚州《そしゅう》に向かい、遣唐使と合流して、海を渡って日本に帰還せざるを得なかった。

開成四年二月二十一日、円仁らは船に乗って出発した。揚州城の東水門を出て、古邗溝に沿って東へ三里進んで、禅智橋の東でしばらく止まった。これは、最初の入城時のルートと一致しており、東方面で必ず通る道とみられる。ここで、円仁一行は船を降りて、最後に禅智橋北端の禅智寺に入って巡礼した。

円仁一行が揚州城に入った際には、この禅智寺で、延暦年中の遣唐使（八〇四年出発）の副使であった石川道益《いしかわのみちます》のために、法要を営んだ。石川道益は、病気によって長安に至らず、明州《めいしゅう》（今の浙江省寧波市《ニンポー》）で没した。『唐《とう》六典《りくてん》』という制度書では、唐土で客死した外国使者に対して、唐政府はその葬儀を取り仕切ることになっていた。主・副・第三等の使者の場合は、中央に聞奏《ぶんそう》させたうえで、葬儀に必要な物品を担当機関が状況に応じて支給する。遺体の帰国を希望する場合には、車を提供して国境まで送り届ける措置も取られたという。石川道益は副使として、帰国することなく明州に葬られた。

禅智寺で法要を行うのは、道理がないわけではない。唐代の詩人張祜《ちょうこ》による「人生只合揚州死、禅智山光好墓田」という詩が今に伝わっている。その意は、人生は揚州で死ぬのがよく、禅智山は風景が美しく、最高の墓地だ、となる。現在、禅智寺の跡地の近くでは確かに大量の唐墓が発見されており、この詩は妄言ではないことがわかる。

ちなみに、円仁に同行した船師（船長）の佐伯金成も病気で揚州で死んでしまったが、石川道益ほどの厚遇ではなかった。同じ『唐六典』によると、首領第四等以下の使の場合は、中央に聞奏する必要がなく、車や牛で墓所に送るだけでもよい。結局、規定および日本側の決定により、佐伯金成の場合は唐側の押官《おうかん》（軍職、一隊の長）が棺を揃えて葬った。もちろん、禅智寺の付近のような上地に葬られることはなかったであろう。

禅智寺を出立すると、揚州に滞留した官人・僧らは大運河を航行して北へ進み、楚州《そしゅう》（今の江蘇省淮安《わいあん》市）に着いた。楚州までの道中、路巾駅《ろきんえき》のような「駅」に宿泊したり、広陵館《こうりようかん》・平橋館《へいきようかん》・安楽館《あんらくかん》・楚州館といった「館」と呼ばれる場所に何度も逗留した。こうした建物は、唐代の駅制に根ざしたものである。駅制とは、文書や物資の継ぎ送りのために、駅を設置して移動の供給施設とした公用の交通制度で、日本では駅家《うまや》とも呼ばれる。駅使以外にも、公務による出張や外国使節の接待で駅から宿泊の提供を受けることができる。唐代の『通典《つてん》』という制度書によると、駅は道に沿って三十里ごとに一つ設置され、大路でない場合「館」と称する。最盛期の玄宗朝のとき、駅館は全国で計一六三九ヵ所にも及んだ。そのなかには水路にある水駅・水館二六〇ヵ所、水陸兼用の駅館八六ヵ所があり、ほとんどが河川や湖沼が多く、水路交通が発達していた江淮《こうわい》と河南《かなん》に集中していた。円仁一行は大運河に沿って進んでおり、船をそのまま回船堰などの水門に停めて一夜を過ごすことも多かったため、彼らが宿泊したのは運河沿いに設置された水館であろう。

4　唐国にとどまるための画策

楚州城で遣唐使本隊と合流すると、九隻の船が一斉に出発し、東シナ海に至る淮河《わいが》を東航して海州《かいしゅう》（今の江蘇省連雲港市《れんうんこう》）に向かった。そこから帰国するはずだったが、円仁は求法の願いが遂げられず無念に思っていたため、弟子ら三人とともに、東海山の麓で密かに船を下り、開成四年四月五日の明け方、遣唐使船の出航を見送って山中に隠れ、天台山や長安に向かうことを企図した。

円仁ら四人はまず宿城《しゆくじよう》村に到着し、新羅僧と自称して村人の家に滞在しようとしたが、唐代には、楚州から山東沿海にかけては新羅との海路往来の要衝で、新羅居留民の集落などがたくさんあったため、円仁らの話す言葉が新羅語でないことはすぐに村長に見抜かれた。そして、辺防警備の海州四県都遊《とゆう》将の役所に連れて行かれ、唐に戻ってきていた遣唐使船第二船で帰国せざるを得ない状況になった。

しかし、円仁は天台山入りの志を捨て切れずにいた。帰国を目指す遣唐使船が航海を続けていると、登州《とうしゆう》の文登《ぶんとう》県清寧《せいねい》郷赤山《せきざん》浦に漂着した。文登県は、渤海《ぼつかい》の西端、唐国の東端であり、円仁が唐にとどまる最後のチャンスでもあった。そこで、円仁ら四人は赤山に登って、赤山法華《ほつけ》院《いん》を巡礼し、そして仲間の協力も得て、遣唐使船に見捨てられたふりをして、山院に滞留することとなった。

この赤山法華院は山懐にあった。東方は海を遠く望み、南・西・北方は峰が連なっており、川は院庭を通って西より東に流れる。重要なのは、この赤山法華院が新羅王擁立者として有名な張宝高《ちようほうこう》によって創建され、張氏の寄進した広大な土地を持ち、講経と行事は唐風を併せ持つものの、主に新羅の慣習で行われていたことである。

これらの背景から、赤山法華院は山東《さんとう》半島東端赤山麓の新羅居留民を中心とした寺で、新羅寺院の面影が強かったと考えられる。

赤山院において、円仁は新羅僧から、ここから北に向かえばもう一つの仏教聖地である五台山があり、そこまで二〇〇〇里余り離れているに過ぎず、台州に至る道程よりもずっと近いと知らされた。そこで、本来の目的であった天台山巡礼から変更して五台山に巡礼し、さらに長安に向かう計画を企てた。

ただし、滞留の目的を得たものの、自由に唐国を周遊することは依然として不可能である。そのためには政府が発給する旅行証明書である公験が必要で、これを関市《かんし》・城保《じょうほう》・州県・寺院など、至るところで示さなければいけない。円仁は公験が下賜されるのを待ちながら、この山院で一冬を過ごした。そして新春を迎えると新しい計画に向かって邁進したのである。

この赤山法華院での経験から、慈覚大師円仁の入滅後、仁和四年（八八八）、西坂本に赤山禅院が建てられた。これは現在の京都東北郊外にある赤山禅院の起源となっている。

そして円仁の求法巡礼の旅は新たなステージへと入っていくのである。

〈参考文献〉

円仁著・足立喜六訳注・塩入良道補注『入唐求法巡礼行記』1（平凡社、一九七〇年）
中国社会科学院考古研究所『揚州城：一九八七〜一九九八年考古発掘報告』（文物出版社、二〇一〇年）
屈婷・張展鵬「江蘇如東掘港唐宋国清寺遺跡考古取得重要收穫」中国考古网、二〇一八年（中国社会科学院考古研究所ＨＰ、http://kaogu.cssn.cn/zwb/xccz/201807/t20180723_4508394.shtml）

⑮ 五台山への巡礼と寺院
―円仁の見た唐の都市と建築文化2―

華　揚

1　公験を求めた山東の旅

冬が過ぎ、開成五年（八四〇）二月十九日、円仁《えんにん》らは旅立った。旅は、在留資格の公験を取得することから始まった。まず、法華院《ほっけいん》の院主《いんじゅ》である法清《ほっせい》の見送りで赤山《せきざん》を出て、新羅《しらぎ》の居留民や商人を管理する専門機関である勾当《こうとう》新羅押衙《おうが》所を頼った。そして、唐代の県・州・節度府《せつどふ》という三級行政制度に従い、勾当新羅使の牒《ちょう》と呼ばれる公文書を持って文登《ぶんとう》県に、文登県司の県牒を持って登州《とうしゅう》に、登州都督府《ととくふ》の州牒を持って萊州《らいしゅう》を経由して青州《せいしゅう》に赴き、ついに青州・淄州《ししゅう》・斉州《さいしゅう》・登州・萊州を管轄する青州節度府で申請した。最後に、青州節度使が直接天子に報告し裁可を得た後、ようやく立夏の後に公験《くげん》が賜給された。

　この計約九百里にも及ぶ道中では、蝗害《こうがい》が深刻で、食糧確保が難しい。円仁一行の食事と宿泊は主に民家・寺院、そして官営の駅館に頼っていたが、民家はもとより、寺院も物寂しく、経由した牟平《むへい》県の盧山寺《ろざんじ》、蓬萊《ほうらい》県の開元寺《かいげんじ》、萊州の龍興寺《りゅうこうじ》、北海《ほっかい》県の観法寺《かんぼうじ》などは、ほとんど廃墟のようであった。仏殿は破壊されて仏像は露出したまま座っている。僧房《そうぼう》はことごとく俗人に使われ、世俗の家となっている。僧人はほぼ全員が俗家に戻り、三綱《さんごう》（上座《じょうざ》・寺主《じしゅ》・維那《ついな》）や典座《てんぞ》（衣食を司る役職）などの幹事僧が、わずか数人しか残っていないような状況であった。

状況が少し良いのは、登州《とうしゅう》開元寺のみのようであった。この年、文宗《ぶんそう》が崩御して、武宗《ぶそう》が即位した。第14章で述べたように、円仁は開成三年に揚州《ようしゅう》開元寺で行われた敬宗《けいそう》崩御日の国忌に参加していたが、この登州開元寺に滞在するあいだにも、文宗の国忌に出くわし、州・県の官員による行香《ぎょうこう》を目にした。このほかに、長安より新天子となった武宗の詔書が届いたが、円仁は天子の詔書を受ける際の儀式をかなり詳しく記しており、当時の礼制の一端がうかがえる。なお、この登州開元寺は日本との縁も深い。円仁の記録によると、仏殿の西廊の外にある僧伽《そうぎゃ》和尚の堂の堂内北壁には、阿弥陀仏の西方浄土《さいほうじょうど》と観音菩薩の補陀落《ふだらく》浄土が描かれており、その左右に書かれた発願者の官職と氏名から、乾元二年（天平宝字三年〈七五九〉）に入唐した日本の高元度《こうげんど》一行の発願と判明している。

官営の駅館については、招賢《しょうけん》館・斜山《しゃざん》館・芝陽《しよう》館・故県《こけん》館・戦斎《せんさい》館・乗夫《じょうふ》館・図丘《ときゅう》館などの名が記述されている。県・村の二つのランクのものがあり、その管理人は知館人《ちかんにん》と呼ばれる。興味深いのは、そのなかの一つ、仵台《ごだい》村の仵台館で、もともと法雲寺《ほううんじ》という仏寺から改組されたものである。この館の前には二つの塔があり、一つは高さ二丈（約六・六メートル）で五層の石造、もう一つは高さ一丈（約三・三メートル）で七層、鉄で鋳られている。その碑文によると、この塔は、白村江の戦いで百余人が日本に捕えられ、その後、独りで逃げ帰った捕虜の一人が建てたものである。『日本書紀《にほんしょき》』巻二十六の斉明《さいめい》天皇六年（六六〇）十月条にもこのことが記載されており、当時の美濃国の不破《ふわ》郡と片県《かたがた》郡にいる唐人は、このとき捕らえられた人々だという。

また『入唐求法巡礼行記』（以下『行記』と略称）には、唐代の二つの州城の外周と境界、城内の施設、当時の穀物価格なども記録されている。登州城は方一里で、南西に開元寺、北東に法照寺《ほうしょうじ》、南東に龍興寺があり、ほかに寺院はない。城の北は一里半先が海で、海岸に明王廟《みょうおうびょう》が建っている。城の真東は市で、城の南には、街東に新羅館と渤海《ぼっかい》館がある。これに比べ、莱州城は縦長で、東西一里、南北二里余り、外郭が方三里、市が城外の南西に置かれている。

登州は、唐と朝鮮半島や遼東《りょうとう》半島との海上交通における、主要な発着地および上陸地である。新羅館・渤海館とは、駅館において、もっぱら新羅や渤海からの使者を接待するために設けられたものであろう。興味深いことに、赤山法華院に滞在しているあいだに新羅院に宿泊したのと同様に、円仁は青州府の龍興寺や、のちに言及する長白山醴泉寺《ちょうはくさんれいせんじ》に至る際も、新羅院に宿泊している。おそらくこの一帯の寺院には、新羅をはじめとする僧侶のための専門的な子院が設けられていたと考えられる。

2　五台山を目指す河北の旅

公験を得た二日後の四月三日に、円仁はようやく本来の目的である巡礼に出発した。西の五台山《ごだいさん》に向かい、済《せい》河《か》・黄河《こうが》を渡り山東地方を出て、さらに河北《かほく》地方に入り、貝州《ばいしゅう》・冀州《きしゅう》・趙州《ちょうしゅう》・鎮州《ちんしゅう》などを通過した。

道中の寺院、例えば冀州堂陽《どうよう》県の覚観《かくかん》寺、趙州宁晋《ねいしん》県の唐城《とうじょう》寺、趙州南の開元寺などは、やはり窮乏の状態であった。ただ青州より済河に至るあいだの長白山にある醴泉寺のみは荘厳な構えが残っており、円仁は格別として記録している。その寺名は、かつては甘い泉が湧き出ており、その水を飲むと病を除き寿命を増したという醴泉井に由来する。庶民信仰においては、梁《りょう》代の金城《きんじょう》出身で、十一面観音の化身とされる宝誌《ほうし》和尚（四二五～五一四）が、この長白山で入滅したと伝えられている。そのため、この寺院の琉璃《るり》殿や泉井の上に建てられた小堂などには、すべて宝誌和尚を祀る像が安置されている。円仁の記録によると、琉璃殿の柱・戸・基壇《きだん》・階段はすべて碧石《へきせき》で造られており、殿内は宝幡《ほうばん》と宝物で溢れていた。また、この寺院は果園も含む一五ヵ所に及ぶ荘園を有していた。残念ながら寺舎も荒れ果てたままの状態で、もともと一〇〇人ほどの僧侶がいたが、今は三〇人余りしか残っていない。

仏教と政治の関係を考えるうえで貴重な情報として、円仁が貝州の開元寺を訪れた際、節度使《せつどし》がこの寺で新たに壇場を開き、各州から僧侶四〇〇人余りを招いて受戒《じゅかい》の儀式を行ったことを記している。仏教では、具足戒《ぐそくかい》を受けることによって、完全な僧尼（比丘《びく》・比丘尼《びくに》）となる。日本で鑑真《がんじん》によって受戒式が伝来してから奈良東大寺《とうだいじ》・筑紫観世音寺《つくしかんぜおんじ》・下野薬師寺《しもつけやくしじ》が天下の三戒壇とされたのと同じように、文宗は五台山の竹林寺《ちくりんじ》と嵩山《すうざん》の会善寺《かいぜんじ》のみを受戒の場として指定していた。しかし安史《あんし》の乱後、軍費を稼ぐために、地方の節度使は私的に戒壇を設けて出家証明書の度牒《どちょう》を発行する例も少なくなかった。この開元寺にも節度使により戒壇院が設けられており、その戒壇の造りは、煉瓦《れんが》で四角形を二段積み上げ、下段は方二丈五尺（約八・二五メートル）、上段は方一丈五尺（約四・九五メートル）、高さはともに二尺五寸（約八二・五センチ）で、色は琉璃色を取り入れた青碧《せいへき》であると記されている。面白いことに、翌日、円仁はまた同城の善光寺で、一般の堂宇に幡を懸け席を設け、縄で結界する程度の臨時の戒壇も目にしている。

鎮州を過ぎると、北朝時代から大理石の仏像の製作地として名高い黄山《こうざん》に位置する八会寺《はっかいじ》に到着し、山地に入った。この黄山八会寺は上房普通院《じょうぼうふつういん》とも呼ばれ、円仁がこれより毎日山谷に沿って進み、五台山に近づくにつれて、食事や宿泊をしたのは、劉使《りゅうし》普通院・両嶺《りょうれい》普通院・菓苑《かえん》普通院・解脱《げだつ》普通院・浄水《じょうず》普通院・塘城《とうじょう》普通院・竜泉《りゅうせん》普通院・張花《ちょうか》普通院・茶舗《ちゃほ》普通院・角詩《かくし》普通院・停点《ていてん》普通院などの普通院となる。普通院とは、唐代において僧俗を問わず巡礼者のために巡礼道場に設けられた食事などを提供した無料宿泊所で、普同院・普通供養舎とも言われ、宋代には接待庵となった。日本では善根宿《ぜんこんやど》や最澄が建てた広拯院《こうじょういん》・広済院《こうさいいん》にあたる。唐代には、五台山が最も盛んな仏教聖地で、長安はじめ各地から訪れる巡拝者であふれた。円仁が通過したものを数えると、五台山を中心に、十ないし三十里ごとに一ヵ所の普通院が設けられていたことがわかる。各普通院の規模はさまざまで、例えば解脱普通院は、僧・尼・女性など一〇〇人以上を収容するほど大きかった。

3　五台山最初の寺、竹林寺の戒壇

円仁一行は赤山法華院を出発してから二千三百余里を旅し、四月二十八日に停点普通院に到着したところで、ようやく北西に五台山の中台《ちゅうだい》の頂《いただき》を望むことができ、初めて五台山の界、いわゆる「清涼山《しょうりょうさん》の金色世界」に入った。五台山という名称は、東台の望海峯《ぼうかいほう》、西台の掛月峯《かいげつほう》、南台の錦繡峯《きんしゅうほう》、北台の叶斗峯《きょうとほう》、中台の翠嶺峯《すいれいほう》という五つの台があることに由来する（図1）。ここは、文殊《もんじゅ》信仰を中心とする霊山である。『華厳経《けごんきょう》』の仏教世界観では、北東に清涼山があり、文殊菩薩の住処である。もともとインドでは須弥山《しゅみせん》と考えられるヒマラヤ山系の奥地にあると想定されていたが、仏経が伝来し漢訳されると、中国では北魏《ほくぎ》時代から五台山が清涼山として信仰されていた。とくに八世紀以降、仏教がインドで急速に衰退すると、五台山はさらに唯一の清涼山とされてきた。

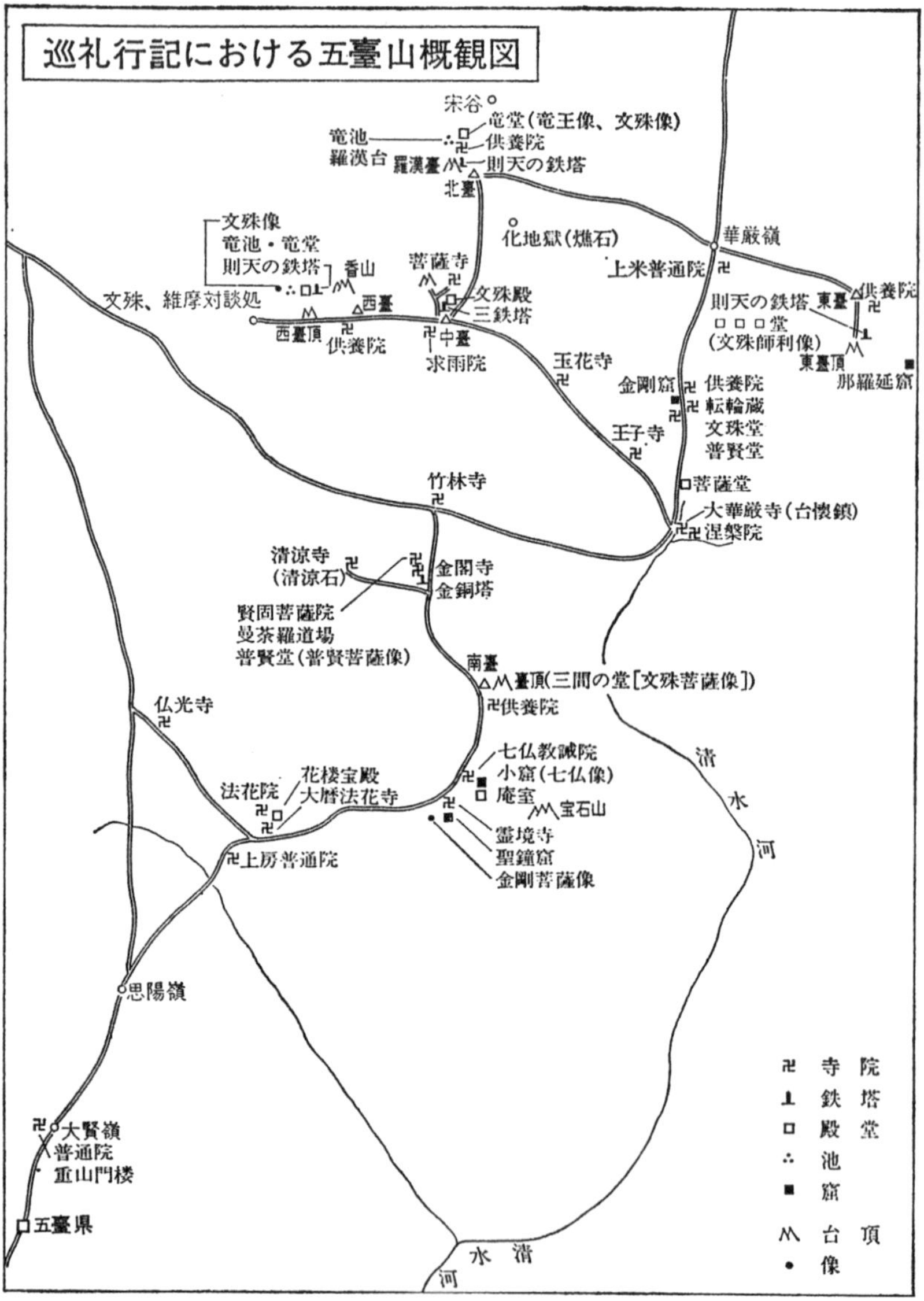

図1　円仁の五台山巡礼(『入唐求法巡礼行記』2)

1　竹林寺

2　花厳寺

3　金閣寺

4　法花寺

図2　莫高窟第61窟「五台山図」（五代）に描かれた寺院（趙声良編『敦煌壁画五台山図』江蘇鳳凰美術出版社，2018年）

円仁は南側から五台山に入った。最初に到着した大寺は南谷にある竹林寺で、ここで十五日間滞在して寺内を観覧し、壮大なる礼仏式《らいぶつしき》の儀式をかなり詳しく『行記』に記している（図2―1）。この寺は、法照《ほうしょう》上人が大暦五年（七七〇）に五台山に入り、インド王《おう》舎城《しゃじょう》の竹林精舎《しょうじゃ》を感得して創建したものである。地理的に五台の中央に位置するが、円仁が「五台に属せぬ」と強調するのは、五台山が華厳経を中心に発展し、密教も盛んであるのに対し、竹林寺の成立が浄土教を中心とし、浄土宗の別格本山的存在であったからだろう。

竹林寺には、貞元《ていげん》戒律院・庫院《こいん》・花《け》厳院《ごんいん》・法花院《ほっけいん》・閣院《かくいん》・仏殿院《ぶつでんいん》という六院がある。前述の通り、当時、五台山の竹林寺と嵩山の会善寺は、天下二ヵ所のみの皇帝の許可した国家戒壇を有する寺院である。竹林寺創立時代の貞元年間（七八五～八〇四）に開設された貞元戒律院は、その授戒を行う中心の院であり、万聖《ばんせい》戒壇というものが設置されており、円仁はその形状を詳述している。白玉石、すなわち乳白色の大理石で造られ、高さ三尺（約九九㌢）、八角形で、底部は香泥（線香の灰か）で埋め尽くされ、頂部には壇と同じ広さの五色の毛で織った絨毯《じゅうたん》が敷かれ、棟・梁・垂木《たるき》・柱には精巧な彩色が施されている。先ほどの貝州開元寺が私設した戒壇と比べると、相違が見られる。この公認の戒壇で、円仁に同行する二人の弟子、惟正《ゆいしょう》と惟暁《ゆいぎょう》が、諸州から来た数十人の沙弥とともに具足戒を受けた。閣院では、国家に功績ある七十二人の賢人・聖人を供養し、堂内の壁には七十二賢聖の画像が掛けられている。面白いことに、『広清涼伝』によれば、五台山仏光寺の弥勒閣《みろくかく》にも七十二賢聖像が安置されたとあり、おそらく寺院の閣に七十二聖賢を祀るのが唐代の一般的な状況であったのであろう。

4 大華厳寺の諸院

次に、円仁は中台の東南の尾根にある大華厳寺《だいけごんじ》に入り、庫院で長期間泊まった（図2―2）。大華厳寺は、一説には後漢《ごかん》の明帝《めいてい》が建てた大孚霊鷲寺《だいふりようじゆじ》であり、別説では北魏の文帝が建てた大孚図寺《だいふとじ》と伝える。唐の則天武后《そくてんぶこう》時代、華厳宗の祖法蔵《ほうぞう》（六四三～七一二）が両都（長安と洛陽）や五台山など五ヵ所に華厳寺を建てており、ここが大花園寺、さらに大華厳寺と改められてそのなかの一つとなった。円仁が訪れる約五〇年前には、華厳宗の四祖の澄観《ちょうかん》が『華厳経』を講じたところで、もともと華厳宗の聖地であった。しかし、円仁の記述によれば、当時、江南《こうなん》で開創された天台宗が北方へ強い影響を与えており、この大華厳寺もすでに天台教学の道場となっていた。

当寺には十二院があり、庫院・涅槃院《ねはんいん》・般若院《はんにゃいん》・菩薩堂院《ぼさつどういん》・閣院・善住《ぜんじゅう》閣院の名が記述されている。この十二院の僧衆はすべて、天台国清寺《こくせいじ》の玄素《げんそ》座主から天台を学び、四〇年にわたって大花厳寺に住んでいた志遠《しおん》上人（七六八〜八四五）を首座とする。同じく玄素座主の弟子であった文鑒《もんかん》上人が、長年般若院に住んでいた。そして、玄亮《げんりょう》上人が朝には閣院で『法華経』の、法賢《ほっけん》上人が夜には涅槃院で『摩訶止観《まかしかん》』の講筵《こうえん》を開いており、いずれも天台の流れを汲んでいた。ここで円仁は、多年の憧憬であった天台山との交流の宿願を果たしたのだ。菩薩堂院は寺北の化文殊台《けもんじゅだい》と呼ばれる小峯にあり、菩薩堂または真容院《しんよういん》と称する堂宇には、壮麗な獅子に乗る文殊像が五間にわたる大殿を隙間なく満たしている。これは唐の景雲年間（七一〇〜七一一）に僧法雲《ほううん》の発願によって仏師の安生《あんせい》が文殊の真容を感得して造ったものである。五台の諸寺が造る文殊菩薩の像は、すべてこの像の模倣というから、文殊信仰の中心であったらしい。菩薩堂の前には崖に面した桁行三間の亭《あずまや》があり、床が敷かれ、四方に高欄《こうらん》が設けられており、下は谷が険しく、懸造《かけづくり》であったのだろう。閣院は、閣に功徳《くどく》像が奉られており、辟《びゃく》支仏頂骨《しぶっちょうこつ》などの貴重な宝物も見られる。閣の前に八角形の平面を持つ二階建ての仏塔があり、地下にアショーカ王が造らせたという宝篋印塔《ほうきょういんとう》が埋蔵されていたが、現在は塔院寺《とういんじ》のチベット式の大白塔《はくとう》（ラマ塔）になっている。善住閣院については、清《しん》代に太宗《たいそう》の勅によって再建され、大顕通寺《だいけんつうじ》として現在最も賑いを見せている。

5　五台の巡遊

その後、いよいよ「巡礼行記」の名に最もふさわしい五台巡礼となる。初日は、西の坂を登り、王子寺《おうじじ》・王花寺《おうかじ》・求雨院《きゅうういん》を経由して中台の頂に至り、そして西台の供養院を経て西台頂に至った。二日目は折り返して中台の菩薩寺を経由して北台頂、三日目は東へ上米《じょうまい》普通院に寄って東台頂、四日目は上米普通院を経て南へ直下して大華厳寺に戻った。

文殊菩薩が五台山で五百の毒竜《どくりゅう》を降伏させ、各台に百の毒竜を鎮めるという説話があるため、文殊と竜神の信仰も結びついた。その結果、竜が住む竜池《りゅうち》、池上に建てられた竜堂《りゅうどう》、則天武后の寄進と考えられる一基から三基の鉄塔《てっとう》、無数の石塔《せきとう》が各台の頂にもほぼ同様な配置でみられる（ただし東台は湿地ではなく湧水がないためか竜池がない）。多くの場合、竜池の中心にある小島に竜堂を建て、竜堂に文殊像を設けるが、北台は特別で、祀られるのは五百毒竜の君主で、池を覆う堂を建て、室内には池が満ち、仕切り板で三つに分けられている。両側には文殊像が置かれ、中央は竜王《りゅうおう》宮として、池上に竜王像を設け、竜王の座前まで渡れる橋を造る。

この巡礼の四日間、食事と宿泊は主に各台の供養院が支えた。供養院は普通院と同じ性格の施設で、普通院が巡礼者の往来の多い大路の傍らに置かれているのに対し、供養院は聖跡の近くに存在する。

東台から大華厳寺に向かう途中には、那羅延窟《ならえんくつ》や金剛窟《こんごうくつ》などの石窟《せっくつ》がある。鐘楼谷にある金剛窟では、外に高楼《こうろう》が建てられており、楼の下層が石窟の入り口で、上層には六角形の輪蔵《りんぞう》という一切経を収納する棚がある。文殊菩薩が清涼山内で住む居所が金剛窟であると伝え、『仏頂尊勝陀羅尼経《ぶっちょうそんしょうだらにきょう》』を中国に将来したインド僧の仏陀波利《ぶっだはり》も、この窟で隠遁生活を送った。

大華厳寺に七月一日まで滞在した後、円仁は長安に向かって出立した。南路をとるため、ついでに南台にも登った。最初に到着したのは金閣寺《きんかくじ》という密教の大寺で、ここは真言付法の第六祖、四大訳経家の一人として知られた不空三蔵《ふくうさんぞう》（七〇五〜七七四）によって建立された。寺内には桁行九間で三層建て、高さ一〇〇尺余りの金閣があった（図2―3）。軒先・垂木・柱、いたるところに彩色が施されており、壁には白い下地が塗られ、諸尊の曼荼羅《まんだら》が描かれていた。そのほかにも密教の堅固菩薩《けんごぼさつ》にもとづく堅固菩薩院、普賢にもとづく経蔵《きょうぞう》閣と普賢《ふげん》堂などの施設があった。金閣寺の西五里、清涼谷の奥にある清涼寺は北魏の孝文帝《こうぶんてい》が建てた最も古い、南台全体を管轄する寺院であるが、残念ながら円仁は訪れることはできなかった。南台を越えて、唯一日本僧で訳経にあたった霊仙《りょうせん》上人がかつて住んでいた七仏教誡院《しちぶつきょうかいいん》に到着し、壁に霊仙の弟子の渤海僧貞素《ていそ》が作った「哭霊仙三蔵之詩並びに序」が残されているのを見た。その後、南へと進んで霊仙上人が亡くなった大暦霊境寺《たいれきれいきょうじ》を訪ねた。興味深いのは、寺内の聖鐘窟《せいしょうくつ》が、山楡樹《やまにれ》の根元に自然に形成された空洞を窟とすることである。さらに南に進むと大暦法花寺と法花院であり、険しい崖上には重閣が建てられ、四方の崖面には花楼《かろう》・宝殿《ほうでん》ばかりだと『行記』には記されているが、かつて大量の石窟があったのではなかろうか（図2―4）。

現存する唐代の木造建築はわずか五棟に過ぎず、そのうち建中三年（七八二）に建てられた南禅寺大殿《なんぜんじだいでん》と、大中十一年（八五七）に建てられた仏光寺東大殿《ぶっこうじとうだいでん》の二棟が五台山に位置している。しかし、これらだけでは、唐代五台山の風景の全容はうかがい知れない。円仁の記録から豊かな世界が垣間見えるのである。

〈参考文献〉

円仁著・足立喜六訳注・塩入良道補注『入唐求法巡礼行記』1（平凡社、一九七〇年）
円仁著・足立喜六訳注・塩入良道補注『入唐求法巡礼行記』2（平凡社、一九八五年）
小野勝年『入唐求法巡礼行記の研究』（鈴木学術財団、一九六四〜六九年）

16 長安での求法と法難
――円仁の見た唐の都市と建築文化3――

華　揚

1　長安に向かう道程

五台山《ごだいさん》を管轄する代州《だいしゅう》を出て、円仁《えんにん》は滹沱河《こだが》を渡り、忻州《きんしゅう》を通過し、また多くの普通院《ふつういん》を経て、太原府《たいげんふ》に至った。太原は、唐の高祖李淵《りえん》が覇業を起こした地として重んじられ、則天武后《そくてんぶこう》の代以降、ここに北都が置かれる。円仁は北門より城に入り、華厳下寺《けごんげじ》に滞在した。五台山の大華厳寺の僧が山を下ると、皆、この寺に滞在するとあるから、おそらく五台山華厳寺の山下の別院的なものであろう。滞在中、円仁は唐代では天下の名刹とされる大唐興国崇福寺を巡礼した。この寺が「大唐興国」と名付けられたのは、唐の高祖がこの寺内で挙兵したからである。また、円仁は度脱寺《どだつじ》で盂蘭盆会《うらぼんえ》、開元寺で鉄製の弥勒仏などを見聞した。

太原を離れた際、円仁はさらに名勝・古蹟が多いことで知られる西山《せいざん》を遊覧した。西山では、現在、北斉《ほくせい》時代の天龍山石窟《てんりゅうざんせっくつ》と宋代の晋祠《しんし》が最も有名であるが、円仁が当時訪れたのは北斉の天保年間（五五〇～五五九）に創

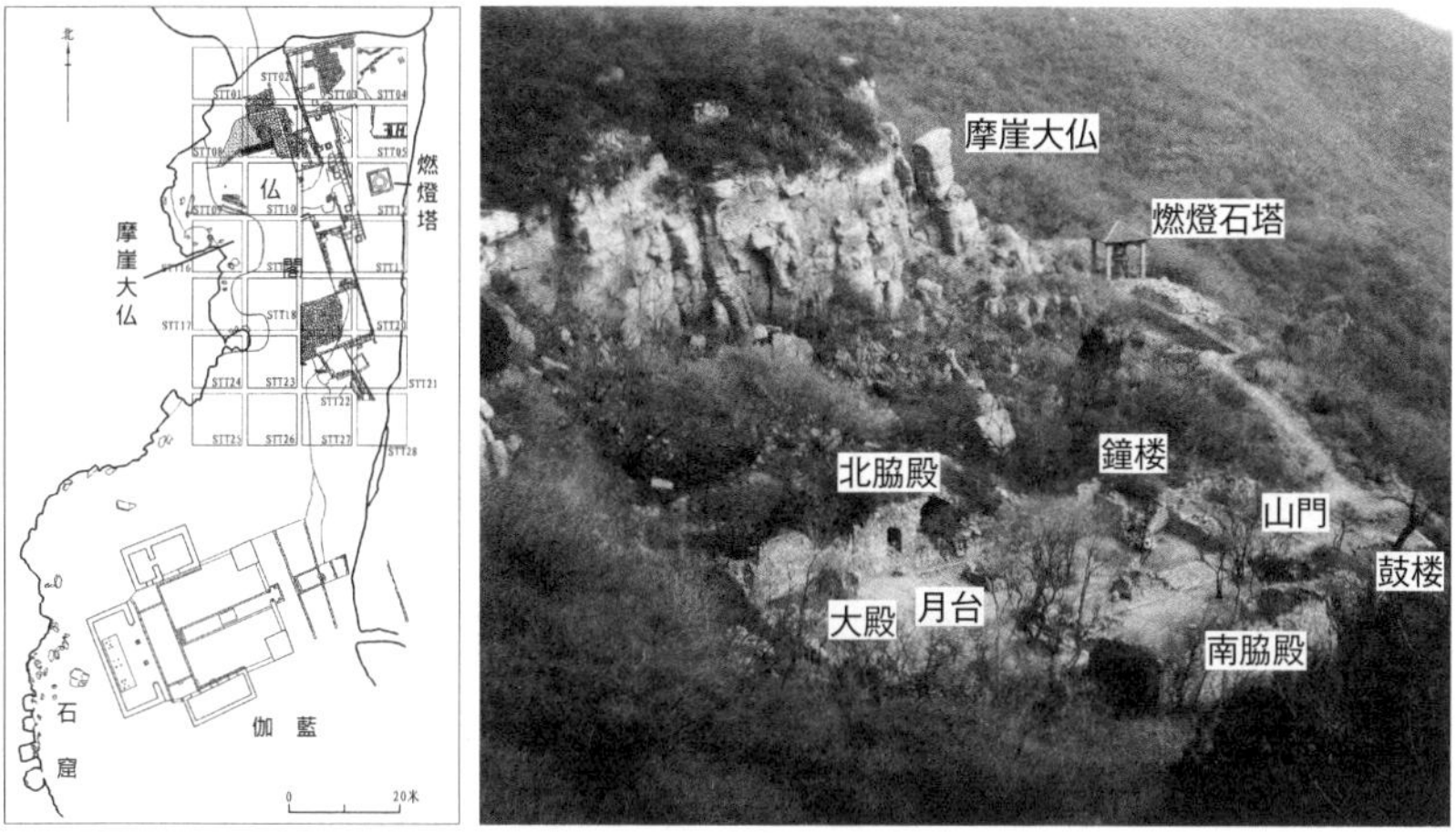

図1　童子寺遺跡（李裕群・閻躍進 2010 に加筆）

建された名刹の童子寺《どうじじ》と雨花寺《うかじ》であった。しかしこれらは残念ながら現存していない。童子寺に関しては、円仁は二重の楼閣に建築空間全体を占める大仏像があると記録している。この大仏は、北斉の時代に断崖に彫り出されており、二〇〇〇年に倒壊するまで、北朝全体で二番目に大きな仏像で、残存する幅は一二メートル、頭部の高さは六・六メートルにも達していた。

童子寺の遺跡はすでに発掘されている（図1）。報告書によると、寺院は西向きで、山の地形によって建てられるため、自然に南北の二つの部分に分割され、互いが六五メートル離れていた。北部には、北斉時代に建てられた摩崖《まがい》大仏、大仏を覆うため東・南・北三面に切石で壁を築く仏閣、そして閣前に高さ五・〇三メートルの燃燈石塔（中国で現存する最古）があり、礼拝供養のための主要な空間であった。唐代に入ると、北斉に造られた仏閣の壁体を強固にするために、外側を包み込むように擁壁を設け、また仏閣前の突出部の前廊を建て替え、前廊の北側に南向きの脇殿を増築した。南部は、明《みん》代になって北斉当初の場所に再建された伽藍《がらん》と、その背後の崖壁に北斉時代に開削された五つの禅観用の洞窟から構成され、僧侶の生活や坐禅の場であった。この遺跡は、前寺後窟の

図2　黄河鉄牛・鉄人の現状（山西省考古研究院『黄河蒲津渡遺跡（下）』科学出版社，2013年）

山地寺院の典型例と言える。そして文献によると、唐代に入ってから、童子寺は隆盛を極めたが、地形の制約により伽藍の拡張が困難であったため、太原府の治所が所在する晋陽城《しんようじょう》の常楽坊《じょうらくぼう》に童子下寺を新たに建設した。

その後、円仁は汾州《ふんしゅう》・晋州《しんしゅう》・絳州《こうしゅう》を経て、汾河《ふんが》を渡り、河中《かちゅう》節度府に到着した。特筆に値するのは、絳州の竜門《りゅうもん》県にいるあいだ、円仁が宿泊した招提院《しょうだいいん》である。「招提」は、梵語《ぼんご》の音訳としてもともと四方僧房、すなわち各地より来集する僧のための客舎の意味で、前述の普通院と同じ性格を持つ施設であったと考えられる。

河中節度府は、西都の長安と東都の洛陽の中間に位置するとともに、黄《こう》河《が》の本流と支流の交わる地点でもあり、当時重要な交通上の要所であったため、唐の開元八年（七二〇）以来、中都とされていた。河中節度府を出ると、黄河の東岸から長安へと通じる蒲津《ほしん》関があり、円仁はここで検問を受けて黄河を渡った。蒲津関の橋は当時の天下三大名橋の一つで、幅二〇〇歩（一歩＝一・五五五メートル）以上もある浮橋で両岸に重さ数万斤の鉄牛を四基置き、船を並べてこの鉄牛に鎖で繋いでいた（図2）。

黄河を渡った後、また同州を経て、洛河《らくが》を渡り、ついに京兆府《けいちょうふ》の界（長安の京畿に相当）に到達した。さらに渭河《いが》、灞河《はが》、滻河《さんが》にかかる渭橋・灞橋・滻橋という三つの名橋を渡り、ようやく長安に着いた。長安城の東の郊外において、円仁は東城壁にある三門のうちの北第一門である通化門外の章敬寺《しょうけいじ》や、中央に位置する春明門《しゅんめいもん》外の鎮国寺《ちんこくじ》で休息をとった。章敬寺は歴史上有名な大宦官《だいかんがん》の魚朝恩《ぎょちょうおん》が代宗《だいそう》の母である呉氏《ごし》章敬皇太后の追福のために荘園を寄進して建立した寺院であり、こうした大寺が都の外にもあったことがわかる。

2　長安での出会い

開成五年（八四〇）八月二十二日、円仁は正式に春明門から長安城に入った。唐の長安城は、隋《ずい》代に宇文愷《うぶんかい》が計画したものを引き継いだものであり、幅一五五メートルの朱雀大街《しゅじゃくおおじ》を中軸線として、東は万年《まんねん》県に、西は長安県に属する左右対称の形で構成される（図3）。宮城の太極宮《たいきょくきゅう》と中央官衙が位置する皇城《こうじょう》は中軸線の北端にあり、太宗《たいそう》の代には長安東北の竜首原《りゅうしゅげん》に大明宮《たいめいきゅう》を新たに建て、それぞれ西内《せいだい》と東内《とうだい》と称された。城内の残りの部分は、南北に十一本、東西に十四本の大通りによって一〇八の坊と東西の両市に区画され、整った碁盤目状の都城が形成されている。

円仁の入城後第一の任務は、左街功徳巡院《さがいこうとくじゅんいん》に到着を報告して、在留許可を要請することであった。左街功徳巡院は、長安の左街、つまり朱雀街東側の一市五十四坊を総監する巡邏《じゅんら》警衛の役所で、その最長上官の功徳使は、同時に天下の仏教・道教を統轄する宗教長官でもあり、配下の僧録《そうろく》という職が全国の僧・尼の管理をつかさどる。当時の功徳使をつとめる仇士良《きゅうしりょう》は、歴史上著名な宦官で、近衛軍の左神策軍《さしんさくぐん》の護軍中尉《ごぐんちゅうい》をも兼任していたため、円仁は彼に謁見することを機に、左神策軍の役所がある大明宮にも入ることができた。東より第二の南門である望仙《ぼうせん》門から入り、次に玄化《げんか》門、内舎使《ないしゃし》門（舎人の長にあたる宦官の常駐するところの門）、総監《そうかん》院（宮苑内の建物や庭園をつかさどる役所）を過ぎ、さらに一重の門を通り、役所の南門に着いた。門内に左神策歩馬《ほば》門もあり、計六つの門を通過した。仇士良を待つあいだ、円仁はしばらく左神策軍の毬場《きゅうじょう》の北にあり、禁裏と一壁を隔てる

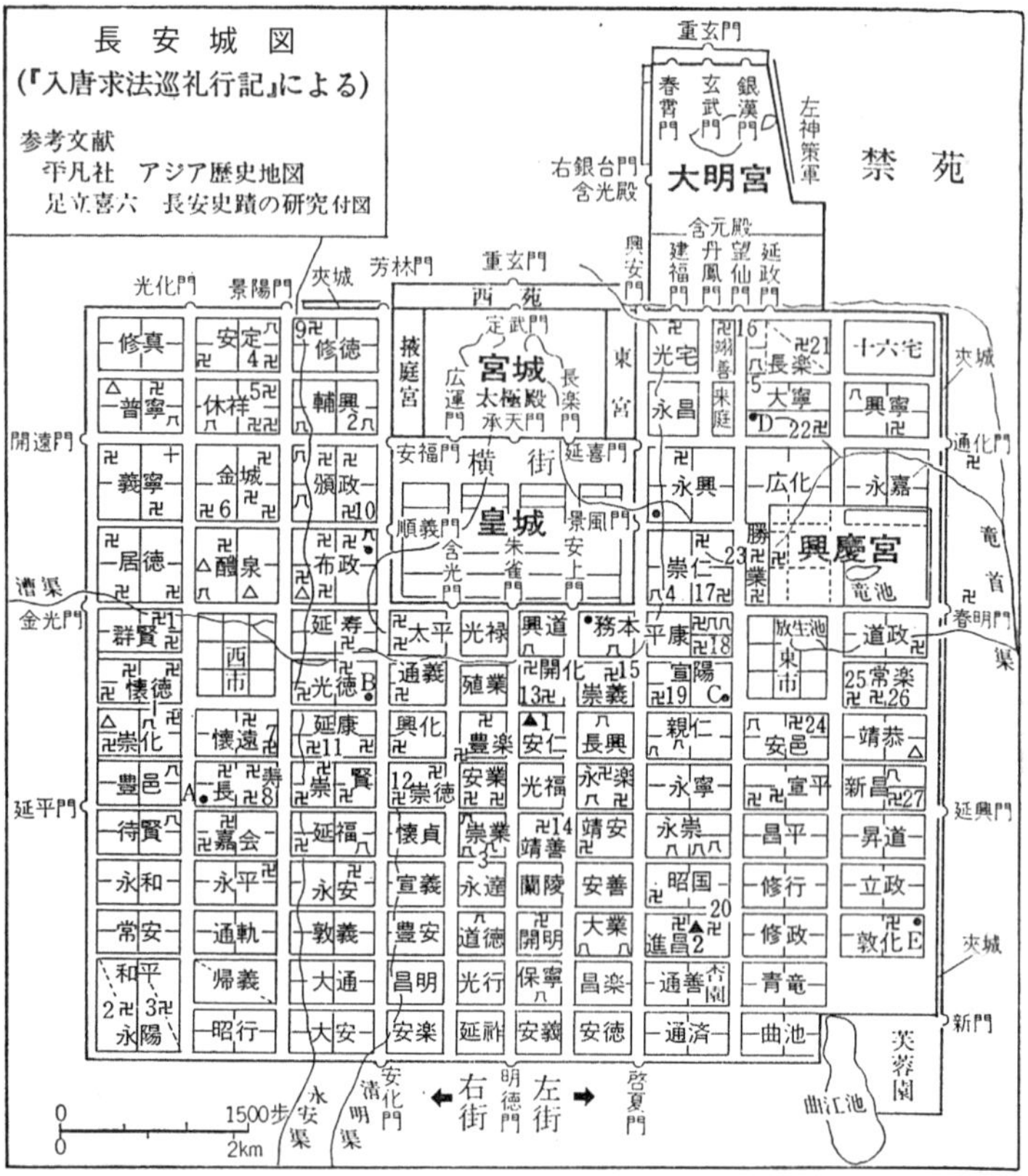

〔●官衙〕
A　長安県衙
B　京兆府衙
C　万年県衙
D　大清宮
E　都亭駅

〔卍仏寺〕
1　慧日寺
2　大総持寺
3　大荘厳寺
4　千福寺
5　崇福寺
6　会昌寺
7　大雲経寺
8　永泰寺
9　興福寺
10　竜興寺
11　西明寺
12　崇聖寺
13　薦福寺
14　大興善寺
15　招福寺
16　保寿寺
17　資聖寺
18　菩提寺（陽化寺）
19　奉先寺
20　慈恩寺
21　大安国寺
22　興唐寺
23　勝業寺
24　玄法寺
25　景公寺
26　雲花寺
27　青竜寺

〔▲仏塔〕
1　小雁塔
2　大雁塔

〔八道観〕
1　竜興観
2　金仙観
3　玄都観
4　玄真観
5　興唐観

＋　大秦寺

凡　例
•　官衙　　卍　仏寺
▲　仏塔　　八　道観
＋景教寺院　△　胡祆祠

皇城　東西5里115歩　南北3里140歩
宮城　東西4里　南北2里270歩
京城　東西18里115歩　南北15里175歩
1里＝360歩（大程）
＝1,800尺（大尺）
＝559.8メートル

図3　長安城平面図（『入唐求法巡礼行記』2）

だけの内護国天王寺《ないごこくてんのうじ》という宮廷内の寺院で休息をとった。

左街功徳巡院の手配により、円仁は左街の崇仁《すうじん》坊にあった資聖寺《しせいじ》に寄宿した。資聖寺は龍朔三年（六六三）に太宗の皇后の冥福を祈るため、その出身の家の邸宅を寺院としたもので、唐の名刹である。円仁はまず庫院《こいん》の西《せい》亭《てい》に一時的に泊まり、のちに浄土院に移動して長く滞在した。興味深いことに、同じ延暦寺の円珍《えんちん》が入唐するときにも龍興寺の浄土院に寄宿しており、浄土院は、唐代には僧侶が暮らす僧院として常設されていたようである。

そして、円仁は資聖寺を基点として、昼は諸寺に往来し、夜は本寺に戻るという生活を送り、約一年にわたって師を訪ね、道を問う活動を展開した。主な成果は、台密《たいみつ》の三部の大法を学んだことである。東門の一つである延興《えんこう》門近くの新昌《しんしょう》坊にある青龍寺《せいりゅうじ》で、東塔院に住む義真《ぎしん》から胎蔵界《たいぞうかい》大法と蘇悉地《そしつじ》大法を学んだ。他方、朱雀大街に近い靖安《せいあん》坊にある大興善寺《だいこうぜんじ》で、その翻経院《ほんきょういん》に住む元政《げんせい》から金剛界《こんごうかい》大法を学んだ。この青龍寺と大興善寺は、当時の密教の中心道場であった。青龍寺では、かつて弘法大師空海《こうぼうだいしくうかい》が恵果《けいか》に弟子入りしている。大興善寺とその翻経院は、かつて経軌《きょうき》の翻訳に従事した不空三蔵《ふくうさんぞう》が主に止住した道場であり、唐代には玄奘《げんじょう》の慈恩寺《じおんじ》、義浄《ぎじょう》の薦福寺《せんぷくじ》の翻経院とともに三大訳経場と称された。そのほか、円仁は東市の南側に接する安邑坊にある玄法寺《げんぽうじ》で、法全《はっせん》から胎蔵界大法と儀軌《ぎき》の伝授を受けた。その法全はのちに青龍寺に移り住み、円珍・円載《えんさい》・真如法親王《しんにょほっしんのう》らが彼に就いて受法した。また、円仁は青龍寺の天竺《てんじく》僧の宝月《ほうがつ》や、大安国寺《だいあんこくじ》の元簡《げんかん》のところで梵語《ぼんご》も学んだ。

これらのうち、青龍寺は現在までに発掘されている数少ない寺院の一つである。その遺跡は東西二つの部分に分けられる。西側は隋代に霊感《れいかん》寺として建てられ、南から北へ中軸線上に山門―塔―殿を順に並べ、塔を中心に回廊で囲む伽藍配置である。その大殿《だいでん》は規模がきわめて大きく、桁行十三間、梁間五間である。唐代に入ると、多院式の伽藍配置が流行しはじめるため、大殿を中心に、南側に二つの塔が対峙する東院が増築された。その大

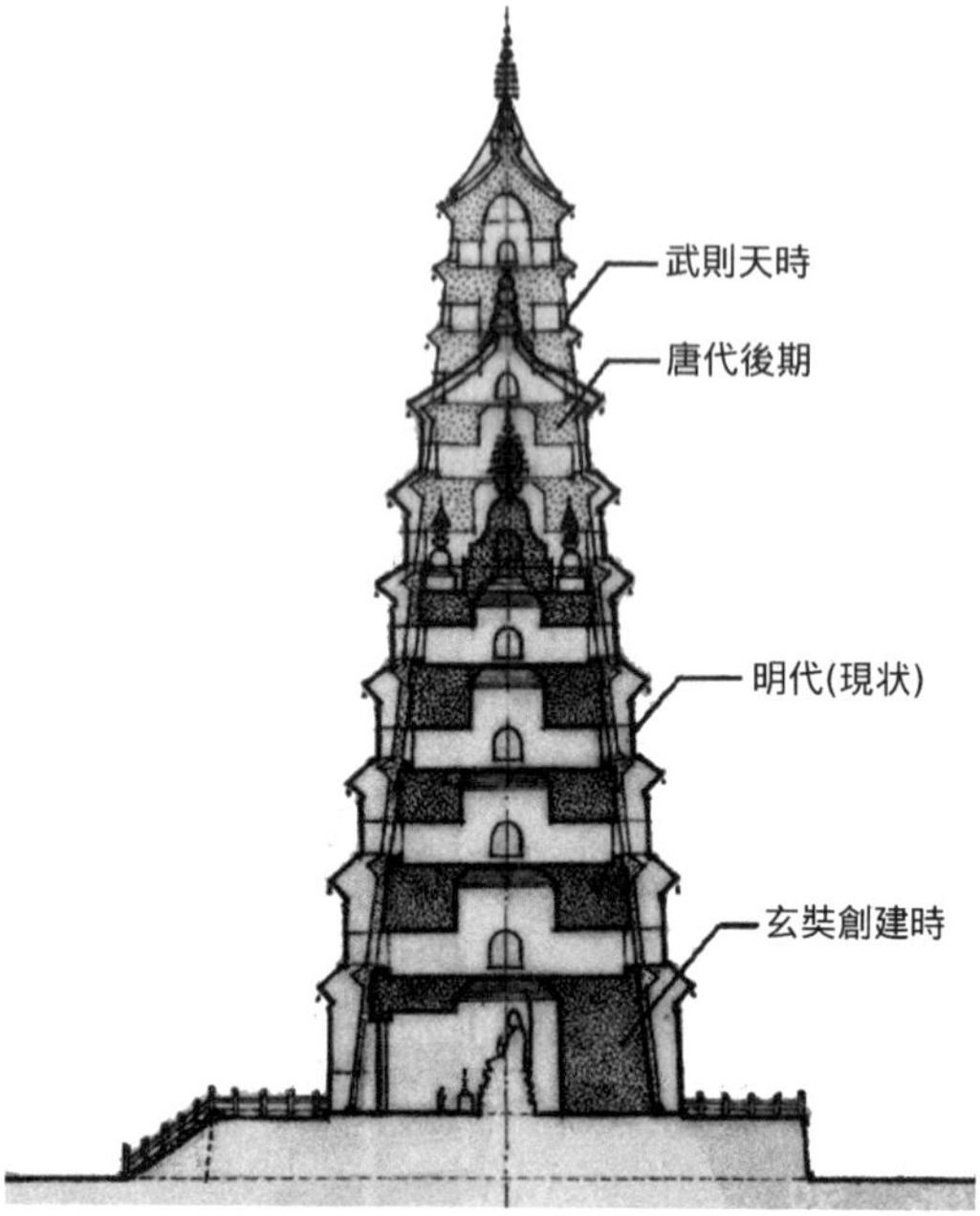

図４　楊鴻勛による大雁塔の歴代変遷の復元（韓建華撮影・楊鴻勛『楊鴻勛建築考古学論文集』清華大学出版社，2008 年に加筆）

殿は二期にわたり、第一次は桁行十一間、梁間五間で、第二次は桁行九間、梁間四間に縮小された。第一次は灌頂堂《かんじょうどう》、第二次は転法輪堂《てんぼうりんどう》と推定されており、どちらも密教の特徴的な建築である。

求法《ぐほう》の傍ら、円仁は多くの特色ある行事の盛況も記録した。例えば、永陽《えいよう》坊の大荘厳寺《だいしょうごんじ》、開化坊の薦福寺、修徳《しゅうとく》坊の興福寺《こうふくじ》、崇徳坊の崇聖寺《すうせいじ》という四大寺には仏牙《ぶつげ》が所蔵されており、毎年三月八日から十五日にかけて仏牙の供養会《くようえ》が開かれた。仏牙は楼閣の中庭に安置され、数えきれないほどの薬や食料、花が廊下に敷設され、城中の高僧はことごとく楼上で賛嘆し、民衆はことごとく礼拝に来て、金銭を施したり、米を施したりして、雨のごとく仏牙楼に撒いていた。また左街の資聖寺・保寿《ほうじゅう》寺《じ》・菩提寺《ぼだいじ》・景公寺《けいこうじ》、右街の会昌寺《かいしょうじ》・恵日寺《えにちじ》・崇福寺などの両街の諸大寺は、勅命により、八斎戒を守り身をつつしむとされる正月・五月・九月の三長斎月《さんちょうさいがつ》に、在俗者を対象として経文を平易に説く「俗講《ぞっこう》」を定期的に行っていた。道教も開講されたが、左街の玄真《げんしん》観と右街の唐昌《とうしょう》観の二ヵ所だけであった。

円仁は慈恩寺の塔にも登った（図４）。この塔は大雁塔《だいがんとう》とも呼ばれ、唐の永徽三年（六五二）に高僧玄奘によって創建され、幾度もの改築を経て、四角七層の煉瓦造りの現状に至った。今日でも登ることが可能な観光地で、円仁がたどった道を追いながら、歴史を感じることのできる場所である。

3　会昌の廃仏

残念ながら、円仁とほぼ同時期に、かつて揚州で円仁と不仲だった揚州節度使《ようしゅうせつどし》の李徳裕《りとくゆう》も京に入り、宰相《さいしょう》を拝命した。彼の画策により、翌年の開成六年に唐武宗《ぶそう》は会昌《かいしょう》と改元し、それ以降、中国史上最も激しい仏教弾圧を実施した。

廃仏は間接的な手段から始まった。武宗は自身の生誕日のたびに、禁裏の内道場において、左右両街の僧侶と道士を集めて互いに論争させ、勝った側に官服の最高衣である紫衣《しえ》を下賜した。皇帝の前で、儒教・仏教・道教の代表が、それぞれの教義を講論し、その優劣を争うのは、北魏《ほくぎ》以来の伝統であった。しかし武宗の時代には、すでに道を崇め仏を抑えるため八百長をすることとなっていた。毎回道士に勝利を与え、紫衣を授与した。会昌四年（八四四）になると、さらに僧侶を招かず道士のみを招くようになった。

それだけでなく、会昌三年からは両街の俗講も絶え、同四年からは都城の仏牙供養や地方の仏指《ぶっし》供養も禁止された。

建築に関しても、円仁はいくつか驚くべき見聞を記した。長安の臨潼《りんどう》県南東、驪山《りざん》山麓にある行宮《あんぐう》の華清宮《かせいきゅう》に位置する長生殿《ちょうせいでん》は、玄宗《げんそう》と楊貴妃《ようきひ》がしばしば行幸して白居易《はくきょい》の「長恨歌《ちょうごんか》」に歌われることで著名だが、実は古来、内道場が設けられ、仏像や仏経を安置し、両街の諸寺から僧侶を三七人選んで日夜絶え間なく誦経させていた。武宗は、その経典を焚き、仏像を壊し、僧衆を各自の本寺に帰らせ、代わりに天尊老君《てんそんろうくん》の像と道士の修練を導入した。これ以外に、武宗は左街望仙門外の常楽坊にある、開元十八年に造営された興唐観にも頻繁に行幸しはじめた。「興唐」という名前が示唆する通り、これは皇室に背景を持ち、興慶宮《こうけいきゅう》の通乾殿《つうけん》を移築して天尊殿としたほか、同様に大明宮の乗雲閣《じょううん》を門屋楼《もんおく》、白蓮花殿を精思堂、甘泉殿《かんせん》を老君堂とするなど、長安で権勢を誇る大道観であった。単なる行幸にとどまらず、会昌四年には、武宗は毎年七月十五日に城中の諸寺が色とりどりの蠟燭《ろうそく》や餅・造花などを作って仏殿の前に敷き詰め、市民がことごとく寺々を巡る盛大な祭りを中止させ、仏前の供物をすべて奪い取って、興唐観に運んで道教の天尊を祀るように命じた。

廃仏が極まった際には、二〇〇間以上の規模を持つ公認の大伽藍を除く、山房《さんぼう》・蘭若《らんじゃ》・普通・仏堂・村里の斎《さい》堂《どう》などの小型の仏教施設をすべて撤去し、僧尼も全員還俗させ、本籍地に送り返して税や労役免除の特権を取りやめるよう命じた。円仁によれば、長安城内では、小寺だけで三十三ヵ所が破壊されたほか、坊内の仏堂院も三百余りがことごとく取り壊されたという。それら仏堂院は規模こそ小さいものの、仏像や経楼などはすべて名工によるもので、外州の大寺にも匹敵するほどであった。『唐大詔令集《とうだいしょうれいしゅう》』によると、結局、全国で小寺四千六百余、招提・蘭若四万余が撤去され、僧尼二六万五〇〇人、奴婢《ぬひ》一五万人が税戸（中国の両税法の課される戸）に充てられ、また数千万頃《けい》の庄園田地も没収された。

これとは対照的に、大規模な道教建築の建設は流行した。道士の趙帰真《ちょうきしん》の奏請《そうせい》にもとづき、武宗は天に登って仙人となるための望仙台を禁裏に築くよう命じた。会昌四年十月から、毎日左右神策軍三〇〇〇人が土を運び、祝日も休まず工事を続け、会昌五年三月に築成した。この望仙台は、高さが一五〇尺（約四九・五メートル）もあり、そびえ立つ孤峰のように遠くから見える。長安南方の名山である終南山《しゅうなんざん》の磐石《ばんじゃく》を運んで四面が造られており、また螺旋道の傍らに精巧な龕窟《がんくつ》が刻まれ、頂部には桁行七間の殿に相当する敷地に五峰楼が建てられ、あたり一面に奇異な松と柏が植えられていた。

武宗の失徳を示すためか、円仁は東市が失火して、市司《いちのつかさ》の門である曹門《そうもん》以西の十二行四十余家が焼失したことに言及している。東市と西市は長安城内に並立していた商業地区で、市内には行《こう》という同業者の店舗の集まりが二二〇もあり、行ごとにさまざまな商品が陳列されていた。発掘調査により、東市は縦二本、横二本の計四本の幹線道路が井字形に並ぶことで、九等分に分割されており、九分の一の区画ごとに東西向きの道路が一、二本あり、南北向きの道路が無数に存在していたことが確認される。これにより、商店は東西で向き合い南北に並ぶ形で配置されていたことが推測できるだろう。円仁の見聞によると、罪人の処刑もよく東市の北街で行われていた。それに関連しているのかもしれないが、東市の東北隅からは放生池《ほうじようち》、その南岸からは仏像が埋まった穴蔵《あなぐら》などの仏教遺跡が発見され、文献には放生池の畔《あぜ》に仏堂があると記載されている。この穴蔵はまさに武宗の仏教弾圧によるものだろう。

なお、円仁の弟子の唯暁《ゆいぎよう》が会昌三年七月に病死し、円仁らの寄住した資聖寺の慈悲により、前述した鎮国寺の東側に位置する資聖寺の瓦窯の北角地に埋葬された。ここから、城内の大寺が城外にも寺地を持ち、自らのために瓦・塼瓦を焼く瓦窯や専用の墓地を有していたことがわかる。

4　日本への帰還

強制的還俗は、最初は出家にふさわしくない入寺者から始まり、役所の名簿に名がない者、三十歳以下の者、

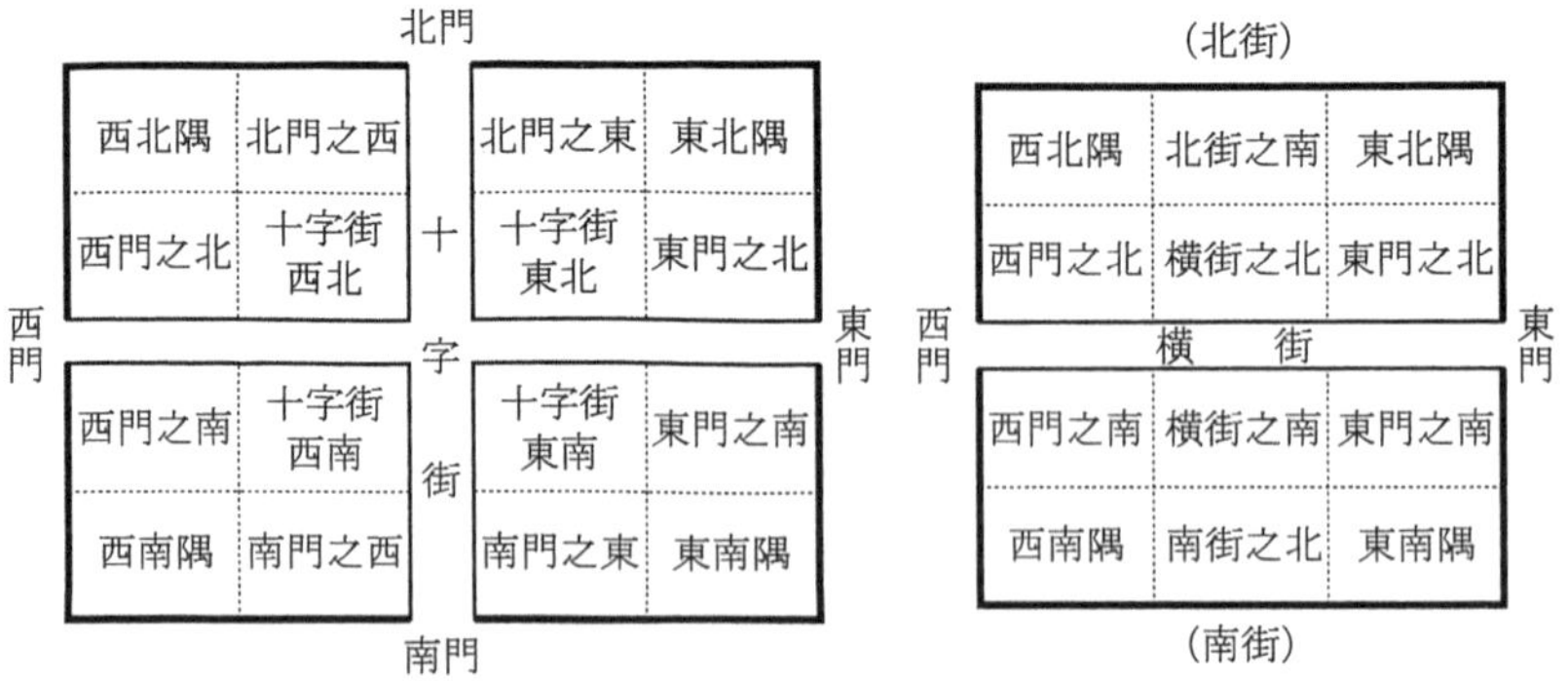

皇城の左右にある東西 6 列，南北 13 行　　　　皇城の南にある東西 4 列，南北 9 行

図 5　坊内の区画（妹尾達彦『長安の都市計画』講談社，2001 年）

五十歳以下の者、年齢を問わずすべての僧侶にまで次第に対象が拡大し、いよいよ厳しくなった。円仁は外国僧としてもともと還俗の対象にはならず、寺からの自由な外出を禁止されるのみであったが、このような高圧的な情勢を恐れるゆえ、会昌元年から帰国のための公験《くげん》（旅を保証するための証明書）を申請する手続きを始めた。

そのために、円仁は当時左神策軍の将校だった新羅《しらぎ》人の李元佐《りげんさ》に助けを求めた。李元佐の自宅の場所は、「永昌坊にある。北門を入って西へ第一曲に曲がり、壁の南面沿いに進み、護国《ごこく》寺の後ろの北西角にあたる」と記述されている。長安の里坊は通常土垣で囲まれ、東西南北に十字形の坊街が通じて四方に坊門が開いている（図5）。大十字街で切り出された四分の一の区画には、さらに小十字街があり、これらにより、坊全体が十六のブロックに区画されている。十六のブロックの中に、さらに細い道路があり、曲《きょく》と呼ばれる。発掘遺構を見ると、懐徳《かいとく》坊・群賢《ぐんけん》坊では大十字街が幅一五メートルほど、安定《あんてい》坊では大十字街が幅二〇メートル、小十字街が幅六メートルで、街路の両側には溝もある。皇城の南にある東西四列、南北九行の合計三十六坊はやや小さく、文献や通義坊の発掘調査によれば、それらには一本の東西向きの横通りと東西の二つの門、加えて若干の曲しかなかった。盛唐時代には、貴族などの有力者が競って大きな邸宅を建設したため、街道はよく敷地内に取り込まれた。

会昌五年になると、外国僧の処遇が変わり、祠部《しぶ》の度牒《どちょう》がなければ還俗して本国へ帰国するよう命じられた。円仁は唐国の祠部の度牒を持っていなかったため、還俗の対象とされた。禍福《かふく》は糾《あざな》える縄のごとし、この不運のおかげで、円仁はついに首都周辺を管轄した政府機関である京兆府《けいちょうふ》から公験を取得した。最初の申請からすでに三年九ヵ月が経過しており、一〇〇通以上の請願書を送っていた。

会昌五年五月十五日、円仁は長安を出発し、李元佐と楊敬之《ようけいし》らが春明門より東約五里の長楽坡《ちょうらくは》まで見送った。長楽坡は滻河の上にあるやや急峻な長坂で、景色が美しく、旅館も設置されていた。別れを惜しむため、彼らはここで一晩泊まって話をした。唐代には、東行の客を送る際、通常は春明門の外で、親しければ長楽坡で、さらに親密ならば遠くの灞橋で柳を折って別れを告げるのが通例であった。

その後、円仁は「国城の咽喉《いんこう》」と称される潼関《どうかん》を通過して、東都の洛陽にも立ち寄った。そして、鄭州《ていしゅう》・汴《べん》州《しゅう》・泗州《ししゅう》を経て淮河《わいが》を渡って盱眙《くい》県に至り、本来ならばここから楚州《そしゅう》に行って渡海したかったが、県令《けんれい》の許可が得られず、やむなく揚州を回って楚州に向かった。しかし楚州では、渡海の公験申請が拒否され、さらに登《とう》州《しゅう》へ向かうよう命じられた。登州への道は過酷を極め、終日山を登り谷を越えた。海州《かいしゅう》を通過する際には、再び渡海を申請したが、これも拒否された。そして密州《みつしゅう》・莱州《らいしゅう》を経て、ようやく登州に到着した。

会昌五年八月二十四日、五年半ぶりに、円仁は再び文登《ぶんとう》県の清寧《せいねい》郷に入った。かつて避難所とした赤山法華院《せきざんほっけいん》に再寄住することを望んだが、そこもすでに破壊された後で、新羅の僧侶たちもすべて還俗していた。残された法華院の荘園に約一年半寄留していたところ、武宗が崩御して宣宗《せんそう》が即位し、会昌七年を大中元年（八四七）と改元した。宣宗は仏教を再興し、州ごとに二ヵ所の寺、節度府ごとに三ヵ所の寺を再建し、各寺には五〇人の僧侶を置くことにした。法難はついに終わりを迎えたが、円仁の帰国船は依然として見つからず、数度転々とした後、大中元年五月に、円仁はようやく唐人の江長《こうちょう》と新羅人の金子白《きんしはく》・欽良暉《きんりょうき》・金珍《きんちん》が蘇州《そしゅう》から発した商船に乗ることができた。旅立つ際に、仏が課した試練を完了した円仁は、ついに再び頭を剃り、僧服をまとった。このとき、彼はすでに五十九歳であった。

帰国後、円仁は比叡山《ひえいざん》に灌頂台を設け、文徳《もんとく》天皇の仁寿四年（八五四）に義真《ぎしん》・円澄《えんちょう》・光定《こうじょう》に続いて、延暦《えんりゃく》寺《じ》の四世天台座主《ざす》に就き、清和《せいわ》天皇の貞観六年（八六四）に享年七十一で入寂し、慈覚《じかく》大師の号が諡られた。運命的なことに、仁寿三年七月に欽良暉が日本から唐に戻っているが、のちの天台寺門《じもん》派の宗祖、智証《ちしょう》大師円珍がその船で福《ふく》州に渡海した。円仁から次の時代へと歴史が引き継がれていくのである。

〈参考文献〉

円仁著・足立喜六訳注・塩入良道補注『入唐求法巡礼行記』2（平凡社、一九八五年）
中国社会科学院考古研究所『青竜寺与西明寺』（文物出版社、二〇一五年）
馬得志「唐長安城安定坊発掘記」（『考古』一九八九年第四期）
李健超「関于隋唐長安城若干歴史文化遺跡的発掘与研究」（『西北民族論叢』二〇一七年第一期）
李裕群・閻躍進「太原市龍山童子寺遺跡発掘簡報」（『考古』二〇一〇年第七期）

17 古代中国宮殿の両翼建物
——権力空間の変遷をよみとく——

華　揚

1　変化する中国の宮室制度

儒教経典のひとつである『周礼《しゅらい》』は日本でも大藤原京説との関係で知られているが、宮殿の設計に関して「三朝五門」という説がある。西周《せいしゅう》の理想的な宮室は皐門《こうもん》・雉門《ちもん》・庫門《こもん》・応門《おうもん》・路門《ろもん》の五門と、外朝《がいちょう》・治朝《ちちょう》・燕朝《えんちょう》（路寝《ろしん》）の三区画で構成されるとするものである。宮室に関する分析は、古代から現代に至るまで、長くこの儒教経典の概念に引き寄せて解釈しようとしてきたが、現実とのあいだに多くの矛盾や齟齬がある。

ここでは、『周礼』の三朝が具体的に何を指すのかはいったん置いておき、大朝《だいちょう》・常朝《じょうちょう》・外朝《がいちょう》という三種類の機能的な空間がどのように配置されたかという視点から、中国の魏晋《ぎしん》南北朝から隋唐《ずいとう》にかけての宮室制度の変遷について述べたい。そしてこの過程で、本体の左右両翼から前面に突出する双闕《そうけつ》や双閣《そうかく》が付随する特殊な構造を呈する建造物が、どのように権力空間の変化にともない、段階的に形成されたかを明らかにする。

2　魏・晋・北魏の洛陽宮と閶闔門

中国においては、漢代《かん》（紀元前二〇六～二二〇年）以前、一貫して都城のなかにいくつかの宮室が置かれていたが、三国時代の曹魏《そうぎ》（二二〇～二六五年）の鄴城《ぎようじよう》をはじめとして、これ以降、都城の北寄りにただ一つの宮城を建造するようになった。いわゆる「単一宮城制」である。

鄴城の宮城には、明らかに二つの主軸線がある（図1―1）。都市の軸線にあわせる中部の宮殿区画は、文昌殿《ぶんしようでん》を中心に、止車門《ししやもん》を正門として、重要な儀式を行う儀礼的空間であり、大朝と呼ぶことができる。いっぽう、東のすぐ隣の宮殿区画は、聴政殿《ちようせいでん》を中心に、司馬門《しばもん》を正門として、日常的な政務を行う事務的空間であり、常朝と言える。そして、尚書《しようしよ》という皇帝の官房組織は、聴政殿と司馬門の間に設置されており、司馬門の外に置かれるほかの政府の諸部署を管轄している。比べると、中部宮殿区画の文昌殿がまさに後世の太極殿《たいきよくでん》に相当するような存在であったが、中央宮殿区画と東部宮殿区画はどちらも同じくらい重要な空間と言えよう。

文献史料によれば、このとき、止車門の両側に双闕が建っていた。闕とは、先秦《せんしん》（紀元前二二一年の秦による全国統一以前の時代）以来、住宅の敷地の前に二つ建てられた楼状の建物で、正門であることを示し、楼と楼の間には道が通っていた。従来、宮城正門の闕はとくに雄大であるため、宮城はよく宮闕とも呼ばれてきた。形としては、おそらく、止車門の双闕は伝統的な独立式の双闕であろう。

魏文帝の曹丕《そうひ》は正式に漢王朝にとってかわり、魏王朝を立て、都を洛陽《らくよう》に移した。近年の発掘調査によれば、洛陽の宮室配置は曹魏から西晋を経て、さらに北魏になってもあまり変わらず、北周《ほくしゆう》は改築しようとしたが、

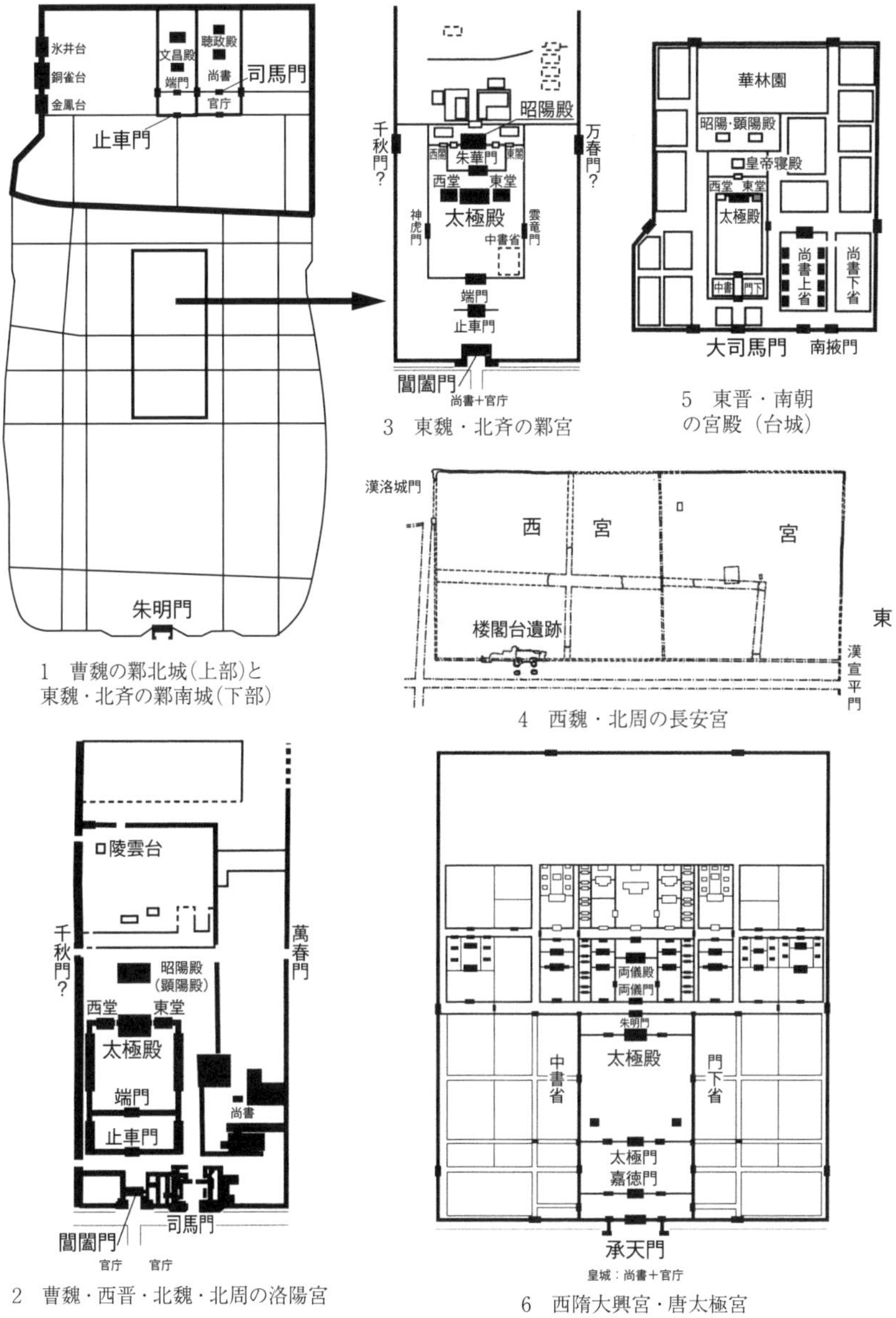

1 曹魏の鄴北城(上部)と東魏・北斉の鄴南城(下部)
2 曹魏・西晋・北魏・北周の洛陽宮
3 東魏・北斉の鄴宮
4 西魏・北周の長安宮
5 東晋・南朝の宮殿(台城)
6 西隋大興宮・唐太極宮

図1 魏晋南北朝から隋唐代にかけての宮城の変遷

1:中国社会科学院考古研究所鄴城考古隊の資料にもとづいて筆者作成.

2・3・5・6:村元健一『日本古代宮都と中国都城』(同成社, 2022年)に加筆.

4:中国社会科学院考古研究所漢長安城工作隊「西安市十六国至北朝時期長安城宮城遺址的鑽探与試掘」(『考古』2008年第9期, 一部加筆).

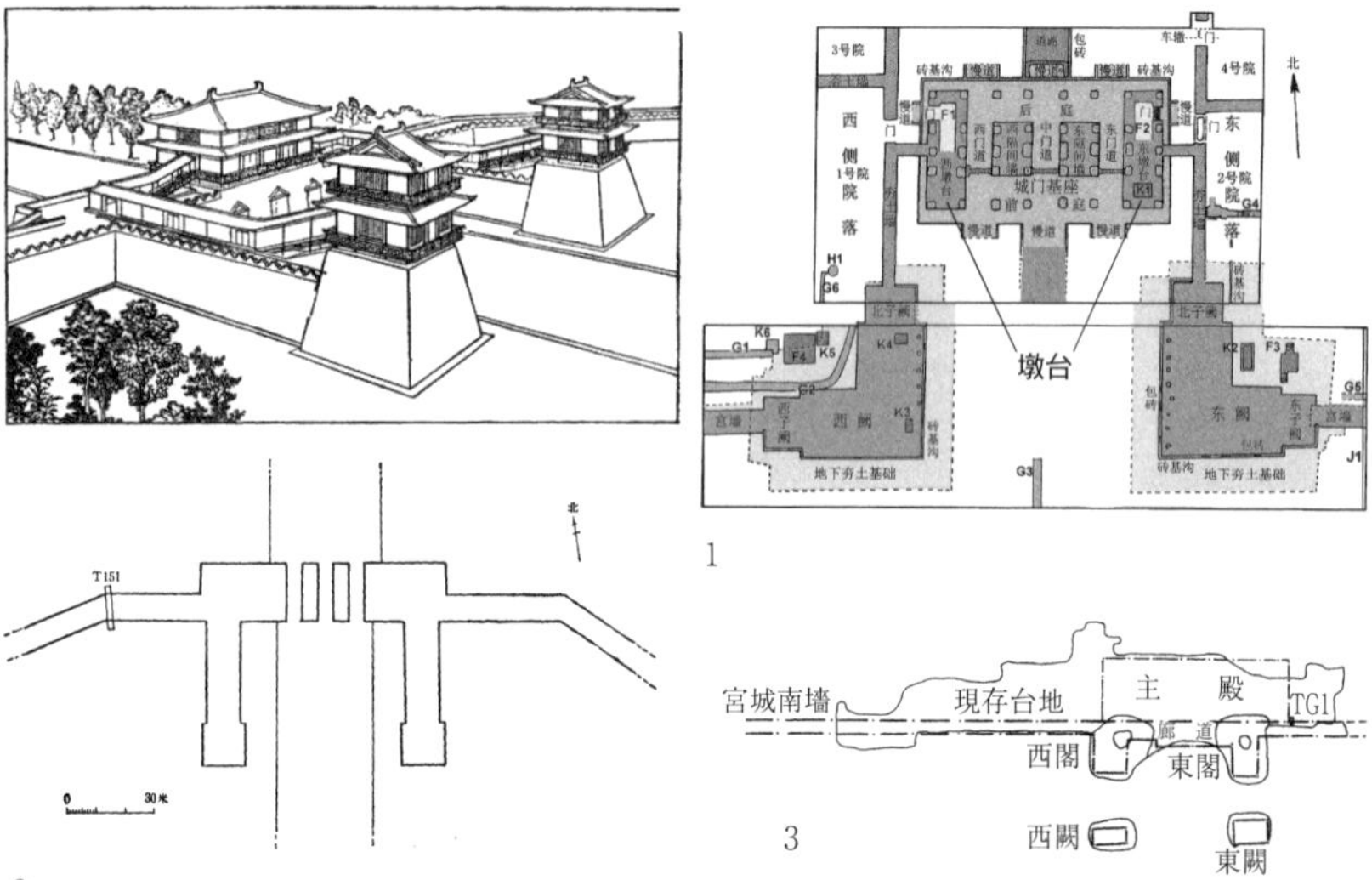

図２　魏晋南北朝における翼廊付き門と殿の形成

1：洛陽宮の閶闔門（銭国祥「漢魏洛陽城城門与宮院門的考察研究」『華夏考古』2018年第6期，一部加筆）．

2：鄴南城の朱明門（徐光冀「河北臨漳県鄴南城朱明門遺址的発掘」『考古』1996年第1期，郭義孚「鄴南城朱明門復原研究」『考古』1996年第1期）．

3：長安の楼閣台遺跡（中国社会科学院考古研究所漢長安城工作隊2008）．

これも完成しなかった。この洛陽宮は、前の鄴城と比べるとかなり変化している（図1—2）。

この時期、正殿の太極殿は依然として、重大な儀礼のときに使用される大朝であった。しかしながら、皇帝は太極殿の両側に、新たに東堂と西堂を附置し、政務を処理する常朝として、東にある朝堂の職能を分化させた。そして、東部の簡素化に反して、太極殿院の前に宮門が幾重も並ぶようになった。これらは、東部の軸線の機能と配置を取り除き、もともとの比較的シンプルな正殿の空間へと組み立てていく措置と言えよう。さらには、日ごとに膨張していく尚書の権力を抑えて、皇帝の権力を強めるために、百官の官庁もほぼ東部軸線から西部軸線の正門である閶闔門《しょうこうもん》の外へと移動された。以上のことから、依然として二つの軸線が存在していたものの、両者のバランスは崩れた。

西部軸線の強化にともない、正門の閶闔門は権力を象徴する意味合いがより濃厚になった（図2―1）。発掘調査によれば、太極殿の前の三つの門はほぼ同形同大で造られており、二つの墩台《とんだい》の間に二つの隔壁で三本の門道に分けられていた。そして従来の門道左右に壁付きで密に立て並べた柱に梁を架けてトンネルを構成し、版築全体の上に楼を建てる過梁式門とは異なり、通常の木造殿堂のように地面から一間ごとに格子状に柱を立てる柱配置が確認でき、いわゆる殿堂式門である。こうした構造により、儀礼空間としての機能が発達していただろう。なかでも、閶闔門は宮城の大門として、前方両側に双闕を持つ点がやや特殊で、そしてその闕が、従来の門から独立したものとは異なり、新たに城壁によって門と結び付けられるようになった。こうして、門・城壁・闕によって、宮門前が三面に囲まれる空間を作り出した。この空間は非常に広大で、文献には皇帝がここで閲兵《えっぺい》や大赦《たいしゃ》を行ったと記されている。これにより、閶闔門がもはや宮城の正門であるのみならず、さらに外朝の性質も備えたことがわかる。

3 北朝の鄴城朱明門・長安楼閣台遺跡と南朝の台城

西暦五三四年、北魏は東魏と西魏に分裂し、程なくしてそれぞれ北斉・北周に取って替わられた。東部地域を拠点とした東魏と北斉は都を洛陽から鄴城へと移したが、曹魏の鄴城の跡地を使ったわけではなく、元鄴城を鄴北城とし、南面に鄴南城を築いて拡張した（図1―1）。意図的に尚書の権威をさらに弱めようとしたためか、『鄴中記』という史料によると、そもそも宮城内にあった尚書省が宮城から追い出され、そのほかの官庁と一緒に宮城正門の南に置かれたとされる（図1―3）。それに応じて、尚書朝堂の南方にあった宮門も消失してしまった。その結果、鄴南城宮の軸線は中央の一つのみとなった。そしてもう一つ注目すべき点として、文献から見ると、北斉時代には、東西堂に関する記録が減少しており、東西堂よりも、実質的に太極殿の北側に位置する内裏《だいり》の昭陽殿《しょうようでん》が常朝空間として使用されるようになったということである。

現在、宮城の正門である閶闔門は発掘時の資料がまだ公開されていないが、担当者によれば、都城の南門である朱明《しゅめい》門とほぼ同じ構造をもっているという。朱明門の前方にも一対の闕があり、門と連なっている（図2―2）。ただし、洛陽宮の閶闔門と比べると、連結部分が単純な版築壁のみではなく、城壁の上に通行可能な廊下が設けられており、翼廊付きの城門となった。この構造により、閲兵や大赦の際に見下ろす環境が整い、閶闔門の外朝としての性格はいっそう確立された。これは、宮城が唯一無二の中軸線を発展させたことに呼応しているのではなかろうか。

いっぽう、西部地域における西魏と北周は、前漢からの長安城《ちょうあんじょう》（現在の西安《せいあん》）を都として、十六国時代（三〇四～四三九年）の前趙《ぜんちょう》・前秦・後秦がその北東の隅に建設した宮城を踏襲した（図1―4）。この宮城は、西宮《さいぐう》の皇宮と東宮《とうぐう》の太子宮とに分かれているが、二つの軸線とは言えない。近年、西宮の南壁中部に位置する建築群が発掘され、楼閣台遺跡と呼ばれている（図2―3）。建築群と称するのは、いくつかの建物を組み合わせて構成されているからである。宮城の南壁に殿堂式の門が設けられ、その両脇に東閣と西閣が配置され、南には東闕と西闕がそれぞれ対応しており、北側は主殿に連結している。この双闕は門と結び付けておらず、旧来の形式を踏襲したと考えられる。しかしながら、門の両側に東西の閣を設置するのは東部地域では見られない設計である。この建築群は後世登場する、建物本体の両翼にそれぞれ翼廊で二つの小型楼閣建築を連結する五鳳楼の前触れとなっており、興味深い。また、機能面においては、発掘調査により、門廊・双閣と双闕の間に踏み固められた地表面が発見されており、ここはもともと広場の性質を有して、外朝として利用された可能性が高いことが示されている。いっぽうで、北の主殿は発掘担当者により太極殿、すなわち大朝正殿と推定されている。そうなると、この建築群は大朝と外朝を結びつけるものであり、唐代の大明宮含元殿《だいめいきゅうがんげんでん》へと繋がるものと位置づけられ、注意しておく必要がある。

また、魏晋南北朝時代は、西晋によるごく短い統一を除き、南北政権が分立している状態であった。南方は建康《けんこう》（現在の江蘇《こうそ》省南京《なんきん》市）を政治の中心として呉《ご》・東晋《とうしん》・宋《そう》・斉《せい》・梁《りょう》・陳《ちん》の六朝（宋〜陳を南朝と総称）が交代し、北方の十六国および北朝政権と同じ時期に独立して展開したもう一つの重要な歴史の舞台である。東晋の成帝《せいてい》期になって初めて、整った宮室が建設され、台城《たいじょう》と呼ばれる（図1―5）。その後、孝武帝《こうぶてい》のときにはさらに徹底的な改築が行われ、陳朝の滅亡までそのまま使われていた。

郭湖生《かくこせい》の文献にもとづく復元によれば、台城は大司馬門《だいしばもん》から太極殿と、南掖門《なんえきもん》から尚書省の朝堂の二つの軸線を持っており、太極殿の両脇に常朝の東堂と西堂を設置することにより、東側の軸線を相対的に弱化させている。これは、魏晋から北朝にかけての洛陽宮と基本的に同一の段階にある。東晋は、西晋の滅亡後、晋王室が江南《こうなん》に渡って建てた王朝であり、魏晋洛陽の伝統を持ち込んだと考えられる。なお、南朝では、ますます膨脹した尚書に対抗して、中書《ちゅうしょ》と門下《もんか》が尚書の秘書職権を奪って、太極殿院の南部に設けられ、直接皇帝の命令を受けて軍事や国政の要務を処理するようになった。

梁末の太清三年（五四九）、侯景《こうけい》の乱によって荒れ果てた建康城を目の当たりにした百済《くだら》の使節が、端門《たいもん》外の闕の下で痛哭《つうこく》したという興味深い出来事がある。残念ながら、私たちにはその闕と門の具体的な形状や構造を知るすべがない。

4 隋唐時代の太極宮承天門と大明宮含元殿

魏晋南北朝の乱世は、ついに隋によって統一された。隋王朝は漢長安城の南東に新たな都を建設し、大興《だいこう》と命名した。唐代になると、隋の大興城を引き継いで長安の名を呼び戻し、大興宮を太極宮《たいきょくきゅう》と改称して西内《せいだい》、さらに大明宮を新築して東内《とうだい》とした。

太極宮について、『唐六典《とうりくてん》』では各殿舎の役割分担を次のように明確に定義し、さらに古礼の三朝に比定している（図1―6）。承天門《しょうてん》は元旦や冬至の際に拝賀・宴会・大赦を行い、万国からの朝貢を受ける場合に使われ、外朝とされる。北側の太極殿は毎月の朔日や望日《ぼうじつ》（十五日。満月）に朝会《ちょうかい》を開く場合に使われ、中朝とされる。さらに北にある両儀殿《りょうぎ》は皇帝が日常的政務を扱う場所で、内朝とされる。つまり、太極宮は北斉の鄴南城を踏まえつつ、正式に太極殿の両側にあった東堂・西堂を廃除し、皇帝が日常政務を扱う舞台を内裏へと移転させ、三種類の朝政空間を完全に奥行き方向に並べ替えた。それに加えて、宮城の南に、尚書省を首とする一連の政府機関のため、専用の皇城が新たに設置された。これらにより、中軸線の奥行き方向の軸性が最大限に引き伸ばされた。

外朝の承天門はまだ発掘されていないが、すでに発掘された東都洛陽の宮城正門の応天門《おうてんもん》と同じ構造と考えられている。応天門は、墩台の上に、本体の門楼を中心に、左右に東西の両楼と、前方に東西両闕という五棟を翼廊の連結によって凹字型に配するもので、真の意味での五鳳楼となっている。この構成から、長安にあった十六国時代から西魏・北周にかけての楼閣台遺跡との関連性がうかがえよう。

唐王朝が大明宮を建設すると、主要な宮廷は西内から東内へと移転した（図3―1）。太極宮と対照的に、『唐六典』では大明宮について、含元殿を外朝、宣政殿《せんせいでん》を中朝、紫宸殿《ししんでん》を内朝としている。外朝として機能した含元殿は、全体が凹字型平面のきわめて高大な基壇の上に建ち、本体の大殿《だいでん》の前方に左右対称に翔鸞《しょうらん》閣・栖鳳《せいほう》閣が

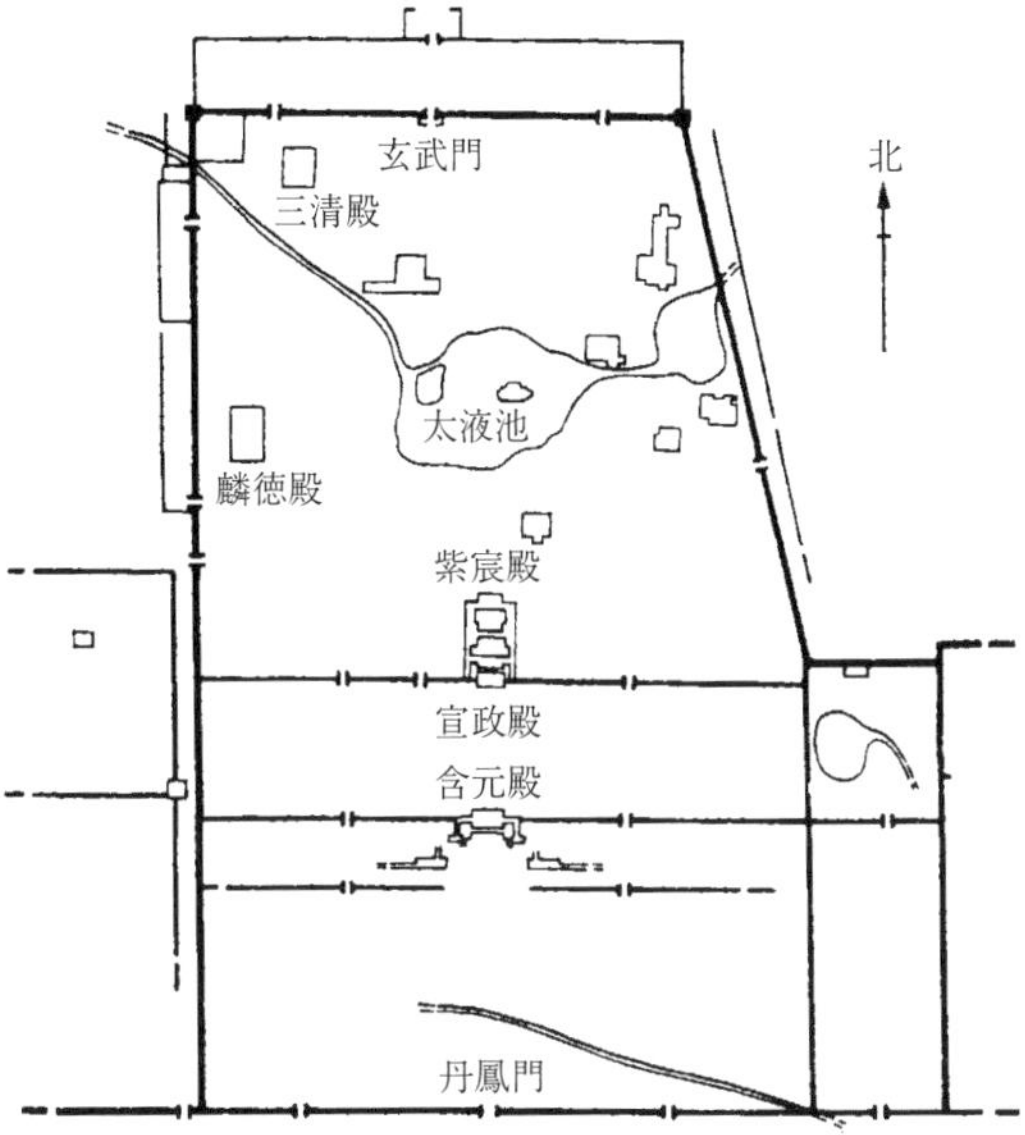

1

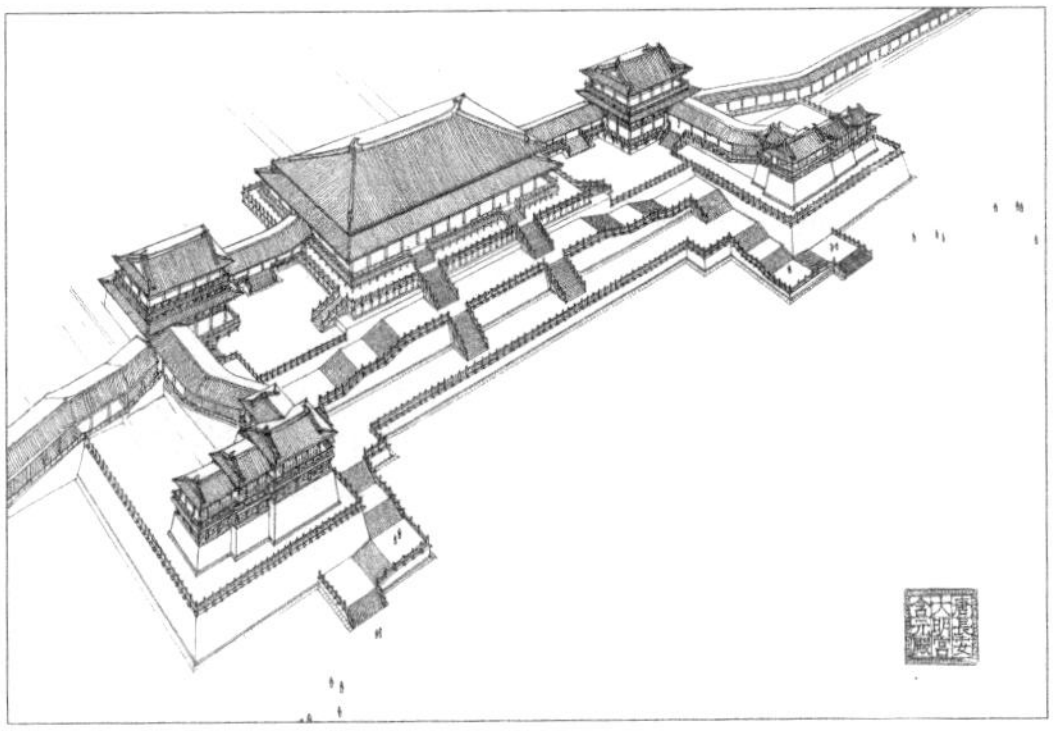

2

図3　唐の大明宮と含元殿

1：奈良文化財研究所編『図説　平城京事典』(柊風舎，2010年).

2：楊鴻勛の含元殿復元案，『宮殿考古通論』(紫禁城出版社，2001年).

配置され、翼廊を通じて大殿と接続する建築形式をとり、北斉の朱明門（閶闔門）、隋唐の応天門（承天門）の流れを汲んだ（図3—2）。しかし興味深い変化として、含元殿は前方に宮城正門の丹鳳《たんほう》門が増設されているため、洛陽宮の殿堂式門の閶闔門を引き継いで、古来の門から真の意味で殿堂へと変わった。それだけでなく、含元殿は実質的に太極殿に相当する主殿となったため、外朝と大朝の性格を兼ね備える点で、楼閣台遺跡にも共通する。このように、大明宮含元殿の淵源はさまざまな宮殿に見え、これらの手法を組み合わることで、最も完成した五鳳楼式の殿堂を作り出した。

5 日本への影響

古代には、中国の宮室制度は朝鮮半島、ベトナム、そして海を越えて日本へと、東アジア全体へ影響を与えた。ただし、日本では、中国のありかたを完全に踏襲したわけではなく、唐長安のように北の宮城と南の皇城という二つの城に分けることをせずに、一つの敷地内とし、大極殿院《だいごくでんいん》と朝堂院《ちょうどういん》、そして時代が下った平安宮では大極殿と朝堂院を合わせた八省院に簡略化されて、長安の皇城正門とされた朱雀門《すざくもん》を宮殿全体の正門とした。

面白い点は、平安宮において、唐の制度を真に学び取っただけでなく、唐長安の含元殿を手本とした建築が二つも存在することである。一つは朝堂院の正門たる応天門である。両翼に突出した双闕を有する連棟式門として、唐の東都洛陽の宮城正門である応天門を継承したかもしれないが、その位置が宮城南側の第二門に相当するという点や、附帯する双闕が翔鸞閣・栖鳳閣と名付けられているという点は、唐長安の含元殿と一致している。もう一つは大極殿である。大極殿は、古来、専用の独立した前庭を持ち、南の朝堂院との間を回廊と門で隔てていたが、平安宮の場合、大極殿院南門および回廊を撤去することにより、朝堂院と一体になった。さらに、大極殿の両翼には回廊をつなぎ、その屈曲部に双楼をのせることで、同じ凹字形の連棟式建築となった。もし朱雀門を長安の皇城正門の朱雀門とみなせば、位置的には応天門が宮城正門、大極殿が含元殿に対応したとすることも可能である。そして、大極殿が龍尾壇《りゅうびだん》の上に設けられている点でも、含元殿と一致している。さらに重要なのは、平安時代中ごろの『中右記《ちゅうゆうき》』には、承和五年（八三八）の遣唐大使藤原常嗣《ふじわらのつねつぐ》が、平安宮の大極殿は含元殿の模倣で、含元殿とまったく同じだというコメントをしていることである。この記事から、当時の人々の認識において、応天門よりも大極殿が含元殿と捉えられていたことがわかる。

　左右から翼廊が延びて前面に突出する連棟式の殿堂は、浄土教の象徴的な特徴ともなった。浄土信仰はインドに起源をもち、中国では魏晋南北朝時代から始まり、唐代に最盛期を迎えた。その教えは、人々が「南無阿弥陀仏」と念仏を唱えるだけで極楽浄土へ往生できると説くため、敦煌石窟《とんこうせっくつ》の壁画や敦煌出土の変文《へんぶん》（教えを民衆にわかりやすく説くため説明的に吟詠したもの）などに変相《へんそう》（経典の内容を表現した図像）を掲げる方法で阿弥陀仏の西方極楽浄土を示した。これらの具象化された極楽浄土の主殿は、上述の宮城の正門および正殿と比べると、形態的には同じ両翼に翼廊と双楼を持つ連棟式である。国家最高級の建築である宮城の正殿は言うまでもなく、とくに宮城の正門は皇帝と民衆の世界の境界にあたる。少し想像を巡らせるならば、極楽浄土の様相を、世俗で最も高貴な建物にもとづいて思い描いたのではないだろうか。このような浄土の図像は日本にも伝わっており、奈良時代の当麻曼荼羅《たいままんだら》などが名高く、平安時代の後期になると、藤原頼通《よりみち》ゆかりの平等院鳳凰堂《びょうどういんほうおうどう》、白河院《しらかわいん》ゆかりの法勝寺《ほっしょうじ》、奥州《おうしゅう》藤原氏が平泉に建てた毛越寺《もうつうじ》・無量光院《むりょうこういん》などをはじめとする、浄土式の仏堂が、現実の世界に生み出されたのであろう。

〈参考文献〉

郭湖生「台城辯」(『文物』一九九九年第五期)
徐光冀「曹魏鄴城的平面復原研究」(中國社会科学院考古学研究所『中國考古学論叢—中國社会科学院考古研究所建所四〇年記念—』科学出版社、一九九三年)
徐光冀「河北臨漳県鄴南城朱明門遺址的発掘」(『考古』一九九六年第一期)
銭国祥・劉瑞・郭暁濤「河南洛陽漢魏故城北魏宮城閶闔門遺址」(『考古』二〇〇三年第七期)
中国社会科学院考古研究所漢長安城工作隊「西安市十六国至北朝時期長安城宮城遺址的鑽探与試掘」(『考古』二〇〇八年第九期)

18 中国の庭園と皇帝の政治生活
——円明園の歴史的役割——

田 雨森

1 二種類の中国庭園

日本と比べると、中国の庭園は西洋との接触がより早かった。その中で最も有名なのは円明園《えんめいえん》である。十八世紀に円明園に行った宣教師がヨーロッパの友に送る手紙で、円明園を「Jardin de Jardin」と呼んでいる。これはフランス語で、「庭園の庭園」という意味である。円明園は「万園《まんえん》の園」とも言われた。この庭園では当時の中国で一般的にみられるような庭園のみではなく、西洋の庭園も模倣していた。いかにして清《しん》代の皇帝はさまざまな要素を組み合わせた庭園を建造したのか。その背景を検討するには、まず皇帝が所有する庭園（本稿で皇家庭園と言う）の性格を理解しなくてはならない。

庭園は、人間が自分と宇宙・自然の関係を認識して自然を改造するものとして、哲学的な意味を持つ「理想郷」である。帝国の主権者として、自分の至高性と統治の合法性を表現するのが庭園を設計するときに重要な課題である。上古には、人が自然を模して台を築き、池を開いており、自然神を祀り、原始宗教の様相が強かった。周《しゅう》代（紀元前十一世紀）に入ると、王の苑囿《えんゆう》は自然崇拝の機能が少なくなり、春秋戦国《しゅんじゅうせんごく》時代（紀元前八～三世紀）には、国君《こっくん》が庭園で巨大な台を作り、自身の威勢を示した。秦《しん》の始皇帝《しこうてい》が六国を統一した後に（紀元前二二一年以降）、都城である咸陽《かんよう》の周囲に、数千里の範囲を苑として、その中に四〇万平米以上の宮室がいくつか建造された。前漢《ぜんかん》（紀元前二世紀）は秦の苑の一部を継承し、三四〇〇平方キロの規模の範囲を上林苑《じょうりんえん》として整備した。上林苑では、星座を模して宮室を配置し、崑崙《こんろん》・蓬萊《ほうらい》の神話を参照して景観を作った。隋唐《ずいとう》（七～十世紀）の時代には、長安《ちょうあん》・洛陽《らくよう》に近隣して都市より大きい庭園が設置された。つまり、面積の巨大さ、自然の山川、大規模な宮室などが中国の皇家庭園の特徴である。

いっぽうで、孔子《こうし》が「智者楽山、仁者楽水」という自然に対する哲学的な認識を示し、知識人たちも自分の理想郷を作りはじめた。古代中国で、庭園を作ることのできる知識人は主に官僚出身者であった。彼らは学識・理想・責任を持ち、自分の政治理想を叶えたかったが、皇帝は彼らを、自分の意志を執行するコマとして扱った。現実社会における圧力のなかで、庭園は知識人が現実逃避して休憩し、現実に対する不満の態度を表す場所になった。

魏晋《ぎしん》南北朝（三～七世紀）の乱世で、仏教と玄学《げんがく》の新興とともに、人工物を嫌い、自然を追求するという庭園の嗜好が形成された。盛唐のときに文人たちが広大な風景を追求したが、安史《あんし》の乱（七五五年）後、突然「壺中の天地」が流行した。小さな空間の中に多くの建築と景観を設置し、自然万物を表現する方法である。例えば、一つの石を峰に見立て、小さい池で海を表す。その方式が宋《そう》（十世紀）に入ると、新しい儒学の流行とともにより発展した。新しい儒学では、日常のモノを研究して天理を認識する方法が重要である。明清《みんしん》（十四世紀、とくに十六世紀以降）の時代には、江南《こうなん》地域において商業経済の発達により、豪商が多くの庭園を建造し、世俗化した。いっぽう、文人の庭園は「芥《かい》に須弥《しゅみ》を納《い》る」（ごく小さい空間の中で多いものを収める）形に発展した。

2　円明園の造園手法

では、十八世紀に完成された円明園は、権力の至高性と当時の庭園手法をいかに統一したのか。

現在の通説では、円明園は円明園・長春園《ちょうしゅんえん》・綺春園《きしゅんえん》という三つの庭園の組み合わせからなる。長春園は乾《けん》隆《りゅう》帝が退位後のために用意しておいた庭園であり、綺春園はほかの貴族の庭園を合併した皇太后のための庭園であった。そして、円明園は一度に建設されたのではなく、約百年の時間をかけて増築されていった。今回検討するのがこの狭義の円明園である。

まず、面積を見ると、円明園は約二三〇万平方メートル《メートル》で、漢・唐の庭園の面積より小さいが、当時の皇宮（紫禁《しきん》城《じょう》）の三倍以上であった。円明園は北京《ペキン》西郊で平坦な湿地の上に建造されており、池と川を開き、丘を築いて景観を作り出した。全体の地形を見ると、西北の地勢が一番高く、東南方向へいくつかの山脈が造成されている。これは、中国の山脈がすべて西北の崑崙山から生まれるという伝統的な認識と一致する。そして、東には三つの小島が浮かぶ福海《ふっかい》と呼ばれる広い湖が開かれ、東シナ海と蓬萊仙山を象徴している。これにより、帝国の地形を縮小して庭園の中に表現し、天下を皇帝自身が保有するという至高性を示している。

それでは、このような広大な土地の中に、いかにして豊富な景観を作り出したのであろうか。まず、円明園の中にはいくつかの湖が置かれ、数多くの網のような小川が地盤を分割した。そして、山脈のような丘によって独立の空間が作られた。丘の上に木を植え、石を置いて垣のように遮蔽し、内部に建築と庭園景観を作った。また公共的な区域にも景観を設けていた。全体は一〇丈（約三〇メートル）×一〇・四丈（約三一メートル）のグリッドにより計画されており、散策すると移り変わる景色を楽しめる。各景観には異なる主題の名称が付けられていた。例えば、「正大光明《せいだいこうめい》」「勤政親賢《きんせいしんけん》」「九洲清晏《きゅうしゅうしんえん》」などが帝王の意識を、「方壺勝境《ほうこしょうきょう》」「蓬島瑶台《ほうとうようだい》」などが神仙世界を表し、「多稼如雲《たかにょうん》」「澹泊宁静《たんぱくねいせい》」などが農業を重視する態度を表した。これらの主題を通して直接的にさまざまな「理想」を表したのだ。そして、多くの景観は当時の有名な文人庭園を参照したもので、例えば、蘇州獅子林《そしゅうしりん》を参照して文源閣《ぶんげんかく》の庭園を設計した。なかには名前まで踏襲するものまであった。例えば杭州西湖《こうしゅうせいこ》の十景のすべてを円明園で再現したが、環境と周辺景観の違いも大きく、まったく似ておらず、ただ名士の風潮を引き写す程度であった。

つまり、円明園の設計では、国の山川地勢の模倣、巨大な面積が皇家庭園としての威勢を表現した。加えて、文人庭園を模倣し、当時の風潮にも迎合していた。皇家庭園と文人庭園、両方の特徴が一つの庭園でうまく表現されている。

3　円明園の維持管理

こうした大規模な庭園では、建造はもちろん、日常の運営にも多額の資金を必要とした。その経費は、主に皇帝の個人の財源である内務府《ないむふ》から支出された。庭園景観と建築の修理、皇室に仕える人員の管理、行事などの日常の運営管理も内務府が担った。そのため、乾隆十四年（一七四九）に円明園に自身の銀庫を設け、翌年に官署《かんしょ》器皿庫《きべいこ》（官庁の用具置き場）を設けた。そして、帳簿会計にも厳しい規則を設定し、毎年の収支の帳尻を合わせ、五年ごとに帳簿と実物とを照合した。さらに、千両以内の清算は一ヵ月間、一万両未満は二ヵ月間、一万両以上は三ヵ月間以内に帳簿につけることになっていた。

いっぽう、大量の支出の負担は大変であった。例えば、嘉慶十四年（一八〇九）の一年間の建築修理費は三二万両で、乾隆末年の内務府一年の剰余金が七〇万両ほどであったから、その巨費は明らかである。日常の経費も大きかった。「鴻慈永祜」一つの区域のみで、一日茶瓶を保温するために、二・九五キロの木炭と五・九キロの薪を使った。内務府の収入は主に皇室所有地の地代と、関税・罰金・塩の専売などにより構成された。そのなかで、塩の専売が相当の割合を占める。先述の嘉慶十四年の支出を補うために、一〇万両を両淮《りょうわい》塩局に投入して利益を得た。

また人事管理も重要な課題であった。雍正年間（一七二三〜三五）、円明園を管理する執事は一八人だったが、道光元年（一八二一）には、行政管理体制に属する人員が九七七人に増えている（奴婢《ぬひ》は含まず）。この時期に円明園につとめる宦官《かんがん》だけも六〇〇人以上であった。そこで、官僚から奴婢に至るまで、厳しい管理規範を設定した。彼らは小さなミスで重罰を受けた。例えば、ある池の水位が低くなったり、ある花園で花が萎んだままであったり、あるイベントで花火を上げるタイミングを間違えたりすると、官僚は数ヵ月分の給料を差し引かれることになっていた。奴婢はより厳しく管理された。宦官が逃げると、一〇〇回杖で叩かれる刑を受けて遠くに放逐された。欄干の上に座ったり、居眠りなどでも四〇回杖で叩かれる刑を受けた。こうした厳しい懲罰を与えても、円明園での管理問題は頻出した。

まず、不審者の問題がある。官僚は自分の家族と園内を遊賞することができたのと、園内に住んでいる者は部外者を匿ったので、皇帝の安全を脅かした。そして、奴婢・宦官などによる窃盗問題も顕著であった。例えば、乾隆二十九年（一七六四）に「九洲清晏」の奉三無私殿が焼失したが、宦官は消火する際に銀両を盗んだ。さらに、道光十二年に、上司の庇護のもとで、宦官が倉庫の糸を盗んで売却した。このような問題がたびたび起きた背景には、宦官の収入が低かったこともあるが、皇帝・官僚・奴婢の間での深い矛盾もあった。

また、工事の監理者にも問題があった。乾隆帝の時代に装飾画の剥落、壁のひび割れ、漆の割裂などの問題が出てきた。工事の監理者に罰金が課されたが、その問題はまったく解決しなかった。さらに、原料の取り換え、やっつけ仕事も頻出し、工期通りに完了できないこともあった。工事監理の問題の背後には、汚職や官僚と商人の共謀などの深刻な社会問題もあった。

4　円明園での政治生活

清代の皇帝にとって、円明園は紫禁城より重要な住居であると言える。北京にいる場合、一年間の大部分を紫禁城ではなく円明園で過ごした。帝国の実権者がこの庭園で国家を運営したため、円明園は「帝国の心臓」とも呼ばれた。なぜ清代の皇帝が円明園を偏愛したのか。皇帝の円明園での生活実態を知れば理解できるだろう（図1）。皇帝の一日の行程を記録した『穿戴檔《せんたいとう》』によると、乾隆二十一年正月十六日に、皇帝は寝殿から「拖床《たしょう》」と呼ばれるソリに乗って同楽園前埠頭《ふとう》に行き、輿に乗って遊賞しながら皇太后を待った。いっぽう、皇太后は「正大光明」で宴会をした後に同楽園（図2）に行き、皇帝とともに朝食をとった。そして、夕食もここでとった後に、ソリに乗って「別有洞天《べつゆうどうてん》」に行き、少し休んで「九洲清晏」に行って着替えた。そしてソリに乗って十

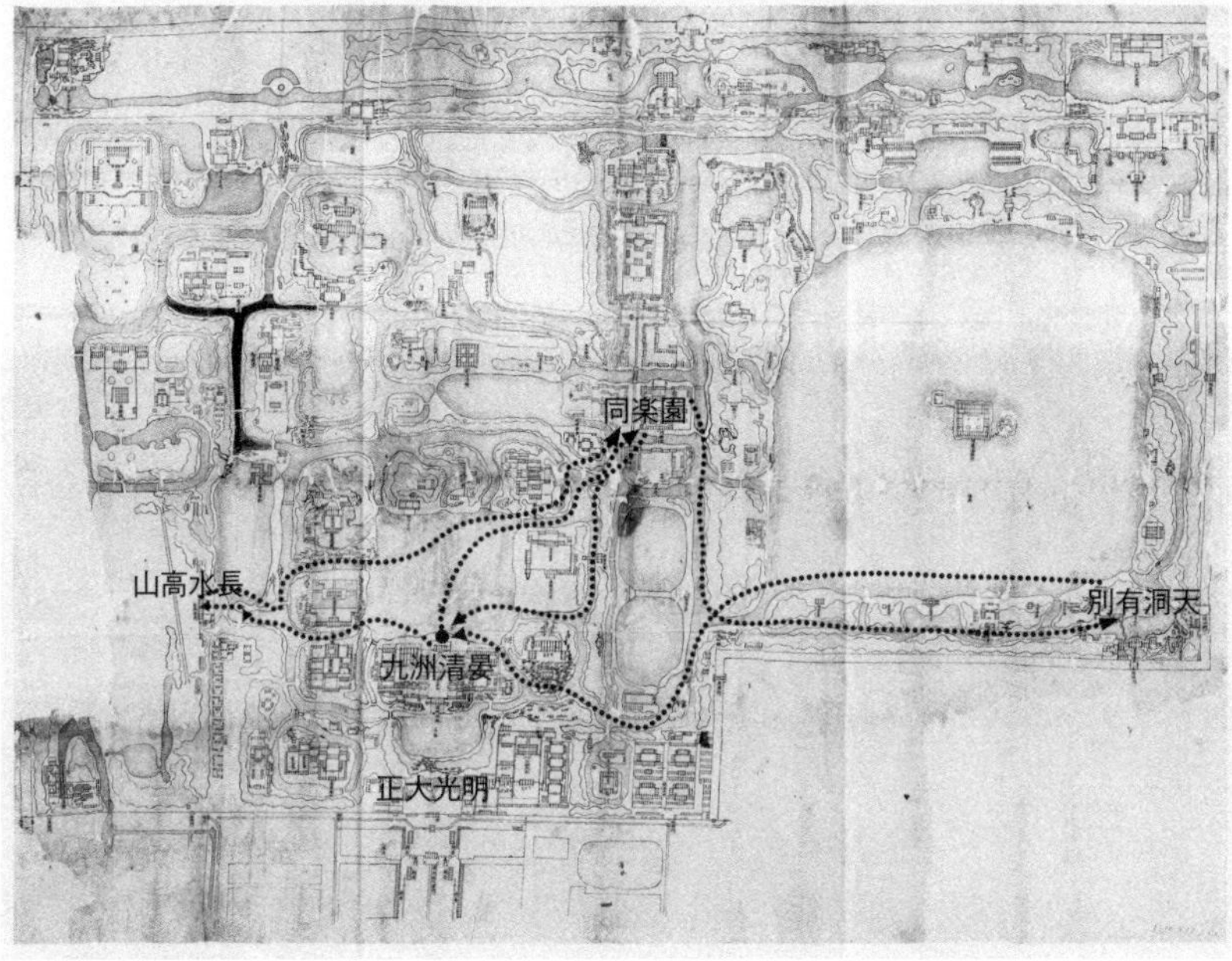

図1 円明園で一日間の行程（「円明園全図」．国家図書館編『国家図書館蔵様式雷図檔円明園巻続編』全十二函，国家図書館出版社，2017 年をもとに加筆）

図2 「坐石臨流」（右下の部分が同楽園である．唐岱，沈源〈清〉円明園四十景図咏．image.baidu.com）

図3 「山高水長」（西の敷地で演出と花火を見る．唐岱，沈源〈清〉円明園四十景図咏．image.baidu.com）

字亭埠頭に行き、輿に乗って「山高水長」（図3）に行って王公たちと格闘技と花火を観賞し、またソリに乗って同楽園前埠頭に行き、輿に乗り換えてもう一度、同楽園を遊賞した。最後に同楽園前埠頭に行き、ソリで「九洲清晏」の寝殿に戻った。一日で各景観を遊覧し、花火と格闘技を観賞している。さらに、各景観への交通手段として多様な乗り物を使っている。冬にはソリ、春には船に乗り、迂回曲折の水路で、両岸の景色を見ながら楽しんだ。紫禁城の厳粛・抑圧の雰囲気より円明園は住みやすかったのである。皇帝は円明園の自然な環境が自身の政務処理に役に立つと弁明するが、行程を見ると、皇帝の円明園での主な活動は行楽なので、清末の国家の危機に際し、大臣が皇帝に対して円明園に移居しないように諫言するのも理解できる。

ただし、日常の活動以外に、円明園では政治活動も行われた。そのなかで最も重要なのが民族問題と言える。清代の統治者は満族出身で、周辺民族とのあいだに生じた諸問題に、以前の漢族政権とは異なる方式で対応した。とくに明代《みん》に大きな脅威であった蒙古《もうこ》に対して、以前のような対抗関係ではなく団結する道を選んだ。例えば、清代の統治者は、中原《ちゅうげん》（現在の華北《かほく》地区を中心に、主に漢民族が居住する地域）に入る前に、すでに蒙古の権力者と姻戚関係を結び、康熙帝《こうき》は蒙古貴族との会見用に熱河《ねっか》離宮を設けた。円明園でも蒙古と関係のある重要な施設を設置している。円明園の「山高水長」には広い空地があったため、花火、弓馬、格闘技などの武術活動はよくここで行われ、これを蒙古貴族と満族貴族は好んだ。観賞と宴会によって、関係を固めたのだ。さらに、「山高水長」の隣にいくつかのパオ（遊牧民の住居）を設けることで、蒙古重視の姿勢を明瞭に示した。

円明園は重要な歴史事件が発生した舞台でもある。清代だけではなく、中国史における重要な面会もここで行われた。それがイギリスの使節であるジョージ・マッカートニーの訪問である。この歴史上の重要な面会が熱河行宮《あんぐう》であったことはよく知られているが、実はマッカートニーは熱河に行く前にまず円明園に泊まっている。乾隆五十八年八月に彼らが北京に入り、二十三日に北京の西郊に至ると、円明園の隣にある宏雅園《こうがえん》という客館に宿泊した。当時の寵臣である和珅《わしん》は彼らを接待し、翌日に円明園を参観させた。九月二日にマッカートニーは熱河行宮に行ったが、ほかの同行者は円明園にとどまり、そこで皇帝はイギリスの贈答品を受け取った。この贈答品は主に産業革命以降の工業文明を示す機械や武器であった。乾隆帝はこの贈答品に興味を持ったが、それは西洋鐘のような精美な玩具であった点にあり、工業文明に対する理解ではなかった。この六六年後に、イギリス人がもう一度この皇家庭園に踏み入り、フランス人とともに、発達した工業・資本文明である武器を用いて、後れた農業・封建文明の庭園精粋を劫略《ごうりゃく》して全焼させた。その後、円明園を建て直すつもりだったが、実現しなかった。

円明園は中国の歴史上最も大きな皇家庭園であっただけではなく、最も美しい庭園でもあり、庭園芸術の集大成と言われている。そして、封建社会の最終章として、淵源から衰退まで経験しており、清王朝だけではなく、封建王朝全体の縮図とさえ言える。全盛時の豪華さの下には多くの弊害があり、世界に対する無理解もあった。ロココ芸術がフランスの封建社会の最後の栄光を示すように、円明園は中国封建社会の最後の輝きを示している。しかし、この綺麗な夢は砲声によって破られ、今は、ただ廃墟を残すのみで、後世の人々に過去の栄華を思い起こさせている。

〈参考文献〉

中国第一歴史檔案館『清代歴史史料　円明园・上下』（上海古籍出版社、一九九一年）
汪荣祖・鐘志恒『追尋失落的円明园』（外語教学与研究出版社、二〇一〇年）

19 朝鮮通信使の見た一七一九年の日本建築

園田彩華

1 通信使とその時代

徳川幕府にとっての朝鮮は、いわゆる鎖国状態において交流を持った数少ない国であった。それは豊臣秀吉《とよとみひでよし》による文禄《ぶんろく》・慶長《けいちょう》の役によって断絶していた外交関係を回復したことに始まる。関ヶ原の戦いののち、徳川幕府の積極的な働きかけと、両国の中間で経済的に朝鮮との交流に依存していた対馬《つしま》藩の思惑、そして北方の女真《じょしん》族の脅威から日本と結束を強めようという朝鮮側のもくろみが重なり、慶長十二年（一六〇七）に朝鮮からの使節を迎接した。そして対馬藩が徳川幕府と朝鮮側に対して文書を改作した「柳川《やながわ》一件」を契機とし、寛永十三年（一六三六）から朝鮮通信使（以下、通信使とする）として定例化した。その後も一定の手続きを経て日本側が通信使派遣の要請をする形式を取った。このように朝鮮は日本に対し、警戒しながら交わるという方針であった。

日本側は、日朝の友好関係を築くとともに、通信使の来聘と挙国的な歓迎行事を通じて全国に幕府の威信を見せつけた。同時に、各藩の財政負担により経済をまわし、また朱子学《しゅしがく》の知識を学ぶ機会ともなった。朝鮮側は、表向きの目的は将軍の就任祝いなどであるが、実際は観察を通じて日本の国力調査を行い、再び侵略される恐れがないかを把握する重要な機会であった。

2 通信使申維翰の紀行文『海游録』――一七一九年の旅路と建築――

一七一九年の通信使（以下、享保四年度通信使）による紀行文『海游録《かいゆうろく》』は、朝鮮政府が日本の国情を把握することを意図したものと言われ、朝鮮による日本紀行文のなかでも、観察の細微さから最も評価される。著者の申《しん》維翰《いかん》は多くの日本文人と筆談し、漢詩を詠みあって交流するとともに、旅路の風景を細かく描写した。通信使の製述官（書記官）として、時に感情の赴くまま、見聞した情報を記した。

享保四年度通信使は、徳川吉宗《よしむね》の将軍就任を祝うために派遣され、四七五名が朝鮮と日本の往復約四〇〇〇キロを旅した。波濤を越え、命の危機をともなう対馬から下関を過ぎ、波穏やかな瀬戸内海を通って大坂まで航行し、大坂からは川御座船《かわござぶね》に乗り替えて淀川《よどがわ》をのぼり、その後は陸路で京都、近江、名古屋、そして江戸へと、海路と陸路を駆使して移動した（図1）。

いつの時代においても、外国人が自分の国をどう見たかに好奇心を抱くのは共通の心理である。『海游録』では、日本建築の風情とその暮らしぶりを、申維翰の知識と日本観というフィルターを通して叙述された姿で読み取ることができる。彼は日本建築のどこに関心を持って叙述したのか、その評価の背後には何があるのだろうか。約九ヵ月に及ぶ詳細な日記と、それをもとに日本観察をまとめた「日本聞見雑録」（以下「見聞録」）を見つつ、外国人の見た近世日本の都市・建築を見てみよう（なお、本稿の多くは、漢文である原文を巧みな解説を交えて現代

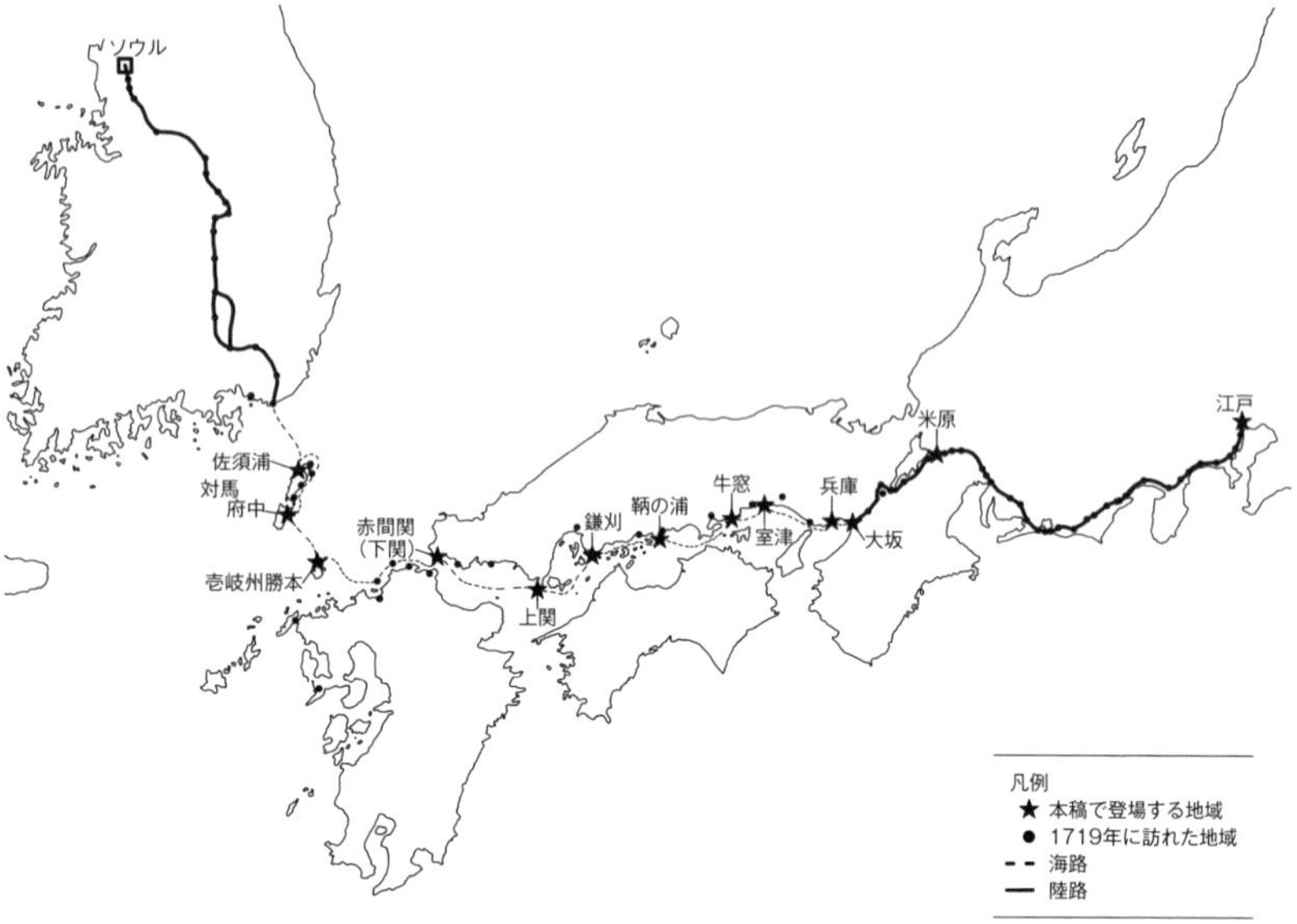

図1　通信使一行の道のり（筆者作成）

語訳した姜在彦訳注『海游録』〈一九七四年〉によっている）。

3　景観・町並みへの言及

享保四年度通信使一行は朝鮮王朝の首都漢城《かんじょう》《ハンソン》（現ソウル）を出発し、そこからまず日本の対馬に到着し、瀬戸内海へと進む。村や町の風景について、維翰はその地域の地形や生業などとともに建物を描写した。

林が開け、転じて一峡に出る。峡中《きょうちゅう》には民屋が四、五軒あり、茅葺《かやぶ》きに竹籬《ちくり》をめぐらしている。草を刈って田となし、あるいは麻を植え、あるいは麦根をとどめている。暮らしの貧しさが想像される。〔一七一九年七月十七日対馬府中〕（姜在彦訳『海游録』、以下略）

居民の舎屋《しやおく》は、松竹の間に燐《りん》の如く立ち並び、前湾の鏡のような水面に相映り、瀟洒朗灑《しょうしゃろうれい》、これまた海中の名勝である。〔一七一九年八月二十七日

上関と鎌刈〕

地勢は寛平にして、民居《みんきょ》や館宇《かんう》が田野のなかに斜めにつらなっている。〔一七一九年九月三日兵庫〕

また、大坂では都市空間の仕組みやその地域の決まり事に関して見聞きしたことを記している。

三歩を一間となし、六十間を一町となし、三十六町を一閭《りょ》となして、閭に一人の主管を置く。里門を作って盗賊と火災を禁ずること、はなはだ厳しい。〔一七一九年九月四日大坂〕

一行は日本各地で小倉城・三原城・明石城・姫路城・大坂城・彦根城・名古屋城などさまざまな城郭を見ることになるが、江戸城については次のように記しており、戦争のない平和な江戸の光景が目に浮かぶ。

第三城門にいたれば、これが宮城である。垣はあるが壕塹《ごうざん》はなく、砲楼も設けていない。制度の華美なることは我が国の宮《きゅう》牆《しょう》に似て、しかもはなはだ高大である。〔一七一九年十月一日江戸〕（図2）

図2　江戸図屏風にみる江戸城三の丸の朝鮮通信使（国立歴史民俗博物館蔵，図録『天下統一と城』2000年）と現在の江戸城（筆者撮影）

「壕塹」「砲楼」を設けていないことから、江戸城が戦のために築かれた城でないことがわかる。それほどこのころの江戸は平和であったと言えよう。いっぽう朝鮮は、地域的に常に外からの脅威を警戒する必要があった。大陸と地続きである半島から来た通信使から見れば、「壕塹」「砲楼」を設けない城の存在はありえない産物と言える。振り返れば大坂でも華麗な寺社建築に触れ、夜でも明るい、平和で活気ある日本の町について述べていた。

東寺を過ぎると、層楼、宝閣が金銀色にきらめくもの、いちいち記録するにたえず。神《しん》が疲れ眼が熱くなって、いくつの町を通過したかも知らない。月色と燈光とが、上下にあって涯がない。〔一七一九年九月十日大坂〕

「見聞録」でも、「閣（閣）道には紙燈を懸け、夜歩いても迷うことがない。これがその京外（京と地方）の富貴人の邸宅のあらましである。関白の居する宮といえども、その精緻さにおいてはすぐれているものの、その宏《こう》傑《けつ》さにおいては及ばない。帳《ちょう》御《ぎょ》鋪《ほ》陳《ちん》もまた、州府の舒《じょ》舎《しゃ》と別がない」と述べ、大坂での燈光に加え道に懸けられた「紙燈（行灯）」など、夜の明るさを強く認識している。

また「富貴人」「関白」「州府」など各地位に応じた家屋の制度に注目している。

倭の風俗では、富貴の家では必ず佳境《かきょう》に舎を築き、或いは池台《ちだい》（池に臨んだ高殿）、別館をたてて屏帳や罍《らい》鐺《とう》の具を置き、もって往来の休息に供す。この茶屋もまた、近江守の築くところである。〔一七一九年九月十五日米原〕

とあったが、「けだし、工巧のみを尚び、礼法はまったく明らかでない。国君の居は制度が立たず、平民富豪もまた、王候と奢を競いうる。その等級なきことかくの如くである」とあるように、日本での身分に対する家屋の制度がわからず困惑したようである。身分の制度をこえて平民の富豪が豪華な建物を建てているように見えたのであろう。

4　日本建築のつくり

対馬・大坂では、屋根について細かく観察している。屋根は何で葺いているのか、またその構成はどのようなものであるか、細部までよく見ている。また瓦葺と草葺で大別するのではなく、茅葺、木皮葺、木片葺を書き分けており、関心の強さが表れている。

> 山の裾を縁どって石を築いて堤となし、その上にある堂宇は神祠《しんし》のようである。その屋根は瓦葺きで、瓦の作りは細にして緻。（中略）館の西に一舎があり、屋根は、木片を削って細い覆いを重ね、その上を拳大の石でおさえて、風雨があっても壊れないようにしている。（中略）浦をはさんで民屋三十余戸。みな茅を積みあげてその頂上を高くし、その状《さま》は盆を伏せたようだ。〔一七一九年六月二十日対馬佐須浦〕
>
> ここより、村廬が道をはさみ、あるいは瓦葺き、あるいは茅葺き、木皮葺き、木片葺きなどの家がつらなって、絶えることがない。〔一七一九年九月十日大坂〕

「見聞録」では「木方葺き、木皮葺きは畳々として鱗の如く、巧緻にして完固である。茅葺きは積み上げてはなはだ高く、形は盆を伏せた如くであり、四、五十年は支えうるとのことだ」と、さらにこうした屋根の耐久性まで聞き取っていた。瓦屋根については「瓦は軽く、それを密に覆い、甍《いらか》は高く、簷《ひさし》は低い」と、今日でも語られる古建築の特徴を捉えている。朝鮮の家屋は大都市の官庁や事業者を除けば、草葺と瓦葺の平屋であったという。当時の首都漢城では瓦葺の方が多く、それだけ富が蓄積されていたとの見解もある。このように屋根は日本観察においても重要事項であった。

壁材や塗装については、

堂の左側から十余歩のところに重門がある。門はすべて黒い漆塗りで狭い。その内に三間の館あり、三使臣のための坐所である。木片を用いて堂となし、壁となす。〔一七一九年六月二十日対馬佐須浦〕

余はすなわち、散歩しながら詩を吟じ、あまねく第宅の隅々を観た。両楹《えい》を越えて西に一房あって、瑰麗《かいれい》敞朗《しょうろう》（ひろくうるわしい）、朱、黄、黒の漆が炯然《けいぜん》とし鑑《かがみ》のようだ。〔一七一九年六月三十日対馬府中〕

楹内（屋内）の棟梁はすべて黄金色をもって塗り、玲瓏《れいろう》にして炫燿《げんよう》。ただし丹雘《たんわく》（赤い塗料）による采画（彩画）を施さないのは、国俗の然らしむるところである。〔一七一九年九月四日大坂〕

と記しており、塗装、とくに漆にたびたび注目した。丹雘についての指摘に関しては、五行思想にもとづき鮮やかな赤・青・黄・黒・白で彩色された朝鮮の宮殿・寺院・儒教建築の存在が思い起こされる（この彩画を「丹青《たんせい》《タンチョン》」という）。「見聞録」でも「宮室の制は、精潔を極め、丹青は施さず、棟梁は繊細」と綴っている。

間仕切りについては「板を用いて壁となし、一面ごとに必ず三つの障子を設け、推転《すいてん》開閉に枢環《すうかん》（とぼそで開閉する）の制はない」と「見聞録」にもあり、今日の韓屋にも残る垂直開閉方式の「分閤」の類を想起させる（図3）。日本の一枚蔀《いちまいじとみ》のように敷居の位置から吊り金具で天井へと吊り上げるのだが、「分閤」は一間に複数枚あり、外壁や大庁と房の間に設けて空間を繋ぎ、風通しをよくして清涼な空間を生み出す。このように日常的に使用される建具が日本には見られず、筆を取ったのだろうか。

建物内部に目を移せば、オンドルを引き合いに、畳を用いた日本式の空間構成とその規格について述べている。

突火煖寝（オンドル）の法はない。ただ重茅席（畳）を敷いていたが、その縁どりの線や、広さ、厚さは、すべて一定している。〔一七一九年六月二十日対馬佐須浦〕

竈で炊いた煙を床下に通して部屋を暖める暖房設備であるオンドルは、初期鉄器時代には原形が見つかっており、朝鮮王朝前期には中枢機関であっても一部の特別な部屋に限られたが、末期には庶民住宅にまで普及していた。日本にはない朝鮮半島特有のつくりと比較する姿がうかがえよう。

畳への視座は、「一間の広さはみな三歩にして、その規格は一国内がみな同じく、少しの差もない。間ごとに茵席《いんせき》（畳）三枚を鋪《し》き、その規格もまた差がない。障子《しょうじ》と茵席が、その一つが欠けることがあっても、他方からこれを補って、みな符号する。国中で用いられる尺度の精なることが知られる」と「見聞録」にも現れる。実際には畳の規格はわずかに地域差があるが、全国的にほとんど変わらぬありように注目し、その規格性の高さを評価している。

また、空間と空間の接続部分や内部構成の名称を、用途別に書きとめた。

館の東からまた側岸に下る数十尺には、翼形の欄干《らんかん》、二重のひさしのある複道（高く架けた廊下）を作って、両側に氈帳《せんちょう》をめぐらし、五歩ごとに一燈を懸けている。〔一七一九年六月二十七日対馬府中〕

山の下に使館を築き、その結構は百余間、曲々として道が通じ、障子《しょうじ》をへだてて房があり、房には浴盥《よくかん》、茶湯、溷厠《かわや》を置き、その造りは精巧である。〔一七一九年七月十九日壱岐州勝本〕

図3　昌徳宮暎花堂（영화당）と分閣
（漢陽大学建築学部提供，東アジア建築歴史研究室蔵）

門内には丁字形の一高閣《いちこうかく》があり、板梯《はんてい》を登ると、上に閣道が通じ、これを玄関という。〔一七一九年十月一日江戸〕

その堂室、複道、庖廩《ほうりん》、浴室をなすものもみな、連架した結構の内にあり、一屋の大きさが、あるいは数百歩にいたる。（中略）さらに深廊密室に入れば、錦帳《きんちょう》に紅氈《こうせん》（赤い毛氈）、文木《もんぎ》（文尺、ものさし）をもって楣《まぐさ》をなし、壁に接して案をつくり、依りかかるにも臥するにもよい。人は、どこから入ればよいのか、どこから出ればよいのか、迷わされる。〔「見聞録」〕

書院造《しょいんづくり》のように部屋が連なり障子や襖で区切られる光景に特異性を感じたのだろう。雁行《がんこう》形式の桂離宮《かつらりきゅう》を思い浮かべてみよう。日本建築はいくつもの部屋を持ち、それらは廊下で繋がれ広大であった。このようなつくりはたびたび『海游録』でも指摘された。彼らの世界とは異なる景色が日本には広がっていたのである。

空間の使い方の違いに困惑するいっぽうで、「見聞録」では住まいの工夫も記した。

殿門内外に儀仗兵衛を設けることはまったくない。宮室は精巧であるが、高壮にして威儀の観はない。楹柱はいずれも角柱で円《まる》からず、庭場は狭苦しく、中下官が拝礼するときに列を成すことさえできない。はなはだ奇怪なことである。〔一七一九年十月一日江戸〕

簷際《えんさい》（軒の辺り）には長い槲《かしわ》（かしわの木）を設けて雨垂れを受け、屋頭《おくとう》（建物の近く）には水桶を置いて火に備える。庭場には細石を鋪いているので、雨が降ってもぬかるみにならない。〔「見聞録」〕

また、『海游録』を通読すると、宿泊先の使館について詳細に記していることに気づく。それは通信使が重視する先例でもあった。前回と同じ使館なのか、施設の設備はこれまでと同様なのか、はたまた劣るのかなど、建築はもてなしの尺度をはかるものでもあった。

5　朝鮮王朝の習俗文化――通信使の観点――

書記官である申維翰は、詩文には長けるが建築の専門家ではない。それでもこれまで見てきたように建築に限っても、朝鮮半島特有の建具やオンドル、日本特有の畳、文化の違いで生じる空間構成など、江戸と朝鮮の習俗・文化の違いが見えてくる。

先に十月一日に江戸で「我が国の宮墻に似て」と江戸城の特徴を書きとめたように、自国と比較していることは明らかである。所有者の地位とともに建物の構成やその趣を記録し、屋根の葺き方、壁の塗装、間取りに注目するのは、当時の朝鮮では、身分によって居住できる家の規模に制限を設け、個人の家を彩色することを禁じていたためではないだろうか。どれも母国の環境と比べたとき特筆されるものだったのだろう。日本という外国での紀行ゆえに、都市や建物を自国と比較して記録する傾向がここにうかがえる。

つまり、建築やその群が織りなす景観・町並みが、生活の質や国民性のものさしの一つとなっていたのである。日本の様子を各所でつぶさに観察するなか、異なるアイデンティティを持つゆえに、理解できず困惑し酷評することもあるいっぽうで、日本建築の精緻さや城の華麗さなどに関心を向けたのである。

6　通信使の訪れた建築物の現在

こうして通信使が訪れた建築のなかには、当時の建物が残っていたり、復元されたりして、実際に足を運ぶことができる場所がある。例えば、小倉《こくら》城（北九州市）もその一つである。小倉城の天守は四階と五階の間に屋根庇《ひさし》がなく、四階よりも五階が大きくなっているのが特徴で、天保八年（一八三七）の火災以降、再建されていなかったが、昭和三十四年（一九五九）に復元された。通信使一行が見たのは慶長七年（一六〇二）に築城されたものであるが、

　行くこと四、五十里、南に海門を望み、波間に奇城が突き出ている。倭人の言によれば、これ小倉県にして、海をさえぎって城にしたという。城の長さほぼ十里、白い姫垣《ひめがき》（城壁の上にめぐらした低い垣）が玲瓏《れいろう》（きわめて精巧なさま）にして、その中に五層の譙楼《しょうろう》（天守）が起ち、碧瓦《へきが》、彫梁《ちょうりょう》が雲表《うんぴょう》に照り輝いている。海水を引いて濠となし、濠の上に長い石橋を設けているが、その朱丹《しゅたん》が隠映《いんえい》して、あたかも彩虹《さいこう》が俯して波を飲むようだ。〔一七一九年八月十八日赤間関（下関）〕

と、その姿と情景を綴っている。

　また、大坂本願寺は、京都山科《やましな》本願寺より親鸞《しんらん》聖人の御真影《ごしんえい》が移され成立した浄土真宗の寺院で、『海游録』では「西本願寺」と記されている。昭和二十年の大阪大空襲により全焼したが、翌年、再建に着手した。東京大学安田講堂などを設計した岸田日出刀《ひでと》によって鉄筋コンクリート造瓦葺・陸《ろく》屋根、地下一階付き六階建ての近代建築という新たな姿に生まれ変わり、現在は北御堂《きたみどう》という名で親しまれる。

　使行は西本願寺に館した。これは、大阪《（ママ）》諸寺のなかでもっとも大きく、かつ華麗である。結構は千余間にして、仏殿は高大、紋槐《もんかい》（文様のある槐《えんじゅ》の材）をもって柱となし、石を削って階となし、高さは丈余に及ぶ。楹内（屋内）の棟樑はすべて黄金色をもって塗り、玲瓏にして炫燿《げんよう》（光り輝く）。ただし丹雘《たんわく》（赤い塗料）による采画（彩画）を施さないのは、国俗の然らしむるところである。仏殿の左側から複道がめぐらされ、そ

れが曲々として各室に通ず。（中略）千百人ばかりが、みな一寺の内に住み、それぞれ寝房、庖厨《ほうちゅう》、浴盥《よくかん》、溷厠がある。その広厦《こうか》（広いいえ）たることが知られよう。〔一七一九年九月四日大坂〕

そのほか、現存する建物としては、広島県福山市鞆《とも》の浦にある海潮山盤台寺《かいちょうざんばんだいじ》（図4）や、岡山県瀬戸内市牛窓《うしまど》の本蓮寺《ほんれんじ》三重塔（図5）、日本で初めて世界文化遺産に登録された兵庫県の姫路城があり、享保四年度通信使一行が目にしたであろう姿を現在の私たちも見ることができる。

また行くこと十余里、たちまち翠壁《すいへき》があり、水面に削り立っている。壁の上は土をならして土台とし、その

図4　海潮山磐台寺（筆者撮影）

図5　本蓮寺三重塔（筆者撮影）

上に小庵を築いている。（中略）倭人の言によれば、この名は海潮山盤台寺である。〔一七一九年八月二十八日鞆の浦〕

使館の供帳《きょうちょう》は、韜浦《とものうら》の如くに盛んである。傍らに一塔あり、上に銅柱をたて、半空に高く突き出ている。名は本蓮寺という。〔一七一九年九月一日牛窓〕

鹿窓を過ぎて姫路城にいたる。城は高大にして、数十里にわたる。五層の譙楼があって曲曲と聳え立ち、暁の光をうけてかすかに浮かびあがる。〔一七一九年九月三日室津と兵庫〕

沼隈半島南端の断崖に石垣を築いて建つ海潮山磐台寺の阿伏兎観音は、元亀年間（一五七〇～七三）に毛利輝元によって再建され、寛永・寛文年間に福山城主などによる補修を経て現在に至るという。朝日を全面に受け輝く姿は今も凛々しく美しい。本蓮寺は朝鮮通信使の三使（通信使の中心人物である正使、副使、従事官のこと）が宿館として四度使用している。通信使が寄港するたびに主要施設として利用された。境内が国指定史跡となっており、三重塔は棟札の写しから元禄三年（一六九〇）建立と伝えられる。中国地方には江戸時代の街道が残る地域も多く、是非一度足を運んでみてほしい。そのほか、『海游録』には、明治の廃城令と戦時期の空襲を免れた彦根城など、現在まで残った建築物が登場する。通信使が見た建築をたどる旅も面白いかもしれない。

7 記憶の器としての建築

日本の建築は朝鮮通信使の目にどう映ったのか。今回紹介した享保四年度通信使を含めた歴代の朝鮮通信使は、宿泊した使館や寺などを、詳細な風景描写とともに記録した。約九ヵ月にも及ぶ旅路で、彼らは文化の違いを感じながら、人々の生活や景観を観察し、日本の建築・都市を評価した。日記での描写は後世の研究者と翻訳者を通して、さまざまな分野で今日まで分析されてきた。その分析のなかで建築は、人々の分析の対象であると同時に、人々の活動や環境変化を反映する装置としてもありつづけた。当時の、そして現代の記憶の器として、建築はこれからも幅広い人々の目に焼き付けられる存在でありつづけるだろう。

〈参考文献〉

嶋村初吉『朝鮮通信使の道—日韓つなぐ誠心の足跡—』（東方出版、二〇二一年）
申維翰著・姜在彦訳註『海游録—朝鮮通信使の日本紀行—』（平凡社、一九七四年）
水野俊平『庶民たちの朝鮮』（ＫＡＤＯＫＡＷＡ、二〇一三年）
李進熙『江戸時代の朝鮮通信使』（青丘文化社、二〇〇九年）

20 魂殿は特異なのか
――日本と朝鮮王朝の葬礼空間――

園田彩華

1 朝鮮王朝の葬式

十八世紀の朝鮮王朝を舞台にした韓国歴史ドラマ「イ・サン」第四十四話では、内待《ネシ》(生前の付き人)が屋根の上に立ち、王英祖《えいそ》の肌着を振ることで、その死が民衆に告げられる。これを上位復《サンウィボク》という。民は膝をつき大声をあげて悲しみ(哭)、宮中では麻の喪服に身を包み喪に服す官僚たちが描かれる。即位式を控えたサン(英祖の孫で次期国王の正祖《せいそ》)は英祖の祭壇に向かって決意を表す。このように韓国の歴史ドラマでは国葬がたびたび描かれる。国葬は国家儀礼の一つとして重要な位置づけにあり、足かけ三年にわたる歳月をかけて行うものだった。国葬での働きぶりに応じて新体制をつくったため、政治との関わりも深かった。第十七代孝宗《こうそう》崩御の際には何年喪に服すか議論する(礼訟《イエソン》論争)など、しばしば議論の的にもなった。

最終的に遺体は墓である山陵へ、魂が宿るとされる位牌は宗廟《そうびょう》(歴代の国王・王妃の位牌を祀る霊廟)・永寧殿《えいねいでん》

（宗廟から祧遷された王族の位牌を祀る霊廟）へ祀られた。そして、山陵や宗廟へ移る前に、宮殿では死者を弔う儀式を行っていた。その舞台が殯殿《ひんでん》《ビンジョン》と魂殿《こんでん》《ホンジョン》である。

人は精神と肉体からできており、人が死ぬと魂は天にのぼり、肉体は土に還るとするのが儒教の教典『礼記《らいき》』にもとづく考えである。精神をつかさどる魂《こん》と肉体をつかさどる魄《はく》は、雲のように浮遊する魂と白骨化した頭骨を象る。生を終えると二つは分離し、魂は天へ、魄は地に帰るのである。亡くなって間もなく行われる上位復は、空中に漂う王の魂に、においの残る服を見せて戻ってきてもらおうとする意味があるそうだ。霊魂観を感じさせる風習である。殯殿儀礼では殯殿に王の遺体（肉体）を安置し、魂殿儀礼では魂殿に魂の形代とも言える位牌（魂）を安置し、それぞれに祭祀を施す。これも儒教の霊魂観にもとづいているのだろう。

そして新しい王のもとで、風水の専門家と相談し墓の位置が決められ、墓が造営される（図1）。その間、遺体は殯殿に五ヵ月にわたって置かれ、祭祀（殯殿儀礼）が行われた。その後、遺体が墓へ埋葬され国葬が終わると、二十二ヵ月の間、位牌を魂殿にて捧げ、祭祀（魂殿儀礼）が行われた。葬儀のたびに用意された殯殿・魂殿は、中国の葬送儀礼の影響をうけて独自に形成された。

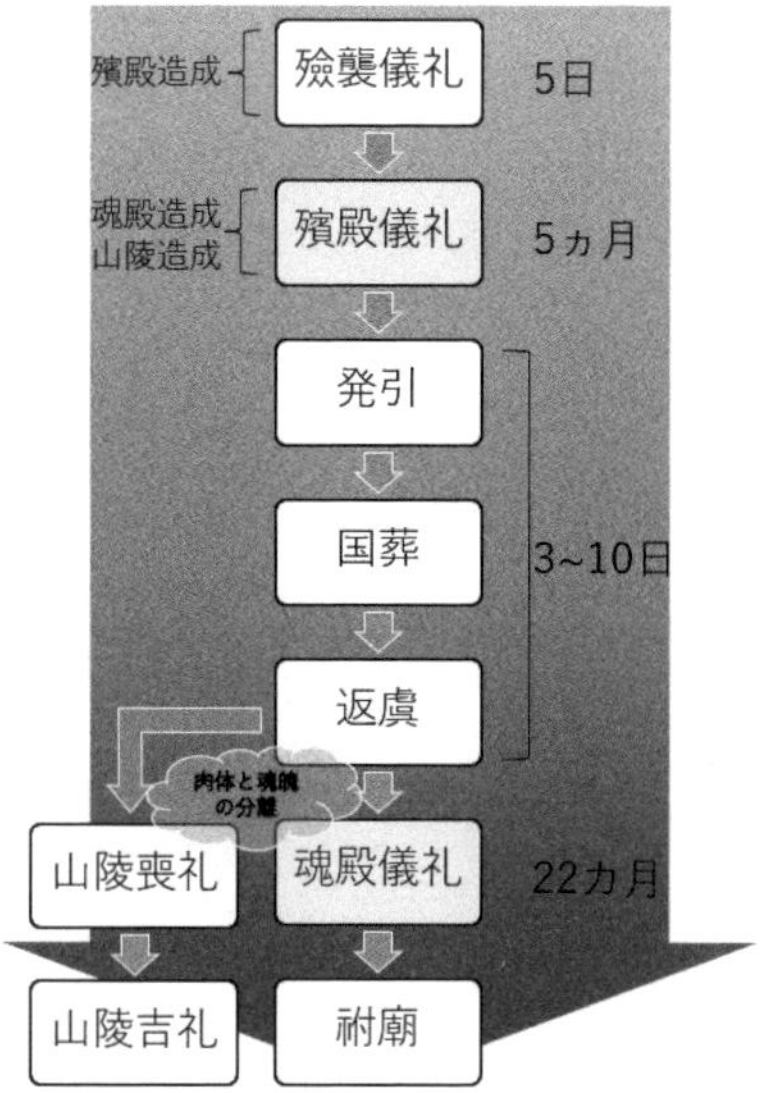

図1　国葬進行過程（筆者作成）

殯殿と魂殿は朝鮮王朝の前の高麗王朝にはすでに存在していた。また日本の歴史学の研究によれば、魏志倭人伝から読み取れる葬法「モガリ」と中国の葬礼習俗「殯《ヒン》」の影響で「モガリ」に殯の字があてられ、「殯《もがりの》宮《みや》」では「殯」の期間、諸儀礼が行われた。平安時代には「魂殿」という語句も記録にみえる。古代の交流に源をもつ殯殿と魂殿とはどのような空間なのか。まずは日本の事例を概観して、その姿に迫ってみたい。

2 日本の「殯殿（殯宮）」と「魂殿」

①日本古代のモガリ葬

モガリ葬とはモガリ屋（遺体安置所）に死亡直後の亡骸《なきがら》を収め、十数日以上屋内に置いた後で改葬する習俗である。これは朝鮮王朝での殯殿の存在を想起させる。しかし大化二年（六四六）に薄葬令《はくそうれい》が出されると、モガリ葬は公には禁止されたため、皇族以外では憚られるようになり、慶雲四年（七〇七）の文武《もんむ》天皇を最後に記録上モガリ葬は消え、仏式の火葬が導入されていくこととなる。

葬法の転機は天武《てんむ》天皇と持統《じとう》天皇の葬儀にある。天武天皇はモガリ葬により亡骸をそのまま山陵へ埋葬したが、持統天皇は死後一年経ってから火葬し、骨壺を山陵に埋葬するという形であった。このとき持統天皇の葬礼前には殯宮《もがりのみや》を造作し、大殿を造る臨時の役所として作殯宮司・造大殿垣司が設けられた。これは朝鮮王朝における「殯殿都監」と目的を同じくする。持統天皇の殯宮は、崩御して七日後に殯宮と目される西殿に移されたことから、臨時的で簡易的な建物と推測され、少なくとも年余にわたり棺を保護し、内部での奉仕者を保護するための施設であろうとの説がある。位置は生前の宮の近く（多くは大殿の庭）であり、殯宮は生前の生活空間に密接して築かれるものだったと指摘される。これは動線の最短化のため、正殿と宮殿各官庁とに近い位置に設けられた朝鮮王朝の魂殿と通じるものがある。

モガリ葬は薄葬令以降、モガリ期間の短縮、モガリ屋の簡素化、改葬の禁止という点で簡略化されていく。そうした流れの中で「モガリ屋」は火葬施設として変容しながら形を残した。承平元年（九三一）に亡くなった宇多法皇は、死の翌日「大内山《おおうちやま》魂殿」に安置され、半月後に火葬された。また長保元年（九九九）に行われた昌子《しょうし》内親王の葬儀では、遺体は「魂殿」に安置され、その棺の下には薪が積まれ、魂殿内を薪で満たした後、戸を閉じたと伝える記録から、「魂殿」に火をつけ火葬されたのではないかと推測されている。そのほか、醍醐天皇山陵の「校倉《あぜくら》」のように、亡骸をそのまま霊屋内に安置する葬法など、簡略化されたモガリ葬は残された。その主要な施設が霊屋であったという。このように、モガリ葬が徐々に簡略化され、またその施設が火葬施設へと変容していく事例を確認することができる。

つまり日本の「魂殿」とは、モガリ葬でも火葬でも葬所（死者の亡骸を処理し、霊を体から分離させる場所）として扱われた「霊屋」の施設を指している。したがって、モガリ葬のそれは朝鮮王朝における殯殿の中でも遺体を納める「梓宮（棺《ひつぎ》）」を安置する「賛宮」に該当する。またそれを火葬していることから、朝鮮王朝のような、遺体を安置するだけの殯殿とも、魂のための空間として位牌を祀る魂殿とも異なる空間である。

他方、『栄花物語』に描かれた三条天皇の皇后娍子の万寿二年（一〇二五）の葬送では、「たまのよどの」と呼ばれる「ひはだぶきの屋」に死者のための供物を供えた。これを霊の世（代）の殿と解して死者が霊魂としての時期を過ごす住まいと解する説もあり、その点と比較すれば朝鮮王朝の魂殿と概念を同じくする。

古代日本の葬法は風葬（遺体を長期間にわたり放置することで風化させる葬法）であった可能性があるという。厚葬の禁が出される七世紀半ばまで庶民のあいだでも一般に行われていたモガリ葬は、霊屋を横穴に葬ったままにしておく改葬をともなわない葬法であったというから、風葬ととれる。風葬は在来のモガリ葬の伝統に連なる広義のモガリ葬であるという。

いっぽう朝鮮王朝の庶民は山に遺体を数ヵ月置いて骨化させた後に土葬するという一種の二重葬で、この方法は中央政府からは禁止されていたが、感染症で亡くなった場合などに限り認められていた。

このように古代日本でも朝鮮半島でも公には禁止されていたが、二重葬のようにモガリ葬ととれる葬法は残りつづけ、仮小屋という一時的な施設が設けられる場合もあった。

故人を尊ぶ時間やタマの継承の時間を持ち、残された者たちが関係性を修復し、記憶の共有を行うのにモガリ葬は適していた。三世紀以降の中国の儒教では、魂魄と孝の考え方から、自らの体を傷つけずに最期を迎えることが孝行とされた。仏教の輪廻転生という思想では元の体には戻れないことになるが、儒教の考えを取り込み、復活を願ったのではないか。平安時代のモガリ葬や朝鮮王朝の殯殿儀礼も同じく永続性を保つ必要のある氏族において行われてきた。

しかし日本では、平安時代に貴族のあいだで広まったケガレ観や、政治的空白期間による混乱を避けるために葬礼の短縮が進み、絶対王権の移譲・確立には好都合な火葬が定着していく。鎌倉までは仏教的供養の範疇にあった個人的な死霊祭祀も、氏社会の変容にともない、中世的ムラとイエ社会の中で、イエの権利を最初に打ち立てた個人を神的存在に崇め奉る廟墓が求められ、現代の祖先祭祀へと続くのである。

②消えた「殯殿（殯宮）」と「魂殿」を探して

鎌倉時代には禅宗が鎌倉新仏教の一つとして日本に定着した。この影響で生じた開山堂（禅宗では昭堂と呼ぶ）は、日本在来の祭祀方法（昭堂に五輪塔や卒塔婆を納める）と中国式の祭祀方法が融合した空間として知られる

（図2）。

鎌倉時代前期、華厳宗の僧で京都高山寺を再興した明恵は、塗籠めの土室（持仏堂）の中で臨終を迎える。寛喜三年（一二三一）八月に往生のための道場として禅堂院に土室を設け、翌年亡くなるのである。内部には華厳宗の仏光観と密教に関わる図と曼荼羅を飾り、真言（マントラ）を唱えた。明恵の打ち立てた華厳と真言密教を融合した厳密《ごんみつ》を具現化した場であったそうだ。そして土室は、閉鎖的であることを強く意識していたかつてのモガリ葬の系譜を持つという。現在、禅堂院の跡地には明恵上人を祀る開山堂が建てられている。

図2　建長寺開山堂（筆者撮影）

また、中国に起源を持つ無常堂（禅宗では延寿堂）は、火葬場や埋葬地として使用された。これはモガリ屋の後身として日本で受け入れられ、さらに鎌倉時代後期には骨堂など墓に関わる新規の施設が次々に登場した。

朝鮮半島では、高麗時代（九三六〜一三九一）にも同様の無常堂、延寿堂がある。仏教寺院において臨終前の患者が最後の治療を兼ねて訪れる場所であった。仏教が葬儀に影響を与えはじめたのは高麗時代と言われる。寺や家に設けた「殯所」という遺体安置所で、極楽往生のための儀礼を行い、その後、火葬して遺骨を埋葬することが多かったそうだ。これは儒教の祖先崇拝思想と道教の風水地理思想が習合したものに、仏教の火葬文化が積み重なったものという。つづく朝鮮王朝では崇儒抑仏と言われるように、儒学者にとっての聖典『朱子家礼《しゅしかれい》』の理念に反する火葬は不孝とされ、土中で腐敗を促す儒教式の土葬が勧められた。

余談ではあるが、考古学の成果によれば、日本の近世大名墓では中国南宋の儒学者である朱熹《しゅき》の『家礼』にもとづき埋葬された例が少なくないらしい。十八世紀前後、儒臣と大名らは冠婚葬祭を中心にとくに交流を深め、新しい文化圏を形成した。その規範となったのが『家礼』であった。『家礼』は次第に日本的に解釈され、副葬品にも影響するようになる。なお、埋葬方法については東アジアの影響を受けている可能性があるという。

天皇家に目を向ければ、二〇一三年十一月十四日の宮内庁の発表により、国民生活の負担軽減、埋葬地の確保を理由に、江戸時代初期から昭和天皇の代まで約四〇〇年にわたりつづいた土葬を火葬に変更する意向が示された。これにともない、葬儀の一手順である「葬場殿の儀」は、火葬後、遺骨の状態で執行されるという。記憶に新しい三笠宮妃百合子殿下の葬儀では本葬（斂葬の儀）を豊島岡墓地で執り行い、赤坂御用地三笠宮邸で納棺（お舟入）、宮邸内の部屋（正寝）で棺を安置し、二日間の通夜のあと火葬し、三笠宮崇人親王殿下と同じ墓に埋葬されるそうだ。こうしてみると、皇室では近年まで土葬にともなう「殯宮」が存在し、土葬から火葬へと変化したあとも殯の儀礼の継承にともない「殯宮」という形で一種の殯殿を確認することができる。

日本のモガリ葬は、七世紀半ばの薄葬令を一つの転換点として徐々に簡略化されていき、火葬の導入と定着により変容したいっぽう、民間では風葬という形で近年まで存在しつづけたと考えられる。儀礼のために宮殿内には「殯宮」が築かれ、また肉体と魂を分離する霊屋として使用される火葬小屋のような形で「魂殿」という記録もみられたように、朝鮮王朝の殯殿と目的を同じくする「殯宮」はみられたが、位牌を祀る魂殿のような空間は確認できなかった。

3　朝鮮王朝の葬礼空間とその変遷

朝鮮王朝の建国当初は、素食を与えるという仏教的要素を残して廟として祀る施設を魂殿としていた。『高麗史』巻二十五・世家二十五・元宗元年（一二六〇）六月丙寅（三十日）条には、第二十三代高麗国王であった高《こう》宗《そう》（一一九二〜一二五九）の木主《ぼくしゅ》（位牌）を魂殿に移したとあるから、そのときにはすでに魂殿での祭礼を行っていたのだろう。当時国家の神として歴代の王を祀る霊廟である宗廟に加え、王の個人的な家廟（先祖の位牌を祀る場所、廟所）である原廟が存在した。原廟は漢代の恵帝代に初めて建立され、その後、唐宋代そして明代にもあったという。もともと王の御真（肖像画）を祀ったことから真殿とも呼ばれており、原則、仏教式で祀り素食をあげていた。太祖の母の死後、追尊するために建設された仁昭殿は、太宗八年（一四〇八）太祖の死後、文昭殿と改称し、太祖の魂殿とされた。これが朝鮮王朝最初の魂殿であった。このときの魂殿は王宮外に建てられた。

第四代の世宗《せいそう》の時世になると『朱子家礼』を前面に押し出しはじめる。これまで執り行われていた仏式の祭祀が廃止され、世宗二年（一四一九）には原廟の祭祀に肉膳を使用するなど徐々に国王家廟の性格を持つ儒教式に整えられていった。国家行事の際に臨時に設置される都監においては仏教儀礼をつかさどっていた斉都監が廃止され、国葬・殯殿・山陵の三都監制に変化した。殯殿儀礼中に魂殿を造成し、殯殿儀礼が終わると魂殿儀礼へと移るため、魂殿まで含めて殯殿都監が担当した。元敬王后《げんけいおうこう》の葬礼では、殯殿は昌徳宮の明嬪殿を、魂殿は同じく昌徳宮の報平庁《ほへいちょう》《ポピュンチョン》を使用するという新例を打ち立てた。さらに世宗が三年喪を実行し、宮殿内の殿閣を転用して殯殿や魂殿とするなど、高麗の慣習を徐々に捨てていった。第九代成宗以降、朱子性理学に立脚する士林派の登

図３　景福宮の殯殿・魂殿—泰元殿（国家文化遺産ポータル）

場による政争のなかで、文昭殿以外にも殿閣が建てられた事例もあるが、士林派の趨勢に応じて廃止が主張されたり、改革が行われたりと再整備が進められた。文禄・慶長の役による物理的な崩壊に加え、十六世紀に入り性理学の理解が進んだ結果、原廟制廃止が主張され、宗廟への宗祀前に位牌を祀る魂殿の形態だけが残り、宗廟への宗祀後まで継続して位牌を祀る原廟制は消滅した。

殯殿は寝殿を使用することが多かったが、中宗二十五年（一五三〇）以降になると形式を整えようとする努力がみられるようになる。

十七世紀までは成宗五年（一四七四）公布の『国朝五礼儀《こくちょうごれいぎ》』に規定された凶《きょう》礼《れい》に沿って葬礼が行われた。しかし学者たちが当時の実状に合う葬礼手順を準備しはじめ、その結果として編纂されたのが『国朝喪礼補編』（一七五八年）であった。第十八代顕宗《けんそう》の時代に葬礼が再検討され、第十九代粛宗《しゅくそう》の時世には国葬が多く生じたこともあり、以降につづく手順の大枠が定まった。第十四代宣祖代にはじまる朋党政治が熾烈を極めるなか、長男として王位についた粛宗は、王の権力が弱体化していたこともあり、王権の強化を目指していた。殯殿と魂殿が五大宮殿の中でそれぞれ一定の場所に定着したが、これは王権強化と相関性があると言われている。景福宮では東宮殿である資善堂《しぜんどう》《チャソンダン》と便殿（王の執務室）として建立された思政殿《しせいでん》《サジョンジョン》が、昌慶宮では便殿《びんでん》《ピンジョン》として建立された文政殿が、生前よく利用された場所であるためによく魂殿として使用された。とくに中宗二十五年以降、朝鮮後期の魂殿として使われた文政殿は、魂殿儀礼に必要な要素を整備していった結果、正祖五年（一七八一）には便殿の性格を失い、その役割を別の殿閣に移すことになっている。

第二十六代国王高宗の時世には、殯殿・魂殿のための専用の殿閣が造営された。国葬のたびに殿閣の造営に患わされることがなくなったのである。高宗の父である大院君主導で再建された景福宮は、西北一帯が祭祀空間となり、殯殿として泰元殿、魂殿として文慶殿があった（図3）。一八九〇年の翼宗妃神貞王后、高宗三十二年（一八九五）の高宗妃明成皇后の殯殿・魂殿としてそれぞれ使用された。

このように、朝鮮王朝では御真を祀る原廟にはじまり、既存殿閣の流用を経て、最後には殯殿と魂殿を隣接して造営する専用の葬礼空間が誕生したのである。

4　殯殿・魂殿の形式

葬礼のうち最も長い二十二ヵ月を過ごす魂殿は、一定期間建物を維持する必要がある。さらには王妃が王よりも先に死亡した場合は、王の葬礼と宗廟への宗祀が終わるまで、規定にとらわれず祭祀の場所として存続させなければならなかった。魂殿では、日常的に行われる儀礼「魂殿朝夕哭及上食」のほかに、特定の日に行われる各種の儀礼があった。その際、位牌を供える唐家を設置できる高さと広さを備えた建物が必要とされた。

そのため宮殿内で適切な規模の建物を選び、それぞれの儀礼の特性にあわせて調節しながら使用した。この過程を通して一定の空間を形成するようになったのである（図4）。

魂殿には、位牌を祀る正殿と、それを取り囲む回廊、正殿と内三門を繋ぐ複道閣、内三門を過ぎて外三門まで延びる複道閣を含む外庭があり、外庭の境界をあらわす外三門の外には、品階を持つ官吏が待機できるだけの空

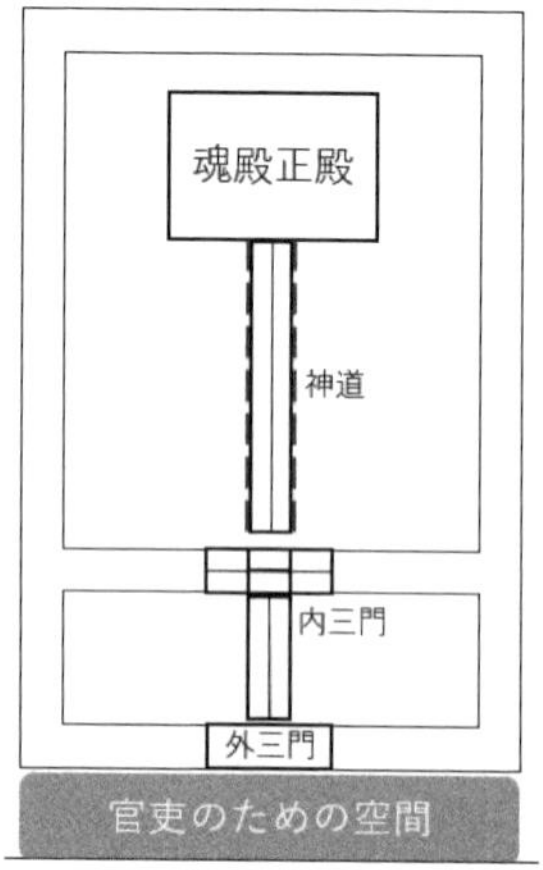

図4　魂殿の形式（先行研究より筆者作成）

間が広がっていた。

なかでも正殿から延びる複道閣は、魂殿特有の建築物とされる。朝鮮初期には穿廊と記録されたが、次第に月廊と記されるようになる。月廊は主殿閣の側面や後面について通行の目的で利用される場合にもその名称が使用された（これを一般に行廊という）。殯殿・魂殿に関する儀軌では、祭物を陳設するために設けられた。これを複道または複道閣と呼ぶのである。柱間は吹き放しで七間を要し、魂殿にて儀礼が行われる期間は、左右が覆われて祭物を陳設できる空間になるという。第二十六代国王高宗の国葬写真にその様子が写っており、また『荘烈《そうれつ》王后殯殿都監儀軌』によれば、十七世紀には敷物や帳幕によって区画された桁行五間強の建物が殯殿の前庭中央に造成されたことから、殯殿の正殿にも複道閣があったという。しかし、殯殿は五ヵ月程度しか維持されないため、なるべく既存の殿閣を利用し、ほかに必要な空間は帳幕で仮設したと推定されている。

正祖の死後、複道閣が設けられ、以降哲宗まで四代にわたり魂殿として使用された昌徳宮宣政殿や、当初便殿として建てられた昌慶宮文政殿に複道閣を造成したことからも、複道閣が必要不可欠な空間であることがわかる。また朝鮮王朝後期に常設されるようになったこの空間は、殯殿儀礼の際にも使用されたと考えられている。

約五〇〇年つづいた朝鮮王朝にみられた魂殿は果たして特異なのだろうか。葬礼の中で最も長い間使用される魂殿は、国喪期間における生活空間からの移動も考えて、国王が政務を執り行う便殿と密接な関係を持つ。朝鮮王朝初期には景福宮資善堂を中心に設置されることが多かったが、『国朝五礼儀』の制定とその補編により、周辺で使用する殿閣や魂殿の主要空間が定着すると、昌慶宮文政殿や昌徳宮宣政殿など、次第に各宮殿の便殿を利用するようになる。また朝鮮王朝後期になると用途に変化が生じ、文政殿のように便殿から魂殿へ転じたと言えるものや、朝鮮王朝末期に建てられた景福宮の泰元殿や文慶殿のように凶礼のための一連の葬礼空間も確認できる。これらは宮殿の特性に合うように配置され、それぞれ一定の形式を持ち、便殿、正殿、闕内各社の位置と互いに相関関係があることが示されてきた。

葬礼にともない必要となる臨時的な施設であった魂殿は、次第に平常時の生活空間とは別に、専用の殿閣を形成するようになった。その結果、中国や日本とは異なる朝鮮王朝独自の葬礼空間を形成していったのである。

〈参考文献〉

稲田奈津子「殯をめぐる覚書」（古瀬奈津子編『古代日本の政治と制度―律令制・史料・儀式―』同成社、二〇二一年）

片茂永「韓国の宗教と葬儀」（『中国21』四一、二〇一四年）

韓国建築歴史学会編『韓国建築踏査辞典』（二〇〇六年）

韓国民族文化大百科事典電子版

菊地章太『儒教・仏教・道教―東アジアの思想空間―』（講談社、二〇〇九年）

坂詰秀一・松原典明編『近世大名墓の世界』（雄山閣、二〇一三年）

西本昌弘「日本古代の殯と中国の喪葬儀礼」（原田正俊編『宗教と儀礼の東アジア―交錯する儒教・仏教・道教―』勉誠社、二〇一七年）

水谷類『墓前祭祀と聖所のトポロジー―モガリから祀り墓へ―』（雄山閣、二〇〇九年）

和田萃「殯の基礎的考察」（『日本古代の儀礼と祭祀・信仰』塙書房、一九九五年）

신지혜「朝鮮粛宗代王室喪葬礼設行空間の建築特性―殯殿・山陵・魂殿を対象に―」慶熙大学校二〇一〇年度博士学位論文

윤정연「朝鮮時代の原廟制整備と便殿の魂殿・殯殿の設置」（『韓国建築歴史学会春季学術発表大会論文集』二〇〇〇年）
정유진「朝鮮時代の宮闕における月廊と複道閣の用例変化に関する研究」（『韓国建築歴史学会春季学術発表大会論文集』二〇一二年）
홍은기・김상태・장헌덕「朝鮮時代魂殿空間の構成に関する研究」（『文化財』四五、二〇一二年）

あとがき

私が東京大学に戻ってきて、六年半の月日が経過した。そのあいだに海野研究室に在籍した卒論生や修士課程・博士課程の学生の数は多く、また史料ゼミなどに参加する建築史研究室の学生も含めると、数十名に及ぶ。本書の執筆者はその一部であるが、学問の世界に限らず、さまざまな分野で活躍している。

大学の研究室で本を製作する場合でも、研究論集のようなものが多かろう。学知を収斂させた学術書は個々の論考だけではなく、学史上も重要であることは言うまでもない。当研究室でも共通テーマを設定した論集の企画も十分に想定できる。実際に当研究室においても、科学研究費補助金 JPSP22K18841・JPSP22H00231 のプロジェクトにおいて学生らにも部分的に調査などに協力してもらっており、本書はそれらの成果の一部を含む。しかし成熟した研究者ならいざ知らず、自身の研究テーマを超えた論文執筆にはハードルが高い。また研究の道に進まない学生の埋もれてしまう研究を世に出すことも重要である。それゆえ、本書では自身の興味のある研究をわかりやすく伝えるというコンセプトを重視し、建築史の幅広さを示すことを目指した。

とかく、研究の道に歩を進めていくと、タコツボ化し、視野が狭くなりがちで、自身の殻に閉じこもりすぎる傾向がある。この点は、一般社会から「使えない博士号」という烙印を押される一因でもあろう。しかし他分野との学際的な検討にとって、わかりやすく自身の研究の内容や魅力を伝えるスキルは不可欠である。また俯瞰的に自身の研究の意義を見直し、社会的な視点を持つことも重要である。加えて一般向けに説明するスキルを持つことによって、視野の広さやコミュニケーション能力の高さを示すことができる。それゆえ、当研究室の学生には、閉鎖的とはならず、開けたスキルの獲得を期待している。

とはいえ、一般向けの企画にも課題がないわけではない。わかりやすくすることを求めすぎて、誤解を生んでいるものも少なくない。法隆寺は釘を一本も使っていないなどは、わかりやすい例である。それゆえに専門家による一般向けの解説は意義があり、私自身も専門的見地から発信をしている。そこには意義を感じてはいるものの、やはりそれなりの時間を割かざるを得ない。

日本において、研究内容をわかりやすく紹介するサイエンスライターのような職業があるが、その数は少ない。また研究の広報も重要な役割で、それには専門性を持ち、かつ、一般向けの対応が可能な人材が求められるが、その育成も遅れている。サイエンスライターや研究広報のような職域が充実してくれば、研究者にとっても有用であるし、博士課程以降のキャリアとして、研究職以外の道の開拓の可能性も見えてくる。

建築史や文化財の分野だけではなく、一般になじみの薄い専門分野にとっても、その世界を周知することで、次世代の後継者への門戸拡大も期待できる。また博士などの高度人材にとっても、新しい活躍の場が広がる。そしてその先には学問と社会の双方向のコミュニケーションによる共生も期待できよう。とかく目先の額面に流されて職を得る風潮にあって、異なる価値観をともなう仕事を示すことにもつながる。それゆえに、専門性と一般化の二つが両立しうる本書の企画は良い機会であり、その場を提供くださった吉川弘文館に感謝したい。

二〇二五年二月

海野　聡

執筆者紹介

妹背伊織（いもせ　いおり）　一九九九年生まれ　東京大学大学院工学系研究科建築学専攻修士課程修了

岩田会津（いわた　あいづ）　一九九三年生まれ　飯田市歴史研究所研究員

海野　聡（うんの　さとし）　→別掲

華　揚（カ　ヨウ）　一九九二年生まれ　東京大学大学院工学系研究科建築学専攻博士課程修了

齋藤亘佑（さいとう　こうすけ）　一九九七年生まれ　東京大学大学院工学系研究科建築学専攻修士課程修了

園田彩華（そのだ　あやか）　一九九七年生まれ　漢陽大学校一般大学院建築学科東アジア建築歴史研究室博士課程

堤　淳也（つつみ　じゅんや）　一九九八年生まれ　公益財団法人文化財建造物保存技術協会技術職員

田　雨森（テン　ユウセン）　一九九八年生まれ　東京大学大学院工学系研究科建築学専攻修士課程修了

中村駿介（なかむら　しゅんすけ）　一九九〇年生まれ　石川県金沢城調査研究所所員

萩原まどか（はぎわら　まどか）　東京大学大学院工学系研究科建築学専攻博士課程

前田瑠嘉（まえだ　るか）　二〇〇〇年生まれ　東京大学大学院工学系研究科建築学専攻修士課程

編者略歴
一九八三年　千葉県生まれ
二〇〇九年　東京大学大学院工学系研究科建築学専攻博士課程中退
二〇〇九～一八年　奈良文化財研究所研究員
現在　東京大学大学院工学系研究科建築学専攻准教授、博士（工学）
〔主要著書〕
『日本建築史講義―木造建築がひもとく技術と社会―』（学芸出版社、二〇二二年）
『森と木と建築の日本史』（岩波書店、二〇二二年）
『古建築を受け継ぐ―メンテナンスからみる日本建築史―』（岩波書店、二〇二四年）

20のテーマでよみとく日本建築史
古代寺院から現代のトイレまで

二〇二五年（令和七）四月一日　第一刷発行

編者　海《うん》野《の》聡《さとし》

発行者　吉川道郎

発行所　株式会社 吉川弘文館
郵便番号一一三―〇〇三三
東京都文京区本郷七丁目二番八号
電話〇三―三八一三―九一五一〈代〉
振替口座〇〇一〇〇―五―二四四番
https://www.yoshikawa-k.co.jp/

印刷＝株式会社 精興社
製本＝誠製本株式会社
装幀＝清水良洋・宮崎萌美

ISBN978-4-642-08474-1

海野　聡著

建物が語る日本の歴史

A5判・三〇四頁・原色口絵三二頁／二四〇〇円〈僅少〉

建築物は歴史を語る証人である。国家の威信をかけて建てられた寺院や城郭、人びとが生活した住居など、原始から近代まで各時代の建物で読み解く日本の歴史。社会と建物の関わりに光を当てた、新しい日本建築史入門！

古建築を復元する

過去と現在の架け橋（歴史文化ライブラリー）

四六判・二七二頁／一八〇〇円

当時の姿を思い描くことができる、各地の遺跡の復元建物。その設計はどのように行われているのか。発掘遺構や遺物、現存する古代建築、絵画資料など、あらゆるピースを組み合わせて完成する復元の世界の魅力に迫る。

再生する延暦寺の建築

信長焼き討ち後の伽藍復興

A5判・三一六頁／三五〇〇円

織田信長の焼き討ちで伽藍の大部分を失った比叡山延暦寺に関する研究は、焼失前に偏り復興後は看過されてきた。全山の建造物を調査し、建築の継承や現在に至る伽藍形成を追究。天台宗寺院の建築的特質を解き明かす。

奈良時代建築の造営体制と維持管理

A5判・三五八頁／一一〇〇〇円〈僅少〉

奈良時代の中央や地方の建築物はいかに造営、維持管理されてきたのか。文献史料の検討により、建築史に維持管理という新概念を導入。地方独自の技術の存在と中央の技術との接点を指摘して、従来の古代建築史を捉え直す。

海野　聡編

文化遺産と〈復元学〉

遺跡・建築・庭園復元の理論と実践

A5判・三四四頁／四八〇〇円

失われた歴史遺産を再生する復元はいかに行われるのか。古代から現代における国内外の遺跡や建物、庭園、美術品の復元を検討。文化財・文化遺産の保存・活用が求められるなか、復元の目的や実情、課題に迫る意欲作。